围棋AI定式的基本与变化

[日] 山田真生　著
胡丹蔚　张巍　译

北方联合出版传媒（集团）股份有限公司
辽宁科学技术出版社

图书在版编目（CIP）数据

围棋AI定式的基本与变化 / (日) 山田真生著；胡丹蔚，张巍译. -- 沈阳：辽宁科学技术出版社，2025. 5. -- ISBN 978-7-5591-4120-0

Ⅰ. G891.3

中国国家版本馆CIP数据核字第20256450PY号

出版发行：辽宁科学技术出版社
（地址：沈阳市和平区十一纬路25号　邮编：110003）
印 刷 者：辽宁新华印务有限公司
经 销 者：各地新华书店
幅面尺寸：170mm × 240mm
印　　张：16
字　　数：300 千字
印　　数：1 ~ 4 000
出版时间：2025 年 5 月第 1 版
印刷时间：2025 年 5 月第 1 次印刷
责任编辑：于天文
封面设计：潘国文
责任校对：康　倩

书　　号：ISBN 978-7-5591-4120-0
定　　价：58.00 元

联系电话：024-23284740
邮购热线：024-23284502
E-mail:mozi4888@126.com
http://www.lnkj.com.cn

前　言

大家好，我是山田真生。

近来，AI定式已成为流行定式，由于其难度很大且变化很多，所以业余高手和职业棋手都使用AI进行研究和使用定式。本书用整个棋盘来介绍这些研究内容，并且，尽可能深入地介绍其变化和应对手段。此外，本书不仅介绍了AI定式，也介绍了曾经流行过的定式。书中还有很多不太使用但却有力的定式，所以也请仔细阅读一下。我还于去年2月出版了《围棋AI定式后续策略》一书，如果能将这两本书烂熟于心，保证您能成为职业棋手都赞叹的AI博士。

山田真生

2022年1月

目 录

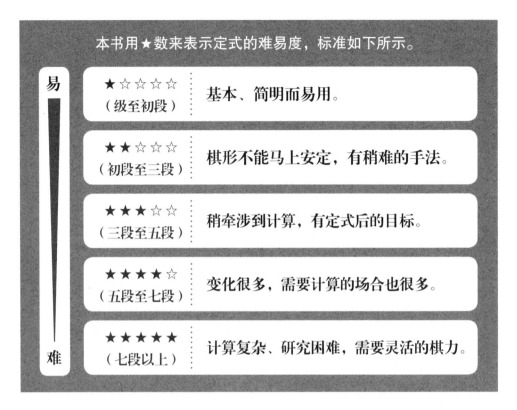

本书用★数来表示定式的难易度，标准如下所示。

易 → 难

★☆☆☆☆（级至初段）	基本、简明而易用。
★★☆☆☆（初段至三段）	棋形不能马上安定，有稍难的手法。
★★★☆☆（三段至五段）	稍牵涉到计算，有定式后的目标。
★★★★☆（五段至七段）	变化很多，需要计算的场合也很多。
★★★★★（七段以上）	计算复杂、研究困难，需要灵活的棋力。

此外，谱下左边的图形列出了AI的评估值，图形右边列出了目数差。

如例所示，黑棋胜率48%，白棋领先0.1目。

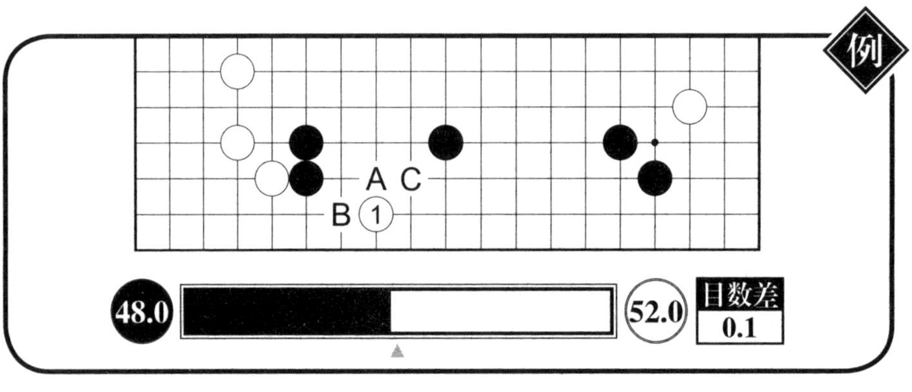

请根据自身的棋力和目标来参考学习。

第一章　小目小尖

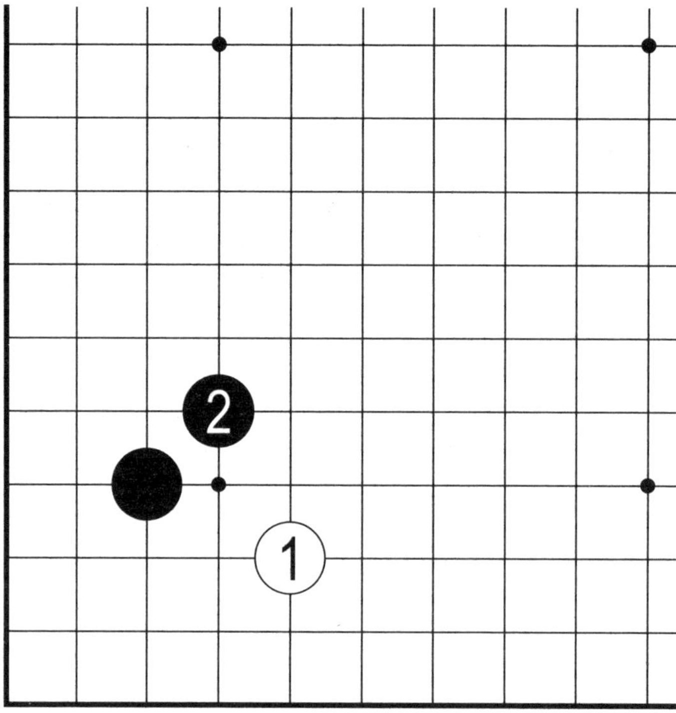

主题图

对于白1小飞挂角，黑2秀策流小尖应，当前非常流行。在AI出现以前，大家认为在有贴目的现代围棋中，这手尖可能稍微有些缓。但是在AI开始使用之后，这手小尖就成了主流。

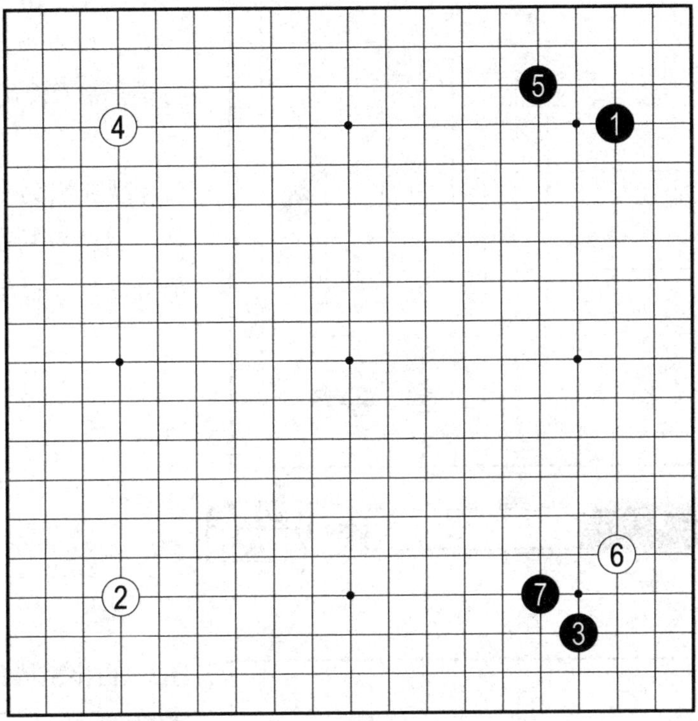

研究图1

不论什么布局，小尖都很常见。

这里以常见的平行型布局为例来介绍。

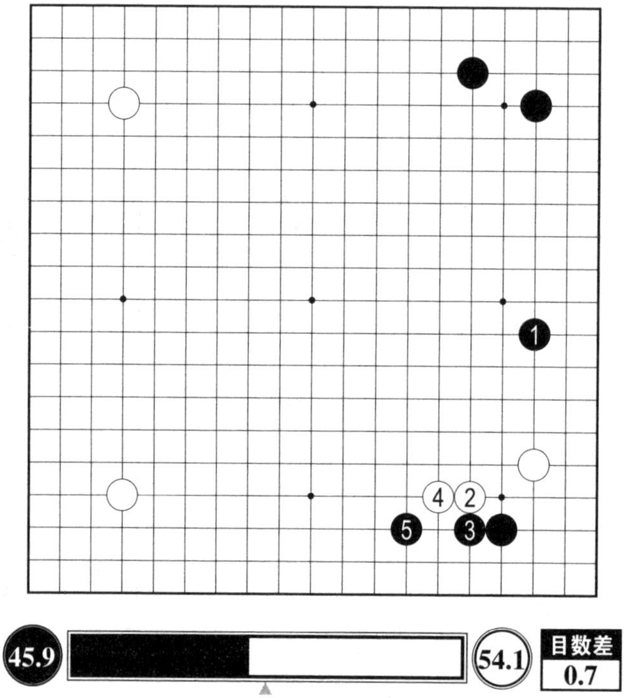

图1　旧定式

难易度★☆☆☆☆

以前，由于有贴目的关系，黑棋为了追求快速行棋，常常使用黑1夹等下法。

现在因为变化过于复杂，以及对其有了应对方法等原因，已经不太使用了。

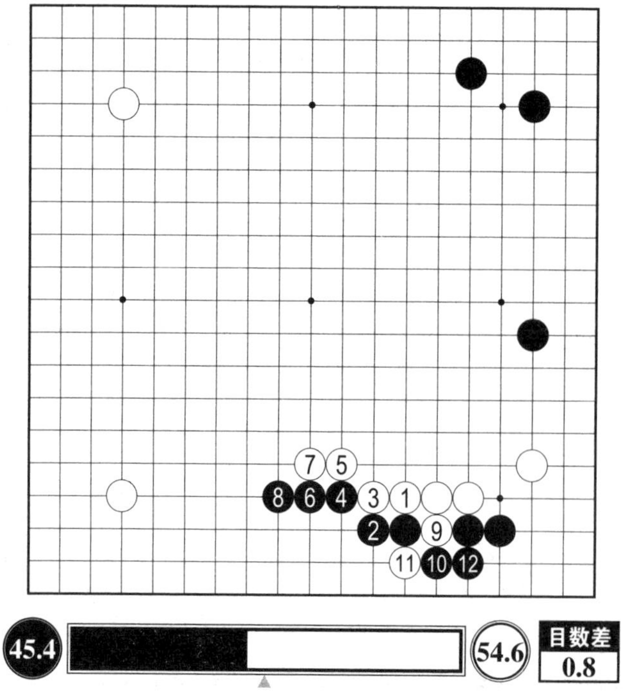

图2　白棋稍稍有利

难易度★☆☆☆☆

白1开始一步步压过去是好手。

下边虽然让黑棋增加了实空，但最近的判断是白棋的厚势更好。

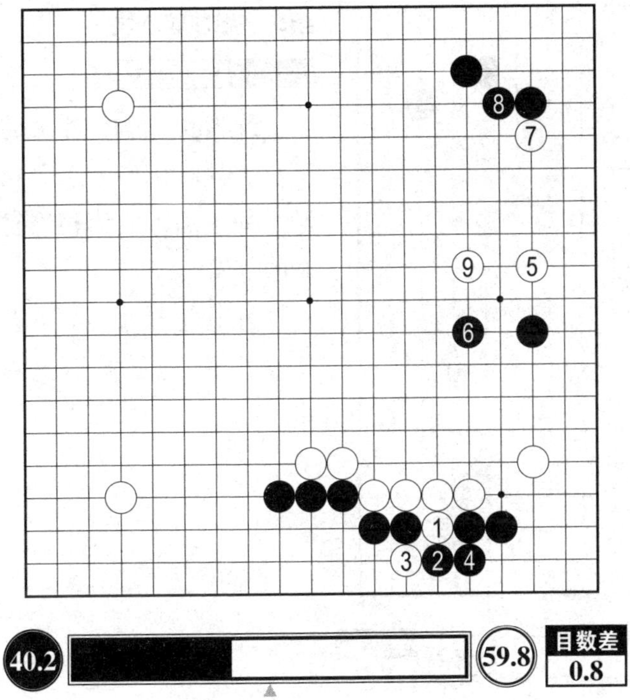

图3　白棋稍稍有利

难易度 ★☆☆☆☆

之后白5开始打入，在右边展开战斗。由于此时白棋下边的棋很厚，所以判断白棋可战。

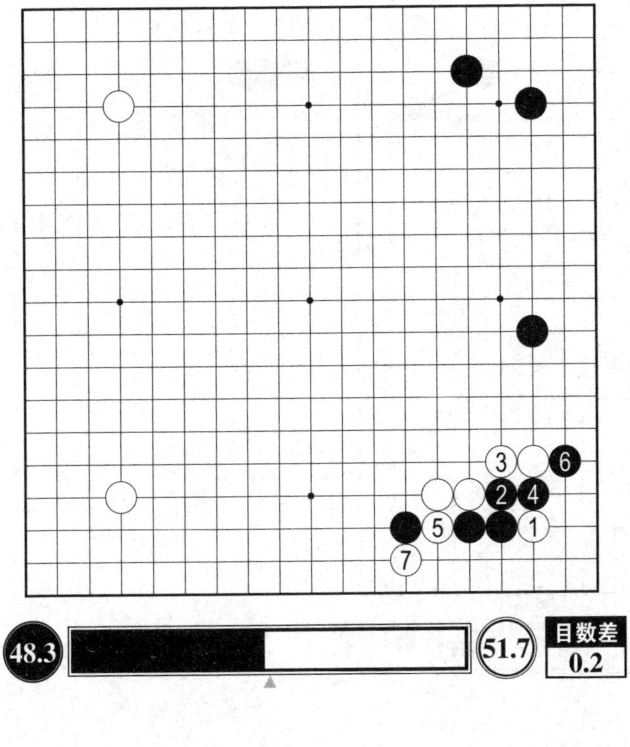

图4　黑棋有利

难易度 ★☆☆☆☆

以前白1碰在角上是定式，但现在认为这一手不是太好。

对于白5，黑6扳是转换的好手。

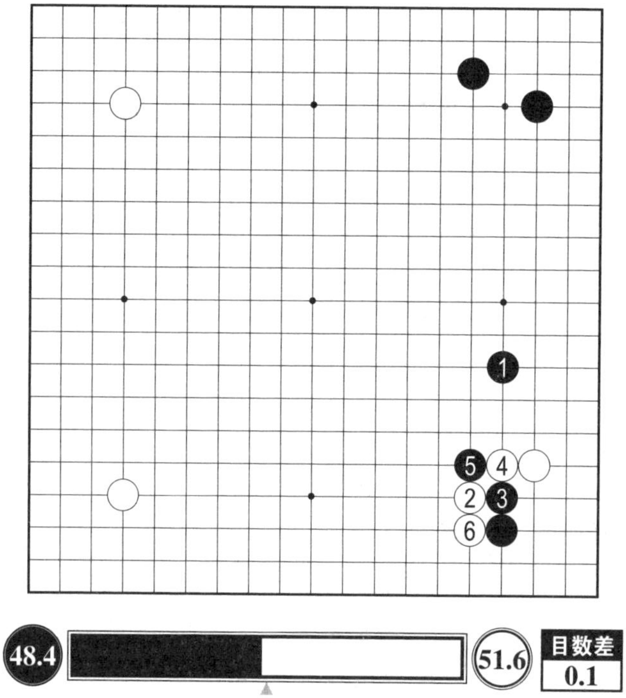

图5 夹的复杂化

难易度 ★★★★★

虽然也有黑1之类夹的下法，但是由于出现了白6贴下的手法，成为相当复杂的定式。

由于过于复杂，所以比赛之中就变得不太常见。

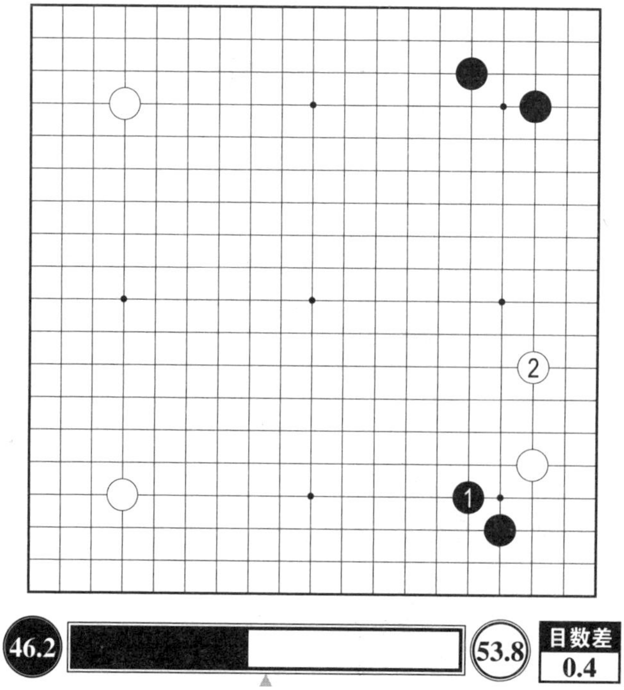

图6 流行定式

难易度 ★☆☆☆☆

黑1小尖时，白2拆二的下法非常流行。这是通俗易懂、大家都能使用的定式。

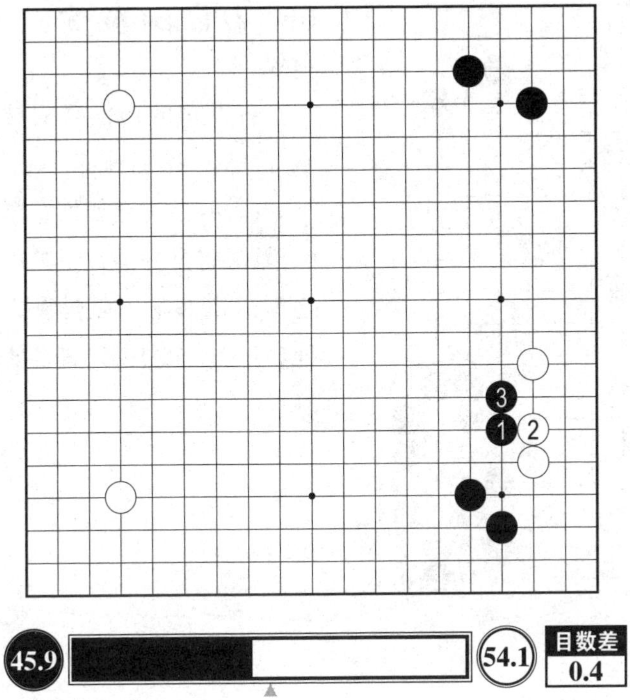

图7　黑棋的后续手段

难易度 ★★☆☆☆

作为黑棋的后续手段，黑1飞压开始定形的下法很常见。虽然看上去是黑棋在下边构筑了厚势，但是黑棋在右边也有后续手段。

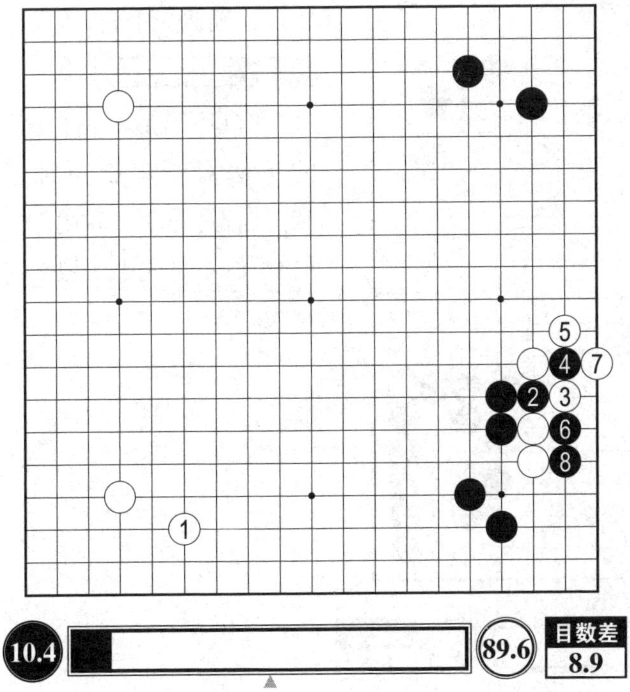

图8　今后的目标，立刻就下则黑棋不好

难易度 ★★☆☆☆

黑2开始冲断是之后的目标，至黑8可以吃掉角上的白棋。黑4也可以直接在6位切断。但是，本图的下法黑棋收获并不大，所以是今后伺机而动的手法。

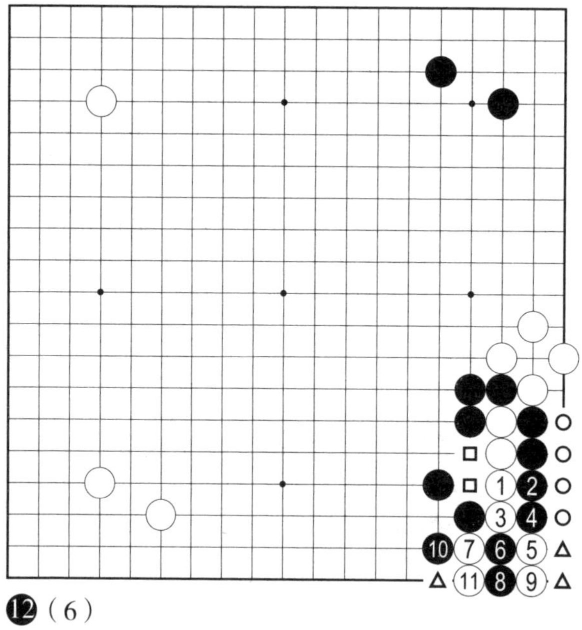

图9　右下角对杀的确认，白死

右下角的白棋确实被吃了吗？我们来确认一下。白1开始逃会如何？黑6开始滚打是好手，至黑12之后白棋被吃。黑棋有○处4口气，而白棋只有△处3口气（□是滚打时先手紧气）。

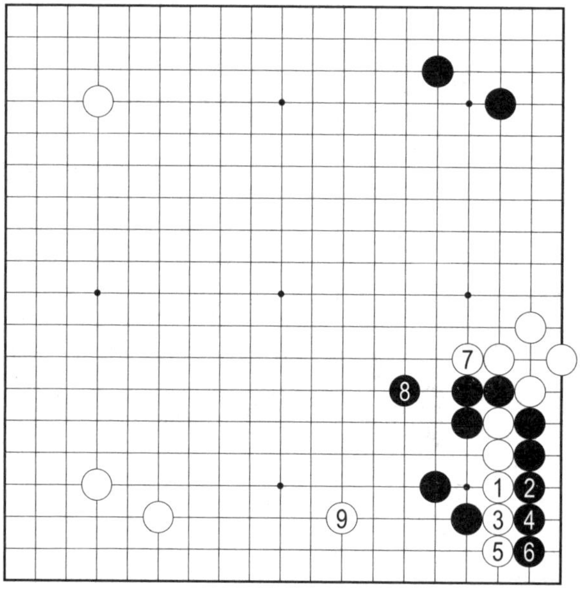

图10　确认先手利

难易度 ★★★☆☆

白1逃出后，白5立下的下法对于黑棋更加不利。白7是先手（后述），白9虽然不是先手，但是非常大。

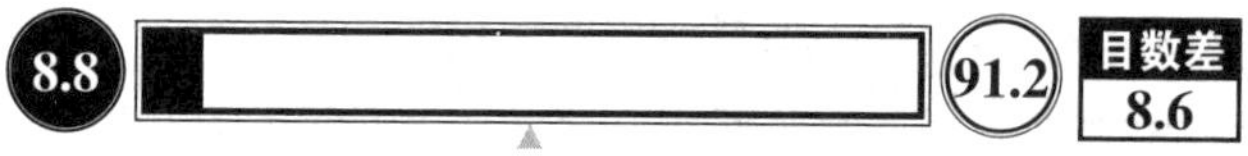

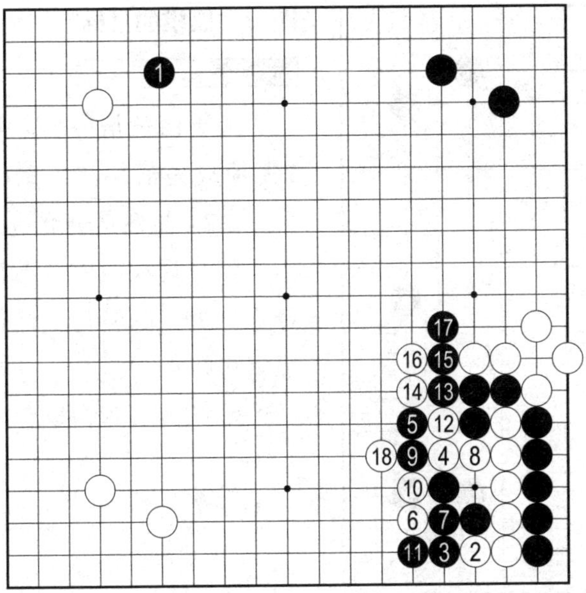

图11　黑棋崩溃

对于前图的白7，黑棋脱先会如何？白2拐一手之后白4靠，黑棋外面的棋子有缺陷，无法收拾。

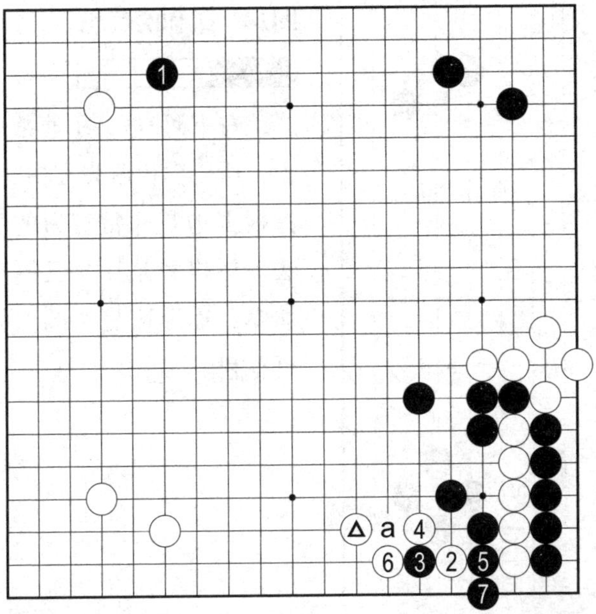

图12　心情不爽的二路

难易度 ★★★☆☆

对于图10的白9，黑棋如果脱先，白2开始的追究很严厉。黑3是手筋，虽然黑棋可以吃掉角上的白子，但是由于下边的白棋变厚，白棋并没有不满。白◬（图10白9）若在a位，就可以救出白子。

6.1　93.9　目数差 10.1

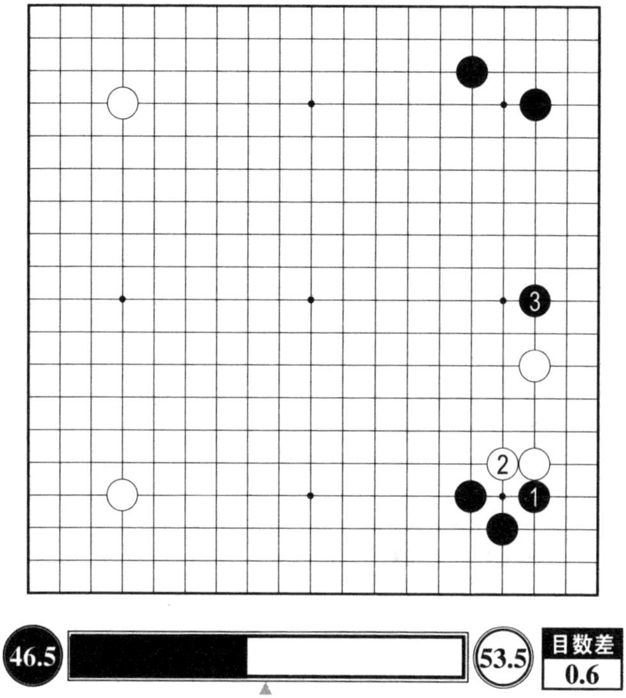

图13　黑棋的目标

难易度 ★☆☆☆☆

由于白棋是拆二，黑1尖顶成为值得注意的一手。白2立虽然是棋形的基本，但是现在的白形不符合立二拆三的格言，这是黑棋的见解。

黑3开始压迫白棋。

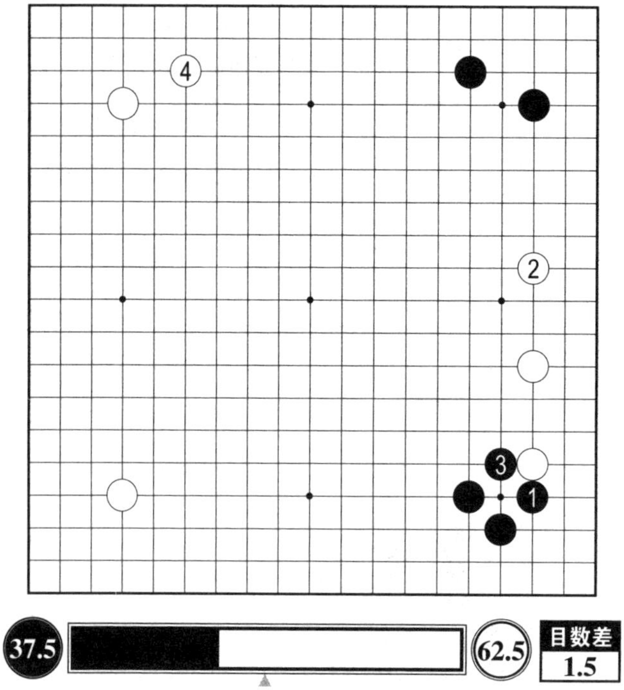

图14　柔和的着想

难易度 ★☆☆☆☆

右下黑3这一手非常坚固，所以白棋脱先在白2拆占根据地是非常有力的手法。黑棋只是让自己厚上加厚，而速度更快的白棋更有利。

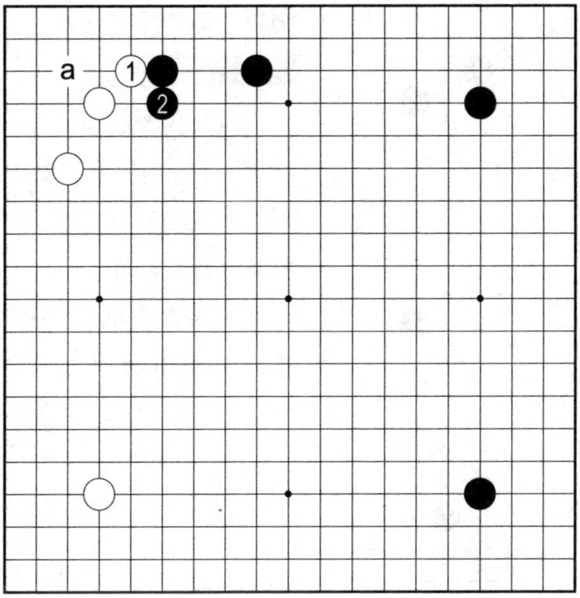

图15　似是而非

与之相似的尖顶是星位挂角后拆二的局面。此时对于白1的尖顶，黑棋大多数情况是在2位长。今后，黑a点三・3是黑棋的目标，这和图13的区别很大。

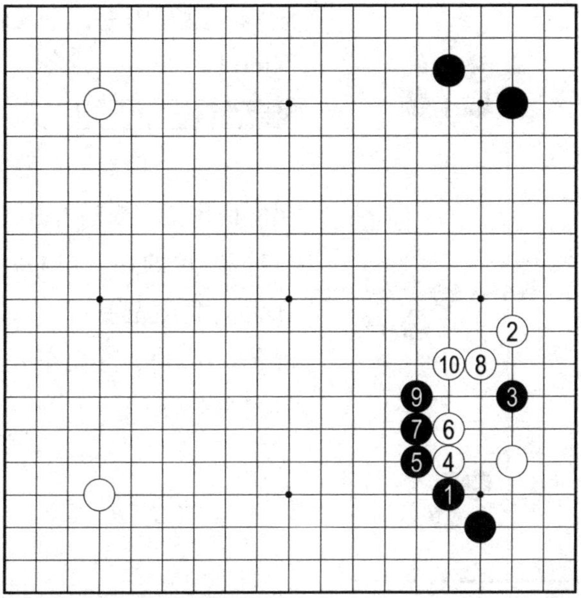

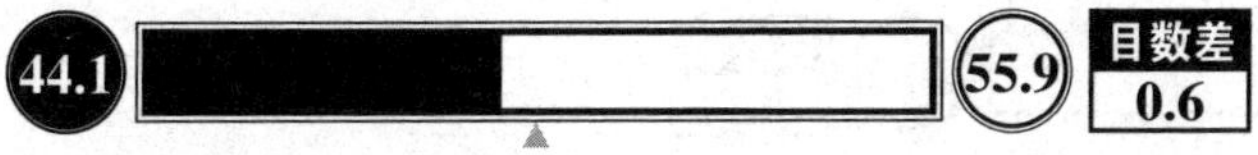

图16　两分

难易度 ★★☆☆☆

也有白2拆三的下法。最近虽然相对少见，但也是两分的手法。

黑3开始的定形方法虽然不用立刻就下，但是可以作为构筑厚势的后续手段。

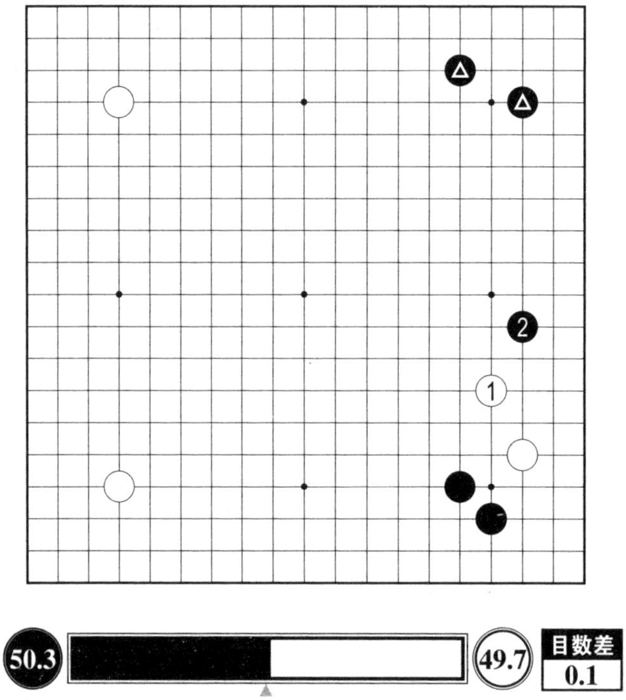

图17　虽然是定式

难易度 ★★★☆☆

白1小飞的下法也是定式。白1的弱点是黑2的逼，而且黑2与右上角的黑△配合得非常好。

作为人类而言，很难选择白棋的这种下法。

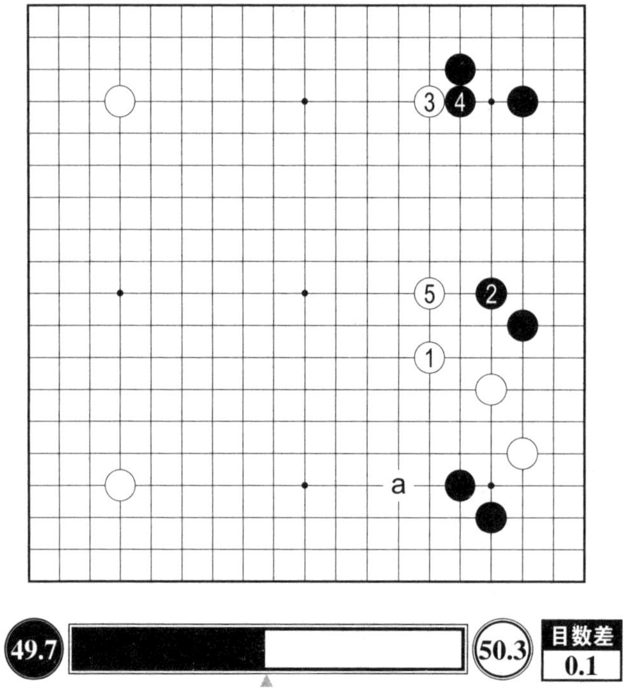

图18　改写历史，令人惊叹的白1

难易度 ★★★☆☆

你见过白1这个手筋吗？白棋接下来瞄着2位的尖冲和a位的夹。白3一边在上面取得先手利，一边准备狙击a位，这完完全全是AI的下法。

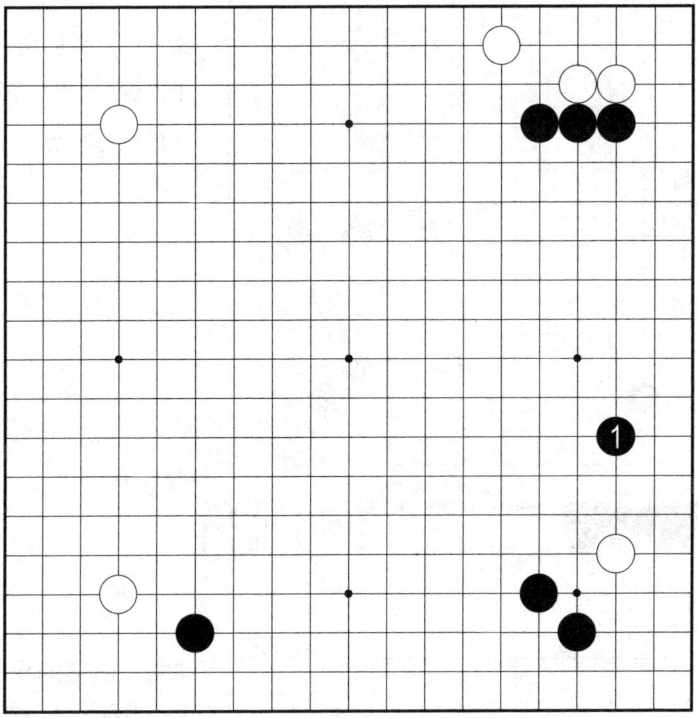

研究图2

黑棋如果连下，黑1很常见。

这是按照敌之要点，即我之要点的格言来行棋的。

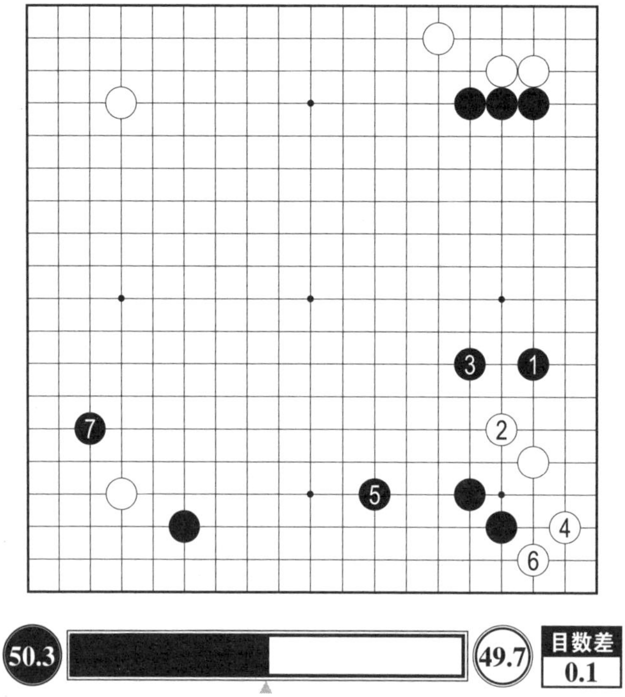

图1　两分

难易度 ★★☆☆☆

黑1夹击时，白2尖开始的行动是代表性下法。白2后，4、6寻求安定，是两分的进行。

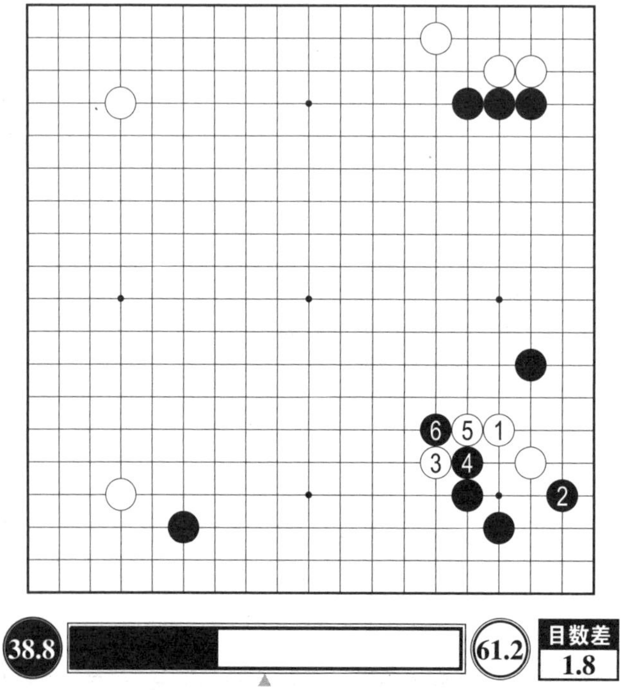

图2　治孤的形

难易度 ★★★☆☆

对于白1，也有黑2夺取根据地的下法。此时白3飞的手法看上去有些薄，但却是治孤的手筋。黑4开始冲断，白棋该怎么下呢？

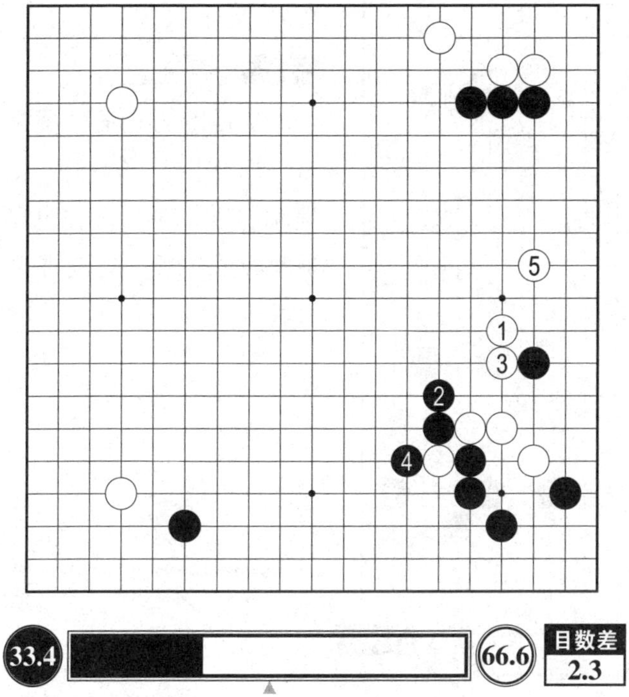

图3　白棋有利

难易度 ★★★☆☆

白棋对于被断开的棋子置之不理，这是高级技术。白1直接尖冲以取得各种先手利。

即使黑2、4各行其道，白棋获利也很大。

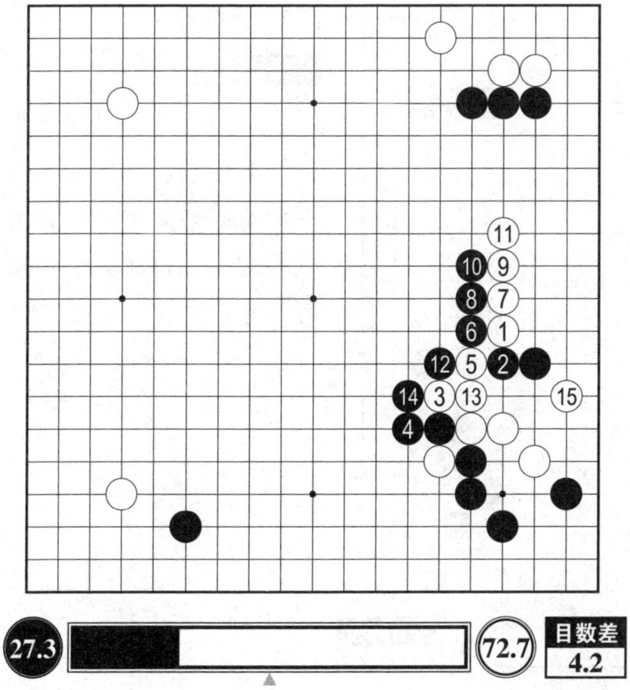

图4　白棋有利

难易度 ★★★☆☆

若黑2开始全面战斗则黑棋相当危险。白3开始的下法虽然很简明，但却是黑棋崩溃而白棋易下的进行。

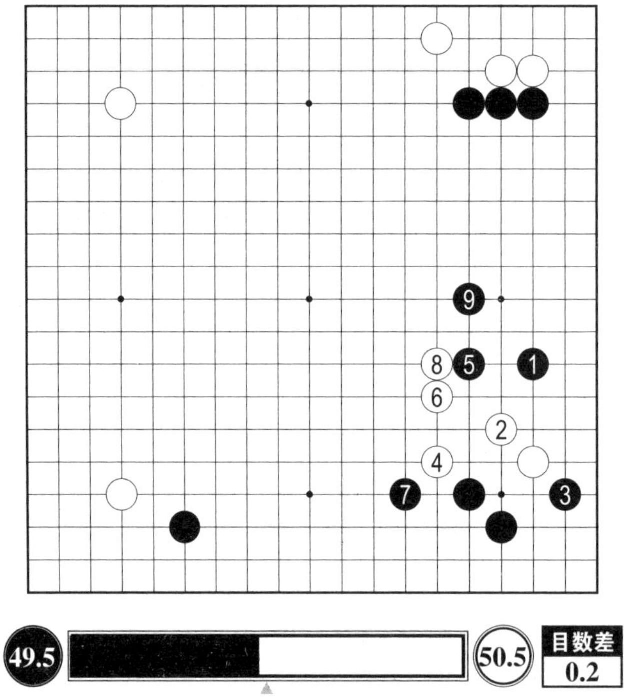

图5　两分

难易度 ★★★☆☆

从目前为止的情况来看，白4时，黑5不慌不忙地跳起是好手。现在可以威胁着要冲断。至黑9是两分的变化。

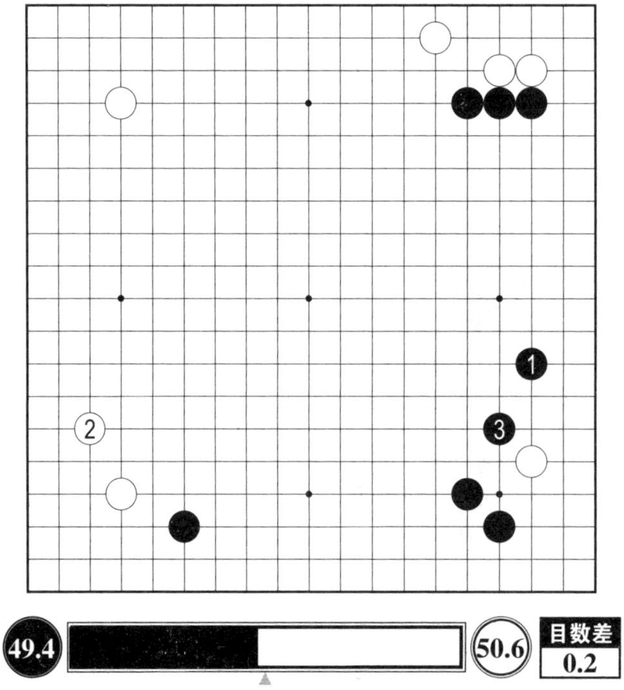

图6　继续连下

难易度 ★★☆☆☆

黑1连下时，黑3是很自然的构想。如此局面右下角看起来虽然已经是黑棋的实空，但实际上还留有各种手段。

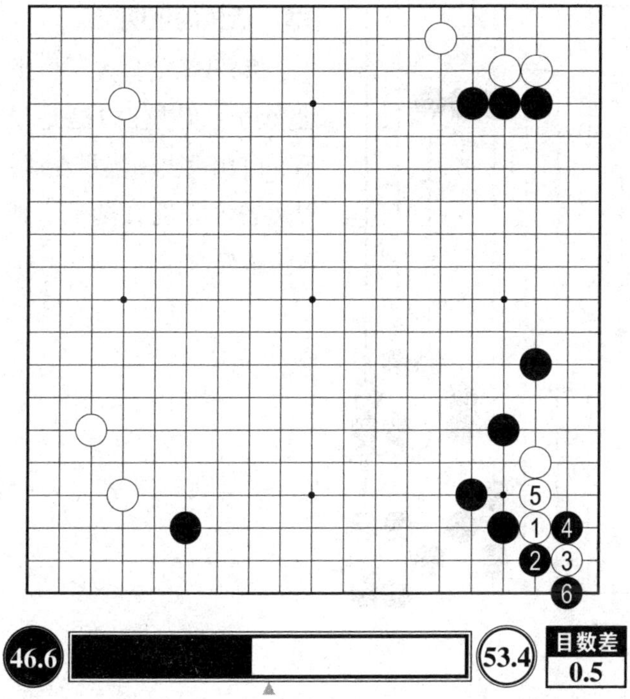

图7　还有手段

难易度★★☆☆☆

角上虽然都是黑子，但白1可以先在角上托。这是起死回生的治孤的一手。

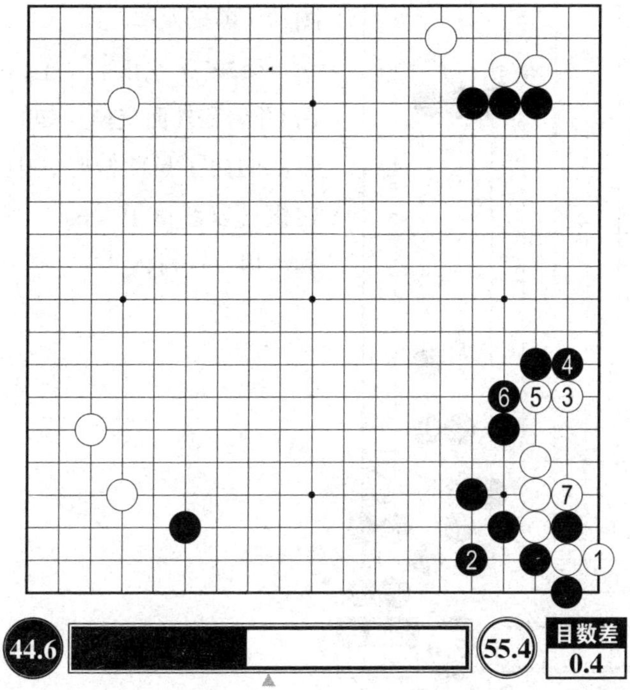

图8　两分

难易度★★☆☆☆

白1立，若黑2应，白棋可以在角上做眼。根据周边的状况，白棋可以做活（后述）。

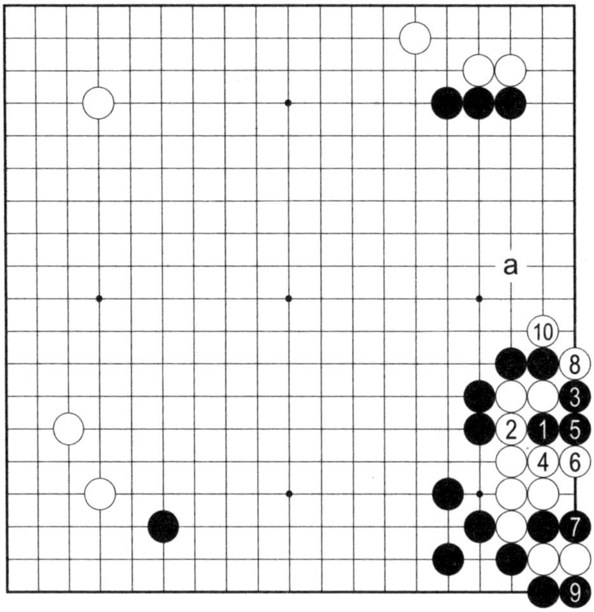

图9　活棋的证明

黑1开始的追究手段虽然严厉，但是白8提是先手，白10逃出。黑棋在a位周边若事先没有棋子，则无法杀死白棋。

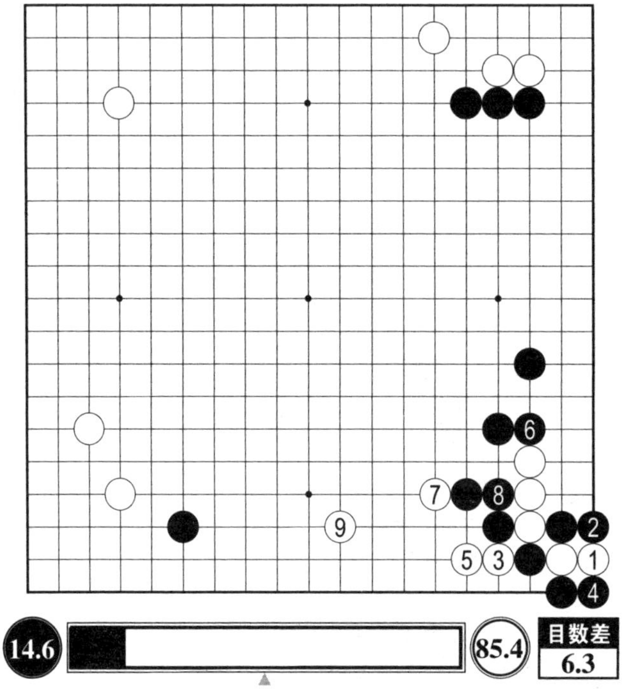

图10　黑棋无理

黑2若来吃角上一子，白3开始和外面交换。如此角上的白子虽然被吃，但白棋可以获得很大的先手利，相当有利。

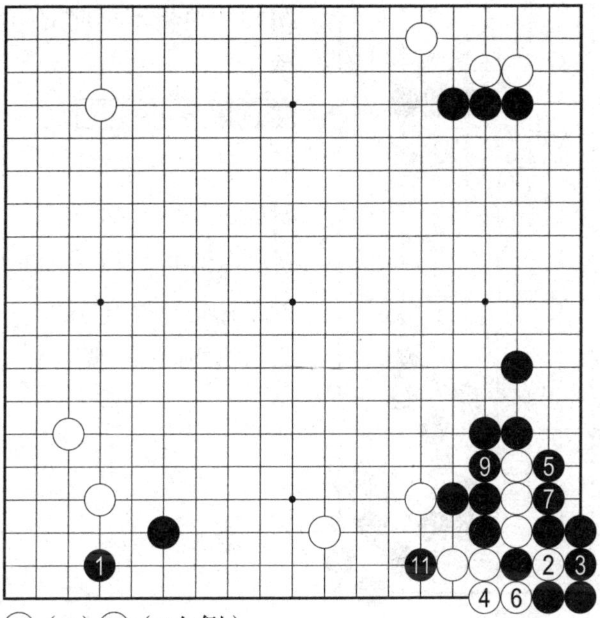

⑧（2）⑩（2左侧）

图11　角上有余味

敏锐的读者可能会注意到白2、4后角上会有手段。虽然现在立即动手的话，至黑11，白棋整体会被吃。但白棋在11位上面先下一手后，黑11就不能成立，所以可以作为保留的手段。

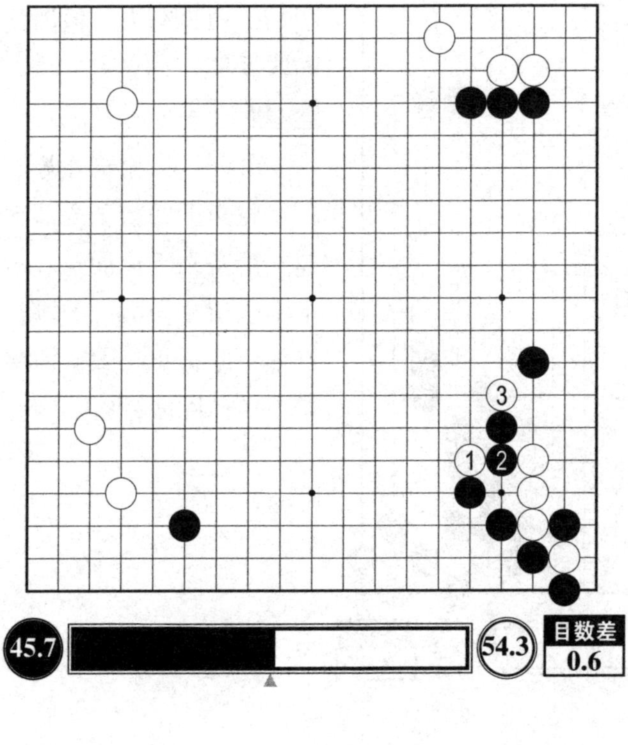

图12　白棋先手取利

难易度 ★★★☆☆

白1后白3碰是好手。

虽然这手的意思我有些不太明白，但AI的判断是好手。

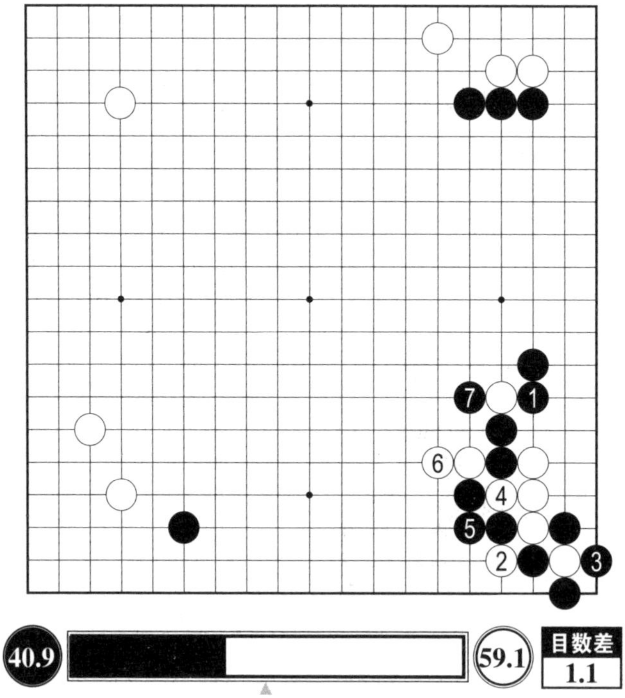

图13　白棋不可理解的手法

难易度 ★★★☆☆

黑1是自然的应手，白棋也是白2至白6的先手，不过，白棋也并没有什么特别的手法可以吃掉黑棋。那么白棋在做什么呢？

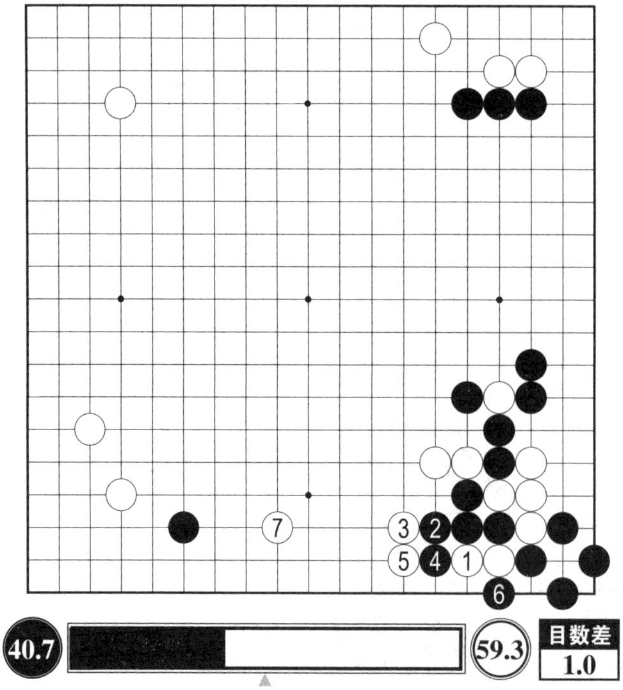

图14　白棋有力，但消化需要时间

难易度 ★★★☆☆

白1至白7构筑外势。白棋将角上的棋子全部弃掉，准备在下边展开。角上本来留着做活的手段，被黑棋吃得也很大，但却是白棋有利的变化。

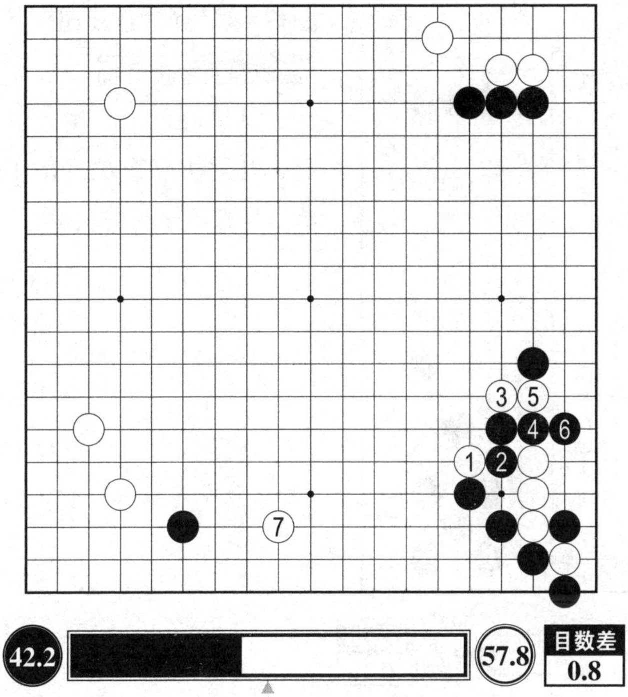

图15　白棋先手利

难易度★★★☆☆

白3时，若黑4、6妥协，则什么事情都没有，但是却变成了白棋的先手利。白7后白棋满意。

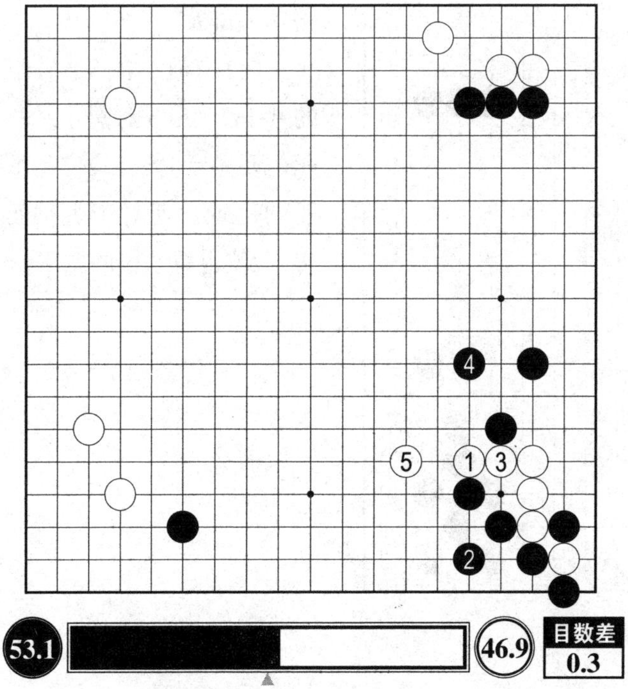

图16　两分

难易度★★★☆☆

对于白1、黑2的虎有力。

虽然被利但是可以构筑外势，让白棋逃出后再行攻击。这是两分的进行。

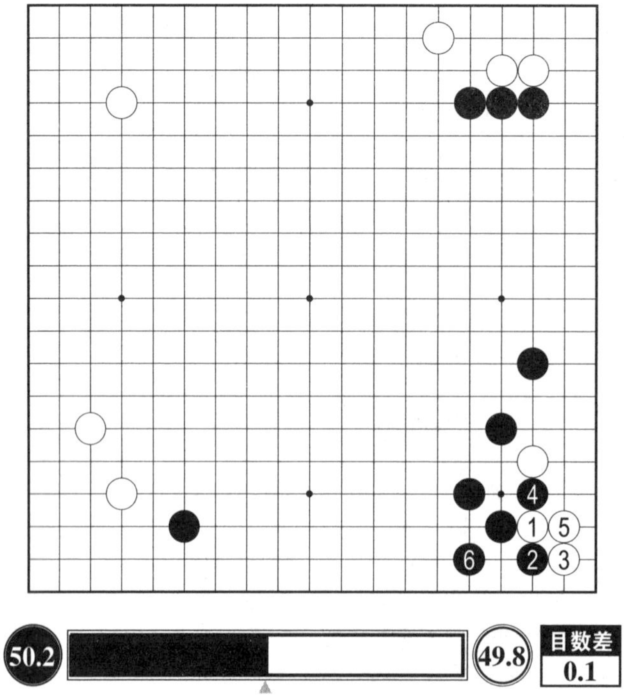

图17　黑棋严厉的追击

难易度 ★★★☆☆

对于白1、3，黑4、6是不让对方做眼的严厉手法，是打算全吃的强手。

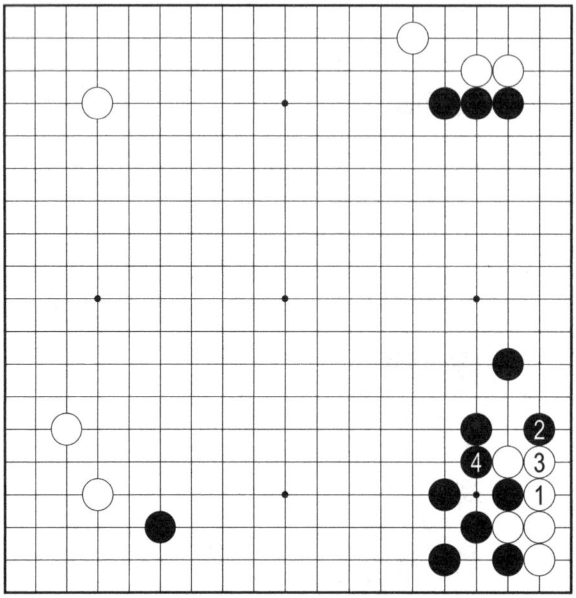

图18　白死

白1若渡，黑2是破眼的手段。白3则黑4，白死。要做活时，白2位是重要的位置，而对于黑棋而言，2位也是杀棋的急所。

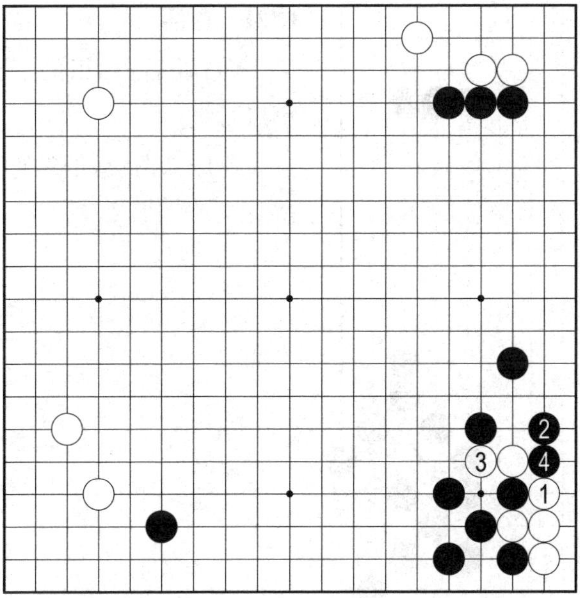

图19　这也是白死

白3即使冲，被黑4切断后也做不出眼。这个棋形是假眼，白棋崩溃。

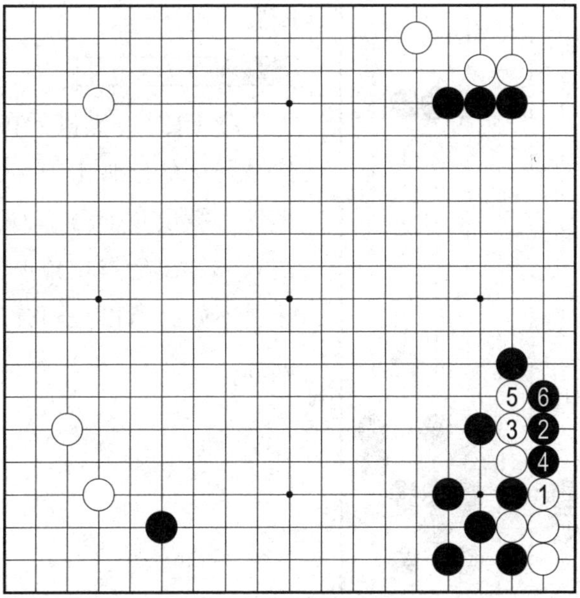

图20　仍然是白死

白3在这边冲也是死。白1这一手的结局都是崩溃，所以必须考虑其他手段。

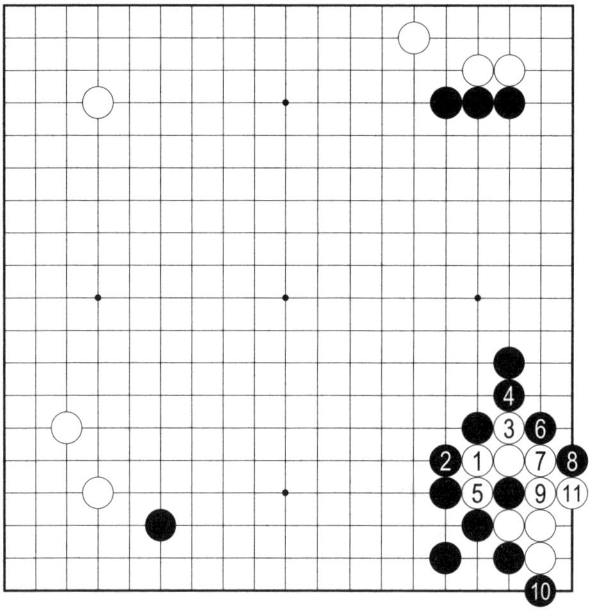

图21　白活

白1冲后白3拐的下法可以做眼。

所以，白1是正确的手法。

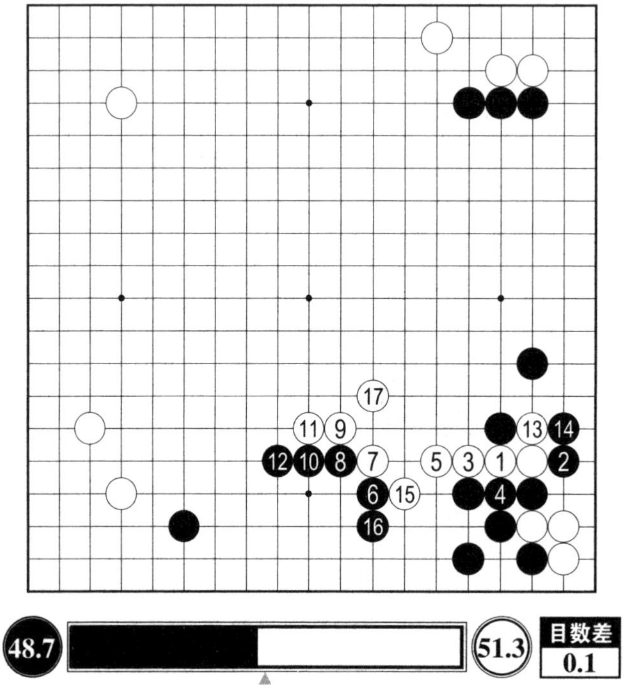

图22　两分

难易度 ★★★☆☆

对于白1，黑棋下在2位是严厉的破眼手法。白棋无法救出角上白子，但白3、5冲出后黑棋角上的味道不好，所以是两分的进行。

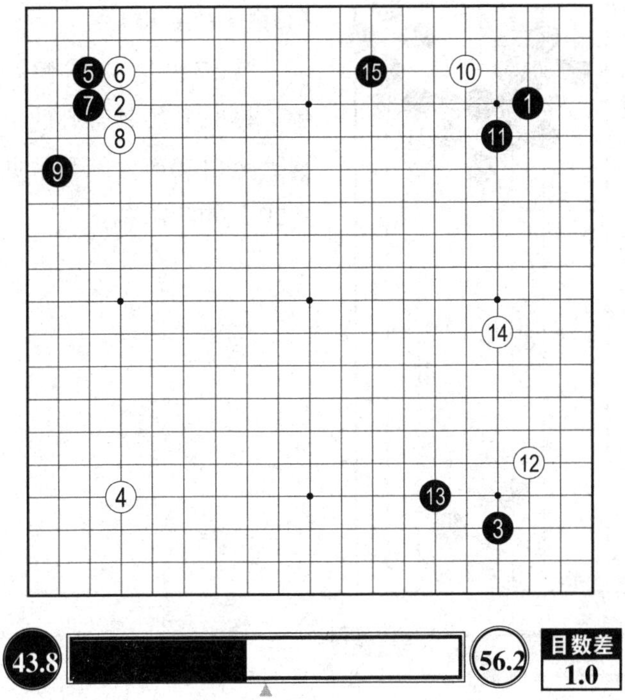

参考棋谱

第4届梦百合杯世界围棋公开赛决胜五番胜负

2021年5月2日

黑　谢科九段

白　芈昱廷九段

第1谱（1～15）

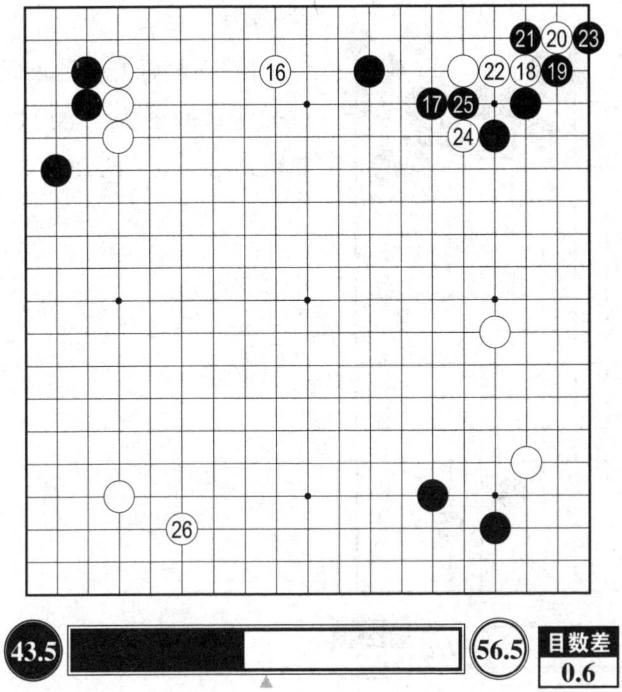

第2谱（16～26）

右上角是本次研究图介绍的定式，没想到的是白24先手之后，白26却脱先了。可能是赛前做过很深的研究。

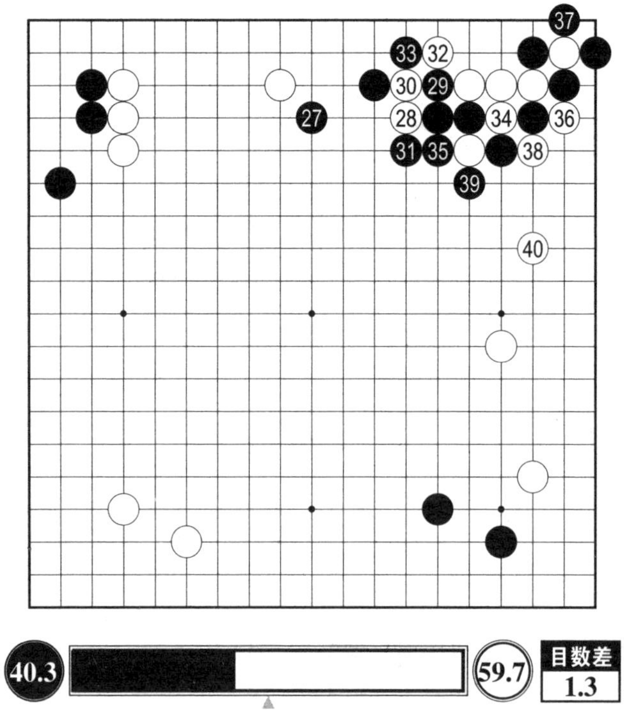

第3谱（27～40）

黑27也是AI的候补手。黑31开始是苦心的手法，至白40产生了和常见定式不同的结果。

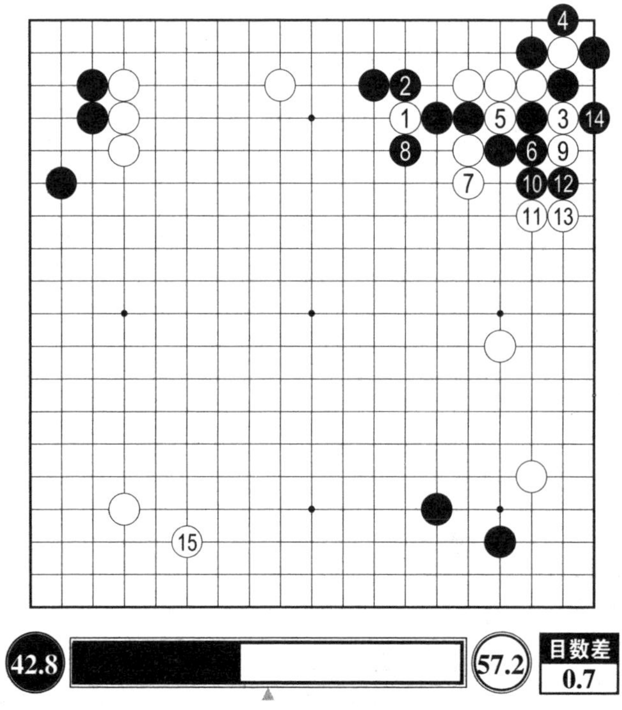

参考图1　定式

白1立刻碰上去是介绍过的定式的手法。至白15是定式的下法，两分。

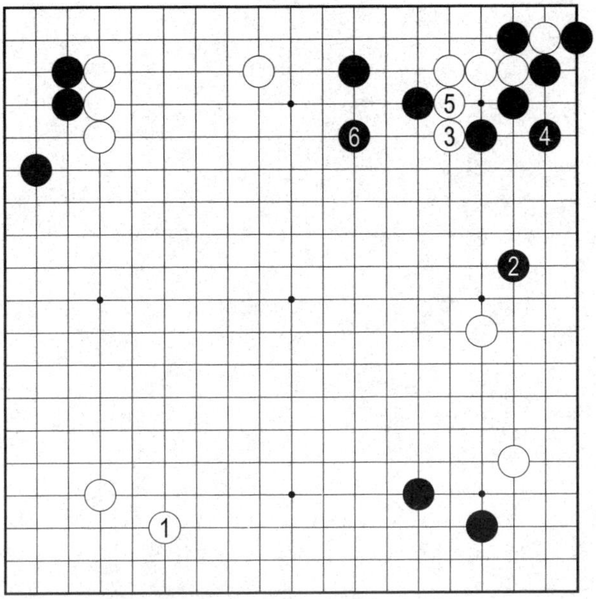

参考图2　避开攻击的进行

为什么2谱的第24手下过之后就脱先了呢？原因是如果白1直接脱先，被黑2逼时，以后白3靠时，黑4有可能选择战斗。而白24是为了先手避开这手黑4。

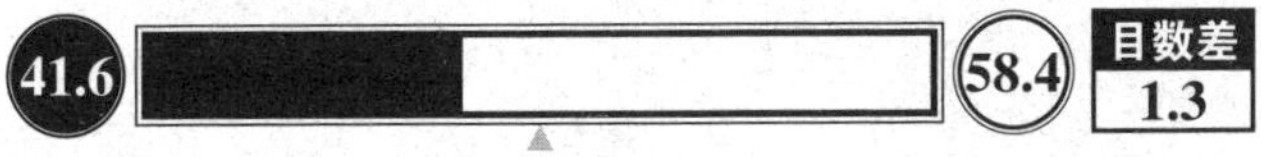

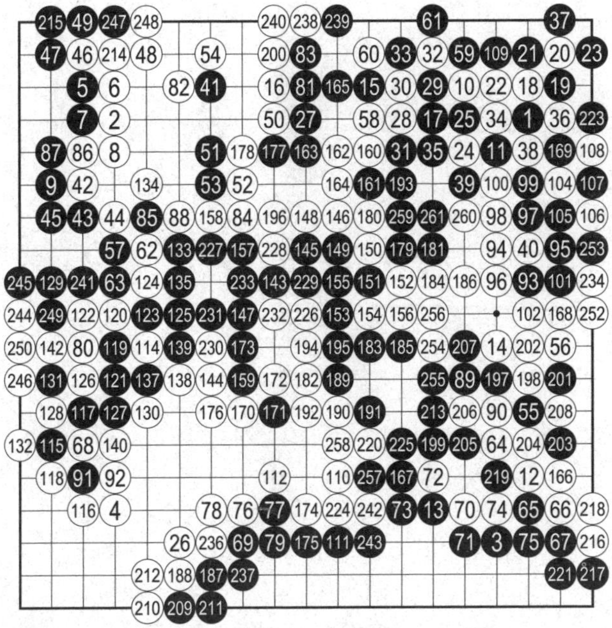

103(24) 113(1) 136(85) 141(114) 222(38)
235(169) 251(107)

总谱

261手完　白2目半胜

第二章　小目小飞

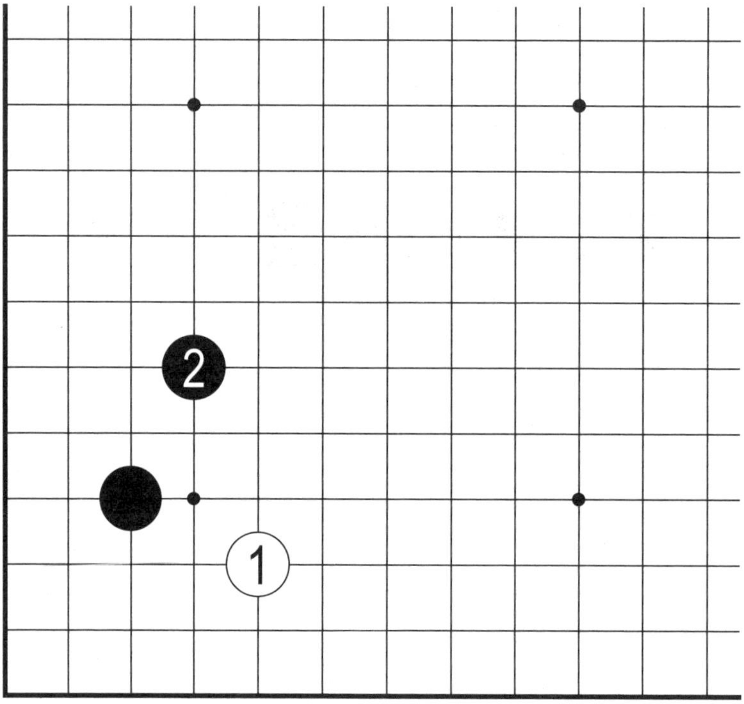

主题图

现在介绍小目小飞挂角时小飞应的手法。比起之前的秀策流小尖，这种手法要稍微强硬一些。但与之相对，被白棋攻击时棋形会稍薄，所以要小心。

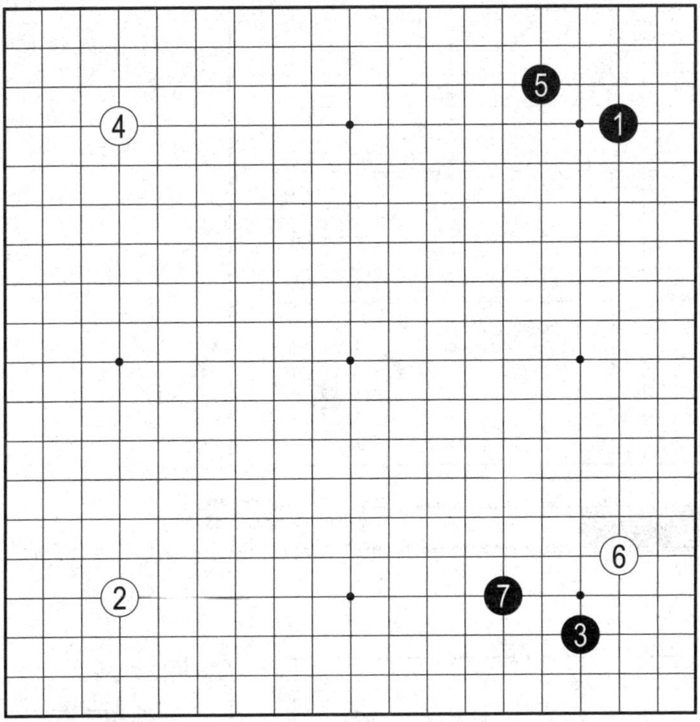

研究图1

用前图同样的布局来研究。

黑7的下法倾向于快速行棋。

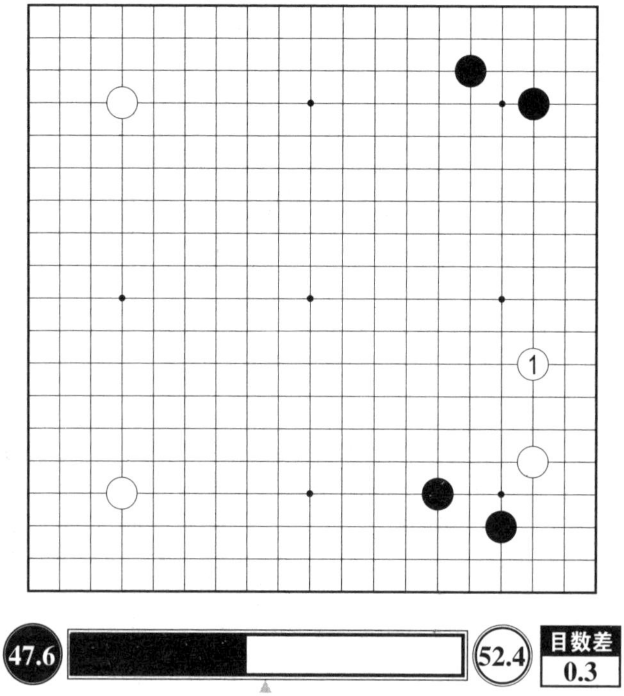

图1　基本手法

难易度 ★☆☆☆☆

小飞时，白1拆二是基本下法。这是最简明的对策。

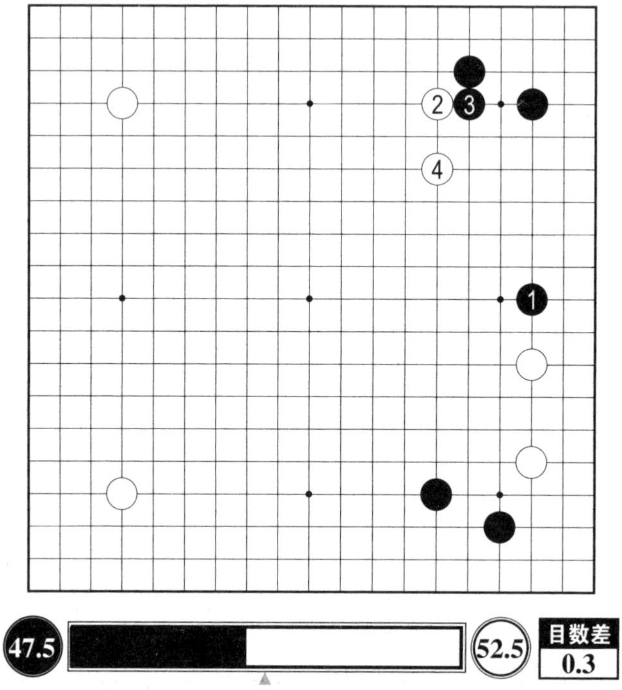

图2　两分

难易度 ★★☆☆☆

即使被黑1逼住，也可以使用AI擅长的尖冲来定形。这一点和小尖没有太大区别。

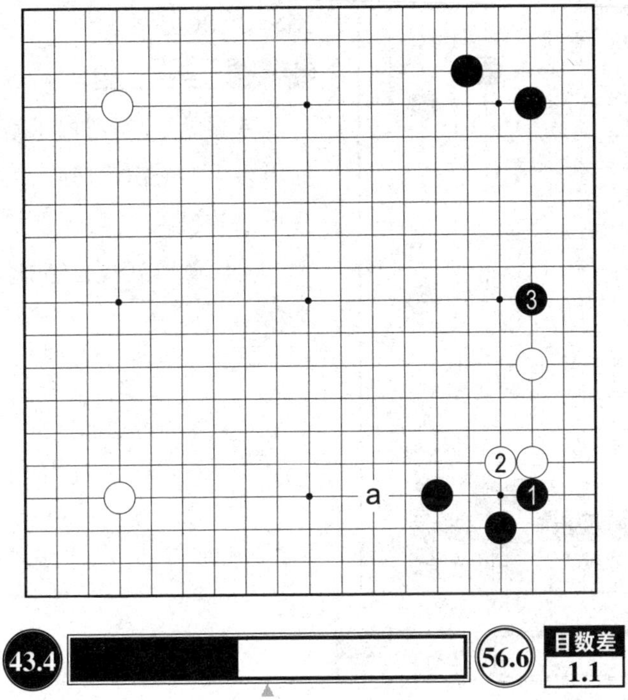

图3　角上的目标

难易度 ★★★☆☆

对于黑1的尖顶，由于黑棋是小飞，所以白2长很大。

黑3虽然是严厉的攻击，但是黑棋的角部也很薄。黑3在a位防守更加简明。

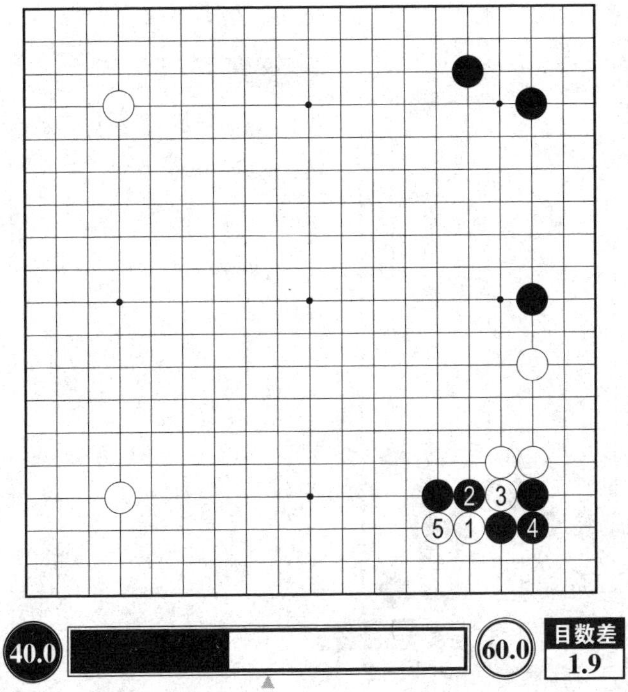

图4　急所

难易度 ★★★☆☆

白1靠下是狙击的手法。

黑2切断开始战斗，但这是对白棋有利的变化。

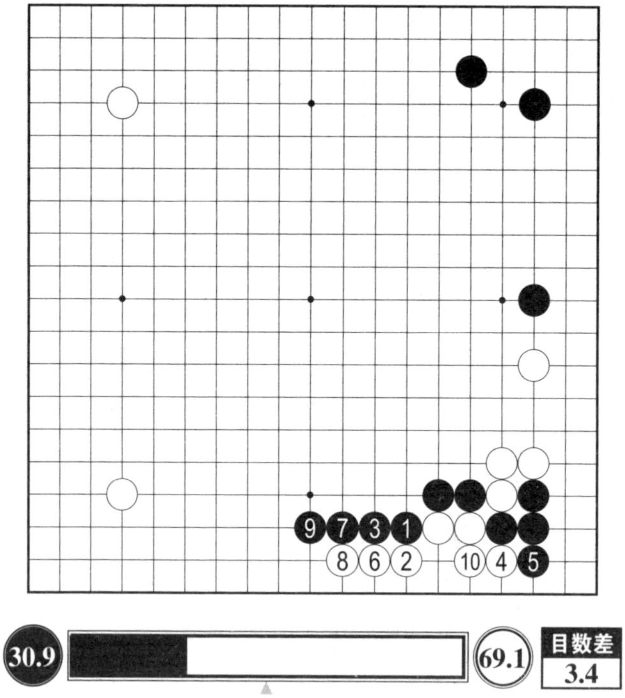

图5　黑棋危险

难易度 ★★★☆☆

虽然黑1开始对白棋施加压力，但是白棋白4交换一手后连续在二路爬是好手。交换至黑9后白10回过来粘。

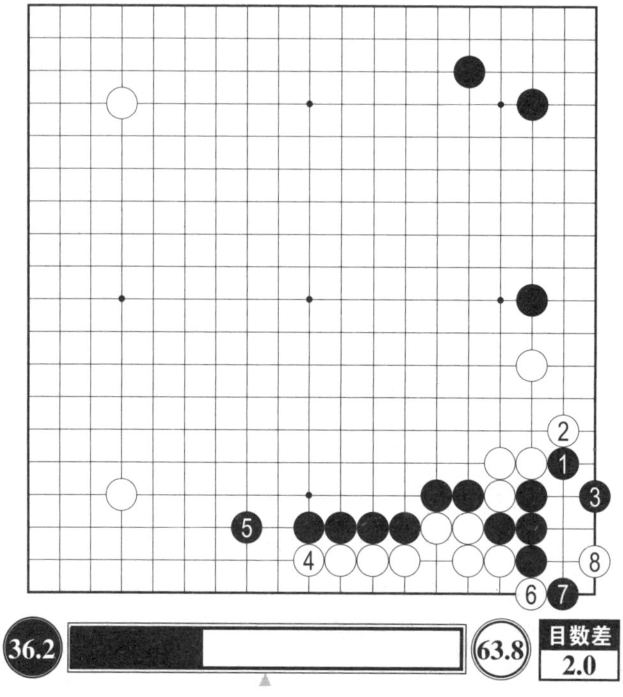

图6　角上不活

难易度 ★★★☆☆

黑1开始在角上行动，但这个棋形在局部并没有做活的手段。黑1扳3虎扩大眼位时，白6、8是急所。

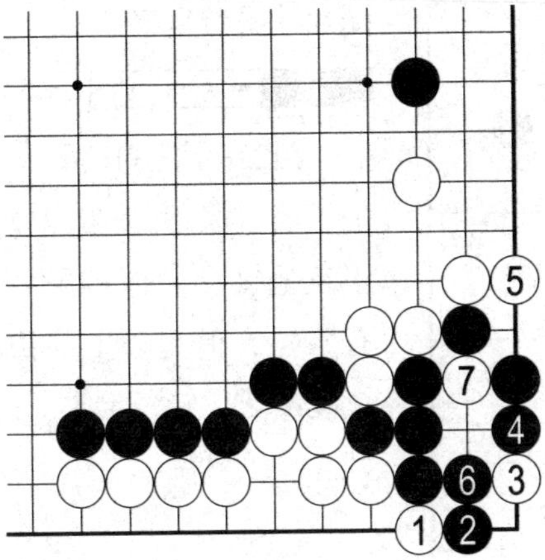

图7　净死

这是实战常见的死活，所以请仔细确认。

白1扳后白3点，黑死。

之后白5立是好手，白7扑，黑棋做不出眼。

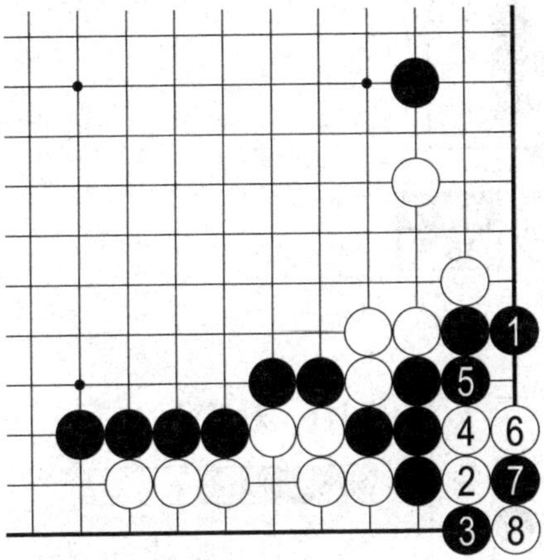

图8　劫

黑1若立下，角上不是净死。

白2夹，至白8成劫（另一种解法是白2在6位点，黑7、白2、黑3、白8也是劫。）

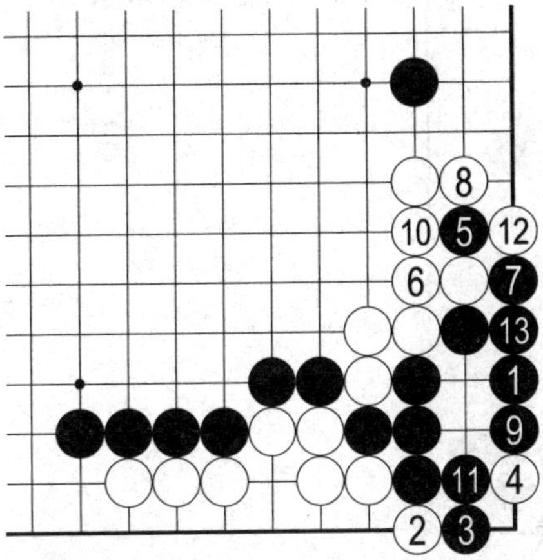

图9　苦心的净活

本图的局面，黑5夹在外面是苦心的一手，可以防止图7的白5。因此，角上的黑棋可以做活。但是，由于黑5被白棋先手提掉，白棋变得很厚（很难被吃），所以这个变化也是对白棋有利。

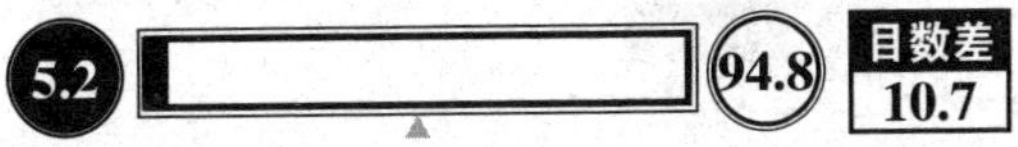

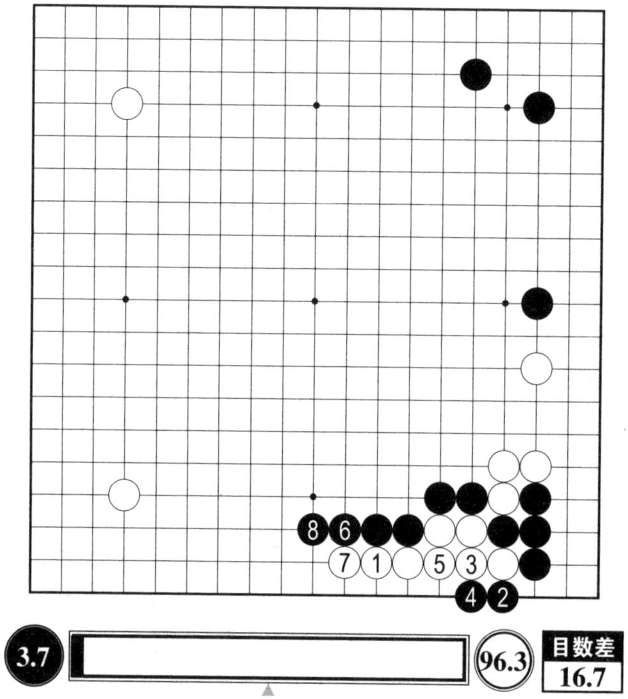

图10 虽然是手筋

难易度★★★☆☆

黑2在下边打吃，虽然是手筋，但是白3可以堂堂正正地接上。白棋虽然没有眼位，但是角上的黑棋也没有活。

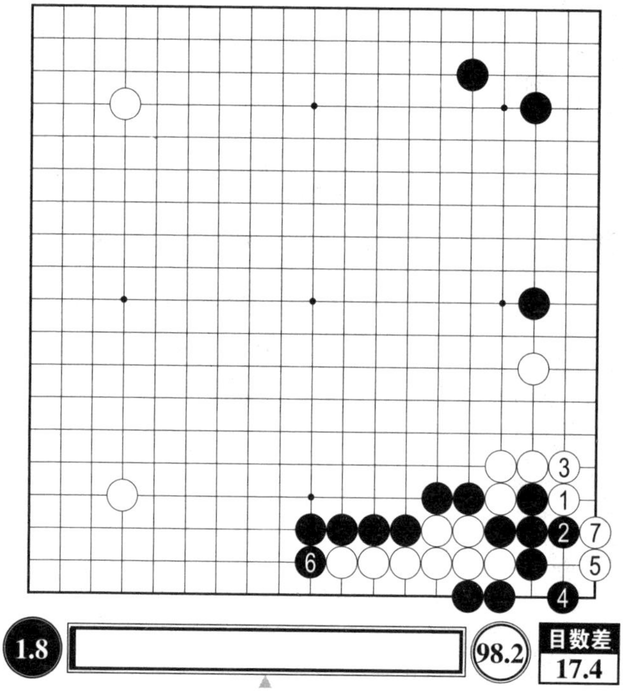

图11 对杀负

难易度★★★☆☆

白1开始对杀，以下至白7，黑棋对杀失败，崩溃。

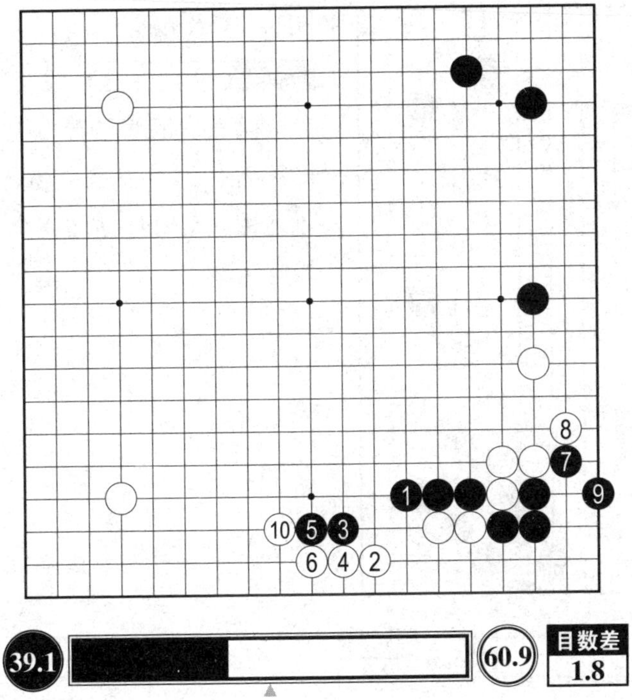

图12　白棋稍稍有利

难易度 ★★★☆☆

黑1稳稳地长是好手。

但是由于黑7必须防守，所以至白10扳起，白棋易下。

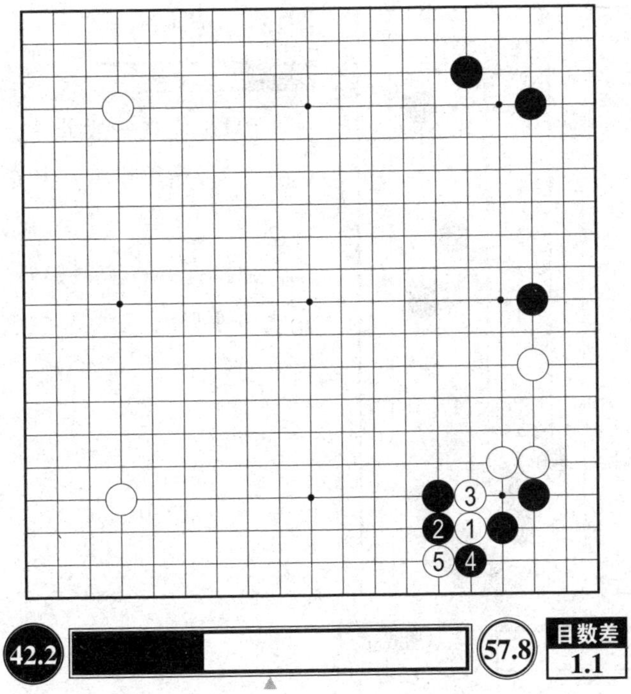

图13　黑薄

难易度 ★★★☆☆

对于白1，黑2是忍耐的手法。

但是，白棋有白5的切断，黑棋相当薄。

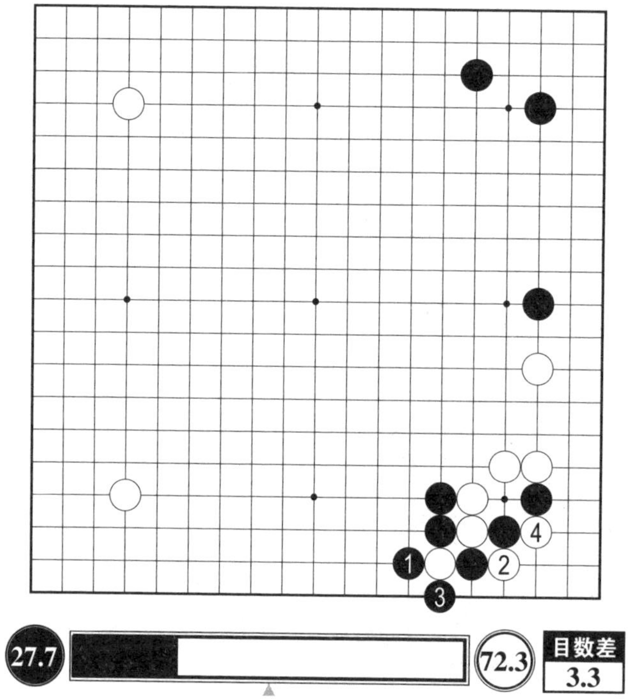

图14　黑棋被吃

难易度 ★★★☆☆

虽然有断哪边吃哪边的格言，但是在这个场合不适用。至白4，角上黑棋被吃。

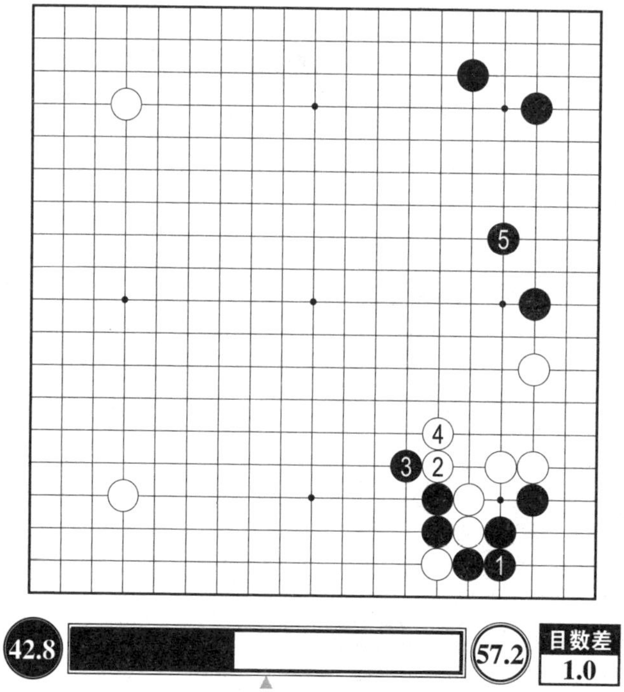

图15　白棋稍有利

难易度 ★★★☆☆

黑1粘住是一般分寸，但是白2扳后黑棋有点儿难受。

白棋变厚，所以黑5要先飞一手防守，这是白棋稍好的局面。

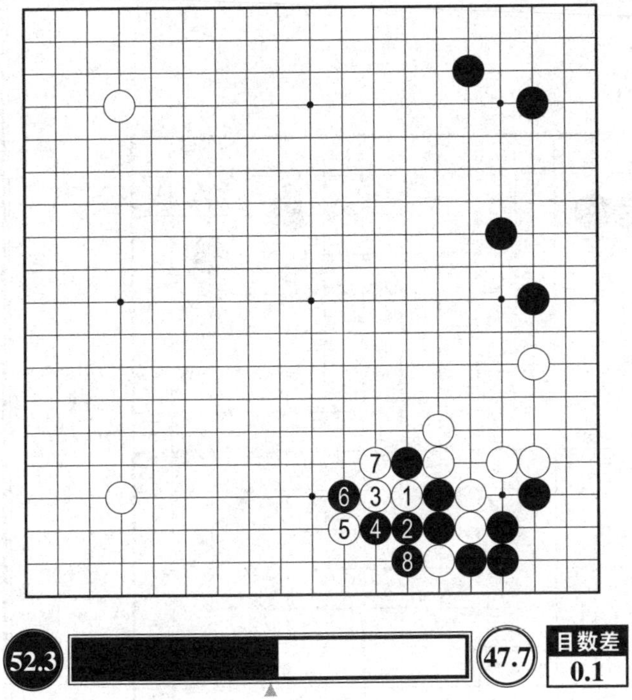

图16　断的陷阱

难易度 ★★★☆☆

虽然有些在意白1的断打，但是这种下法并不很好。白5若是强硬扳下，白棋反而会变薄。

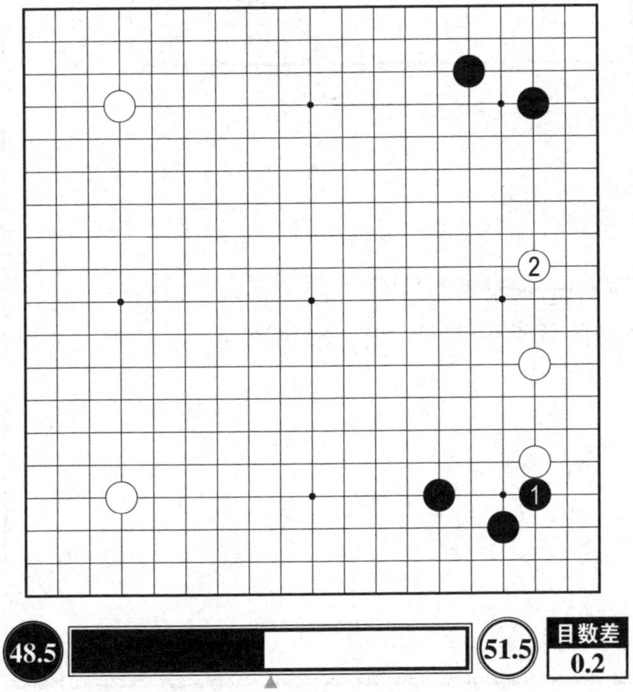

图17　两分

难易度 ★☆☆☆☆

对于黑1，也有白2拆的手法。

这是稳妥的变化，双方两分。

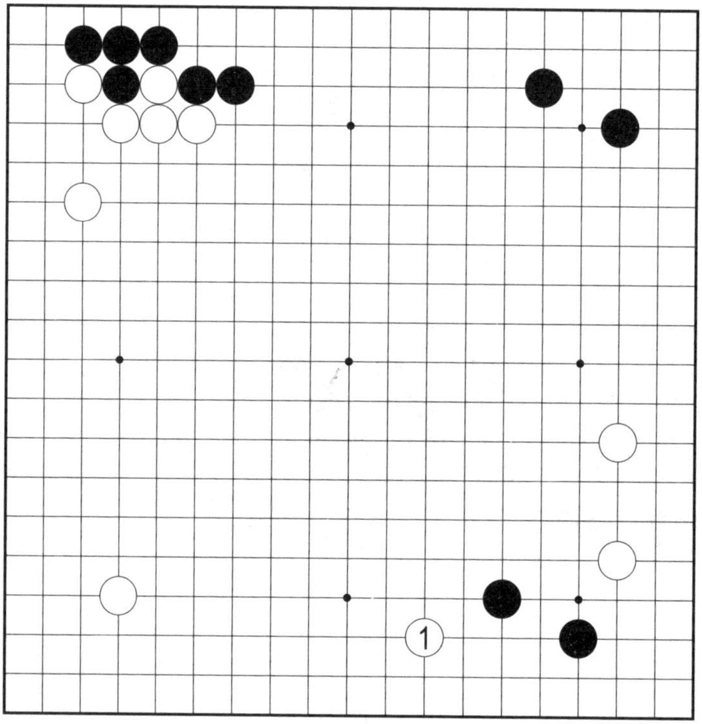

研究图2

这是黑棋脱先时，白1逼过来的局面。

白1处在相当严厉的急所，黑棋要如何应对呢？

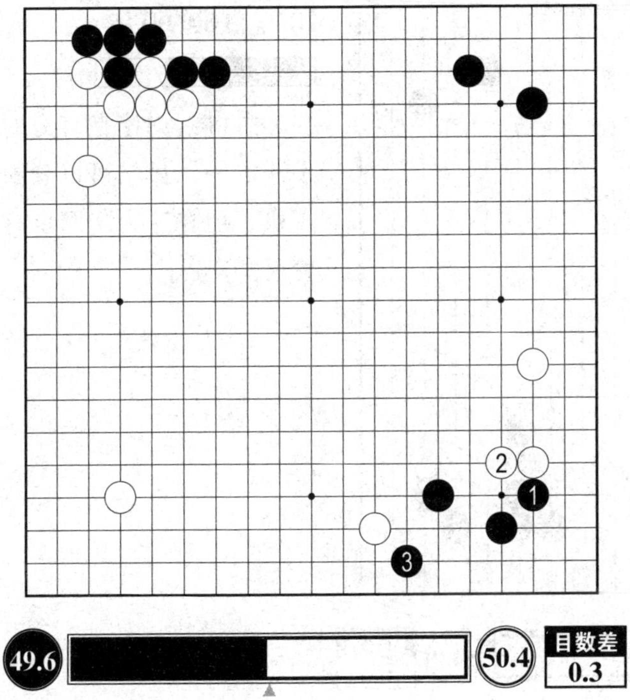

图1　两分

难易度 ★☆☆☆☆

黑1尖顶，黑3飞在二路是最坚实的应法。

这里到此告一段落。

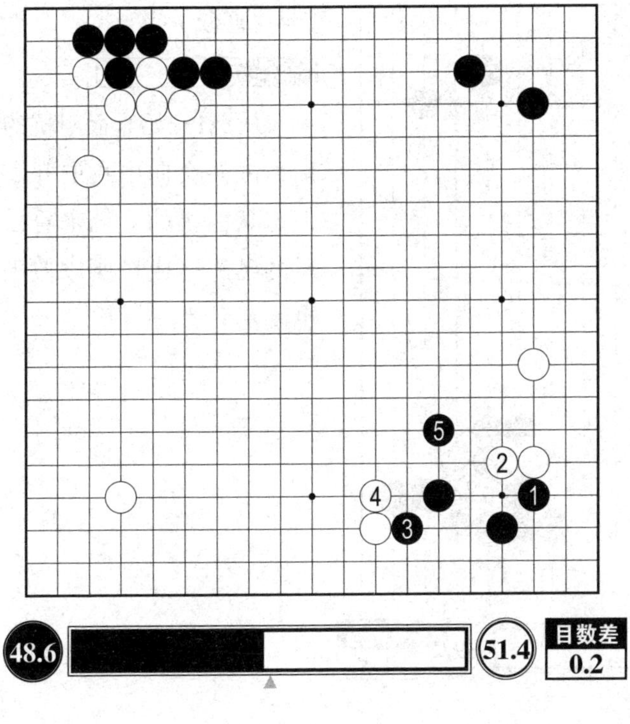

图2　两分味恶

难易度 ★★☆☆☆

黑1、3连续尖顶两手后黑5出头的下法也很多。

和前图相比，虽然可以进入中央，但是白棋有追究的手段，黑棋也不是坚实的形状。

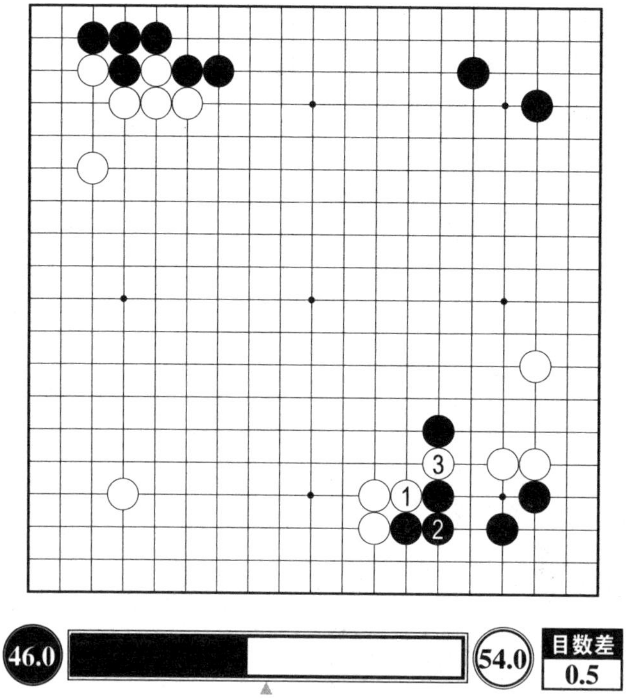

图3 白棋的追究

难易度 ★★☆☆☆

白1挤、3挖是有力的手法之一。虽然可以分断黑棋，但在这个瞬间也有着很多策略。

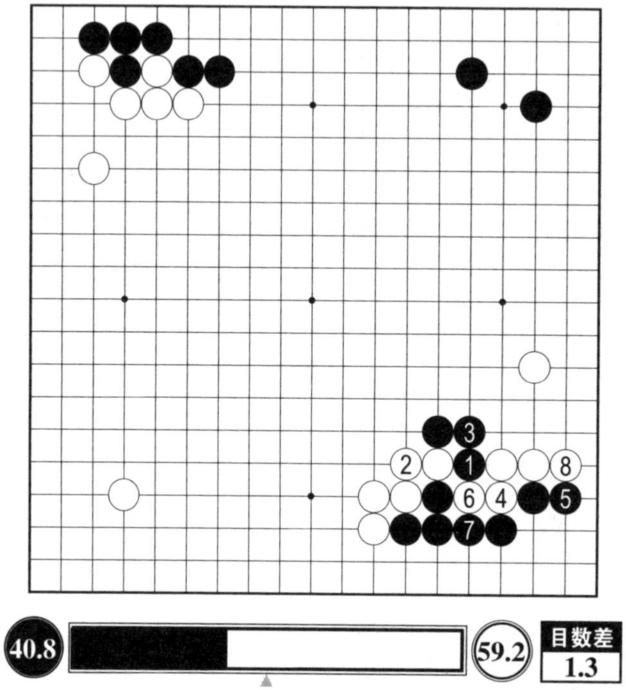

图4 直截了当

难易度 ★★☆☆☆

从黑1开始全面对抗的话，战斗会向中央展开。但是从白棋的立场来看，目的已经达成，所以似乎也没有不满。

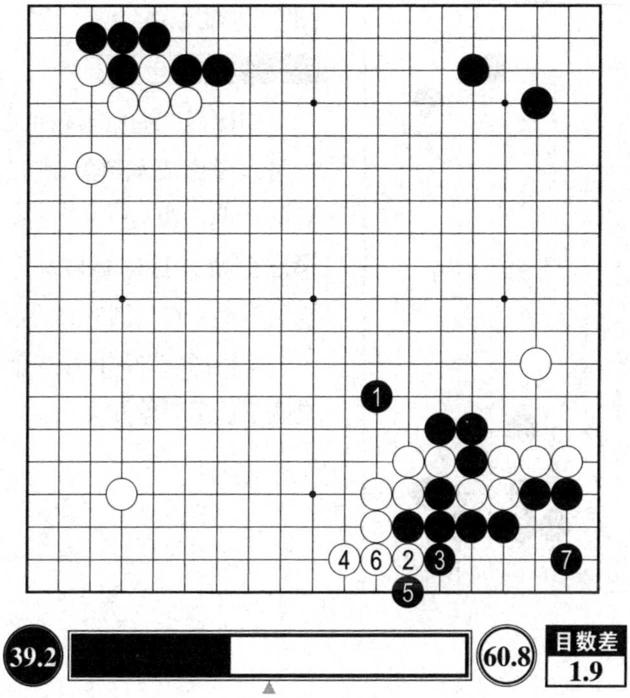

图5　两分

难易度 ★★☆☆☆

黑1在中央防守。白2开始全部都是先手是白棋的优点。但是，黑棋也得到了一定的角上实地，白棋右边和下边尚未定形，所以是两分的战斗。

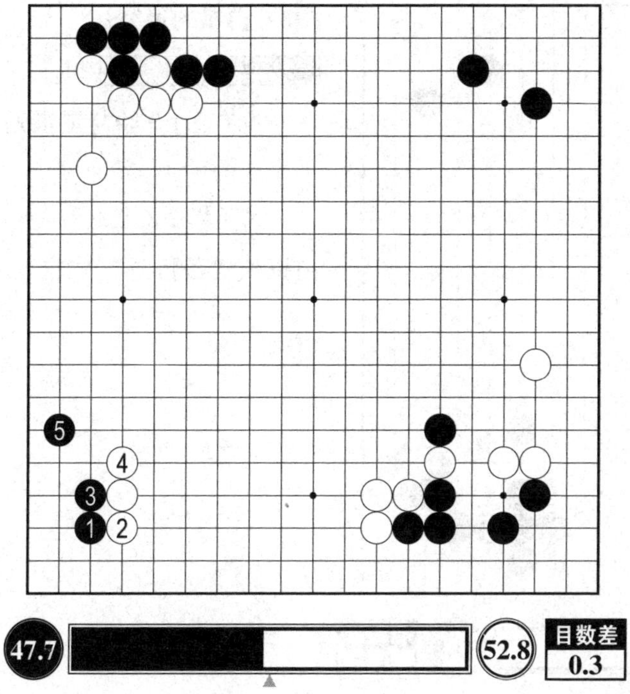

图6　两分

难易度 ★★★☆☆

黑棋在右下什么都不做，评价值反而会高一点。

黑棋的主张是不让白棋在此处连续行棋以及破坏白棋的棋形。

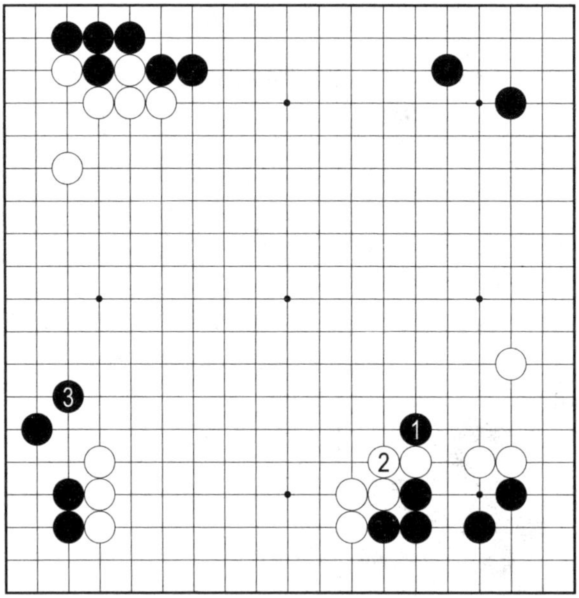

图7　改变思路

难易度 ★★★☆☆

前图黑5为止的局面，也可以考虑成本图黑1夹过后的状况。黑1这一手下在形之急所，目标是破坏白棋的棋形。对于图3白3的追究，黑棋像前图那样脱先就是基于这个考虑方法。

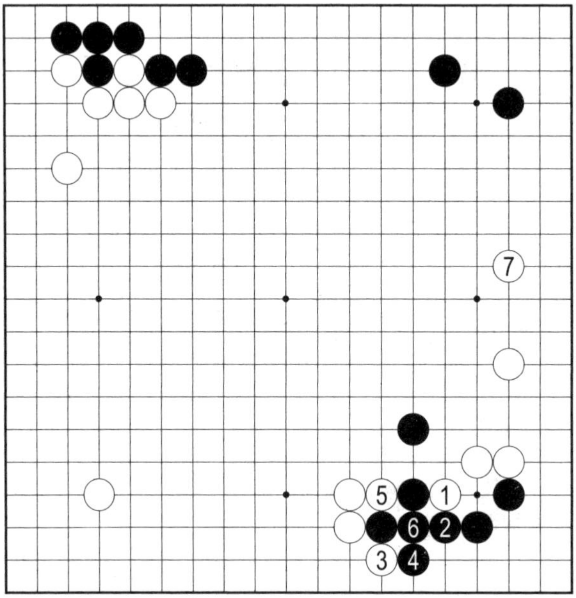

图8　白棋的追究2

难易度 ★★☆☆☆

也有白1开始与黑棋先手交换的手法。

若黑棋全部都跟着应，白棋稍稍有利。

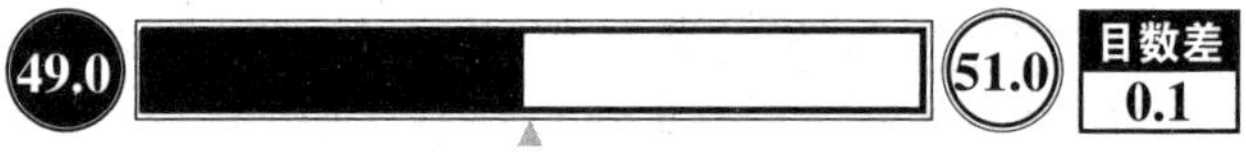

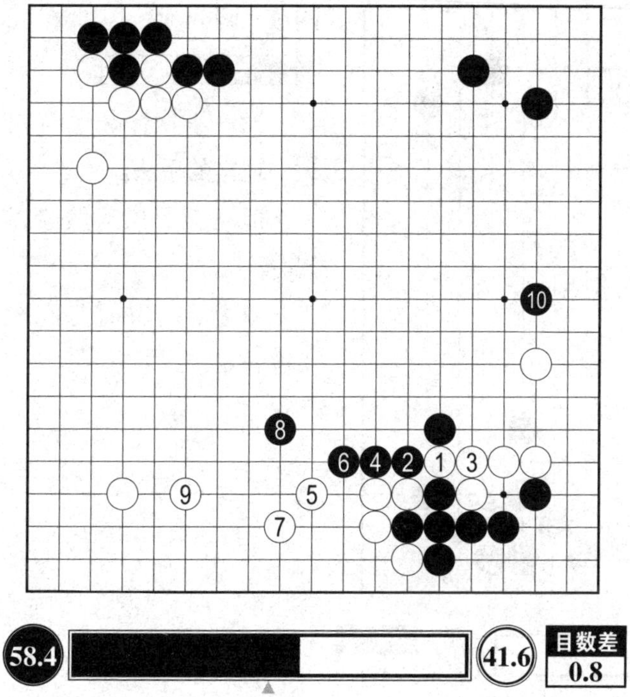

图9　切断是恶形之本

难易度★★

白1想乘势把黑棋一分为二。但是，被黑2反过来切断，白棋的棋形被破坏。

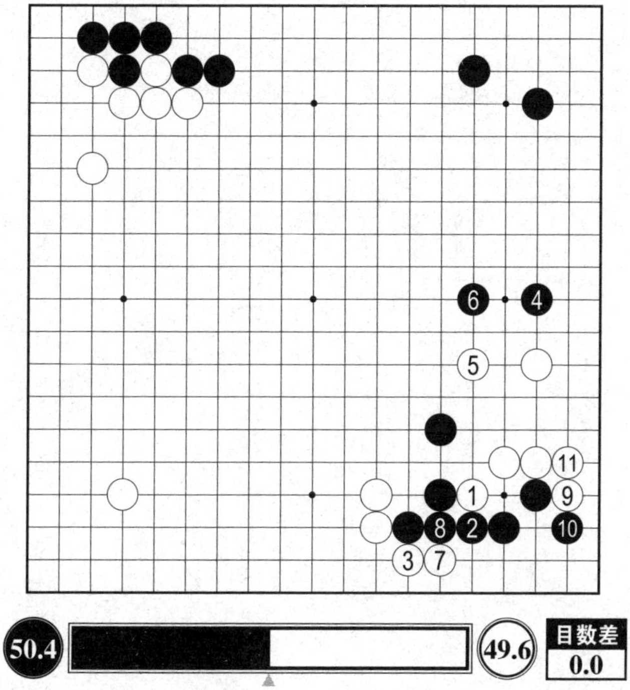

图10　两分

难易度★★★☆☆

若如图8，黑棋有被先手占便宜的感觉，所以对于白3，黑4开始反击的下法是好手。这是两分的战斗。

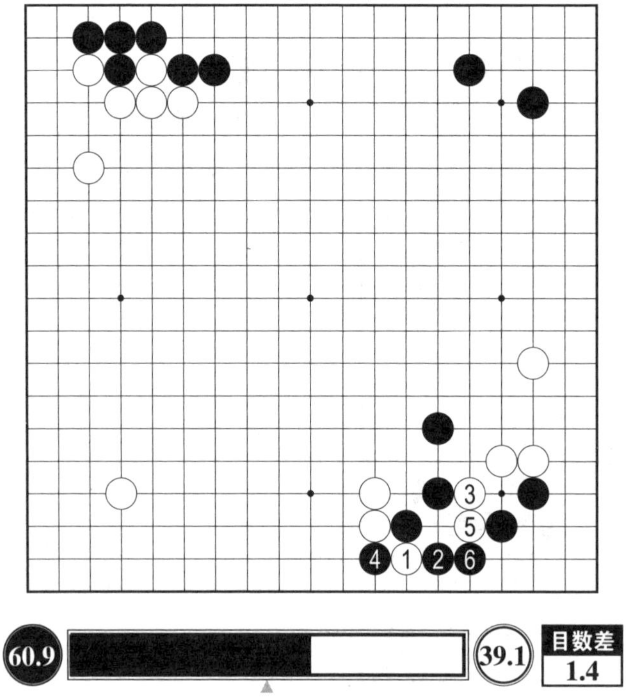

图11　两分

难易度 ★★☆☆☆

换一下次序，也有白1、3攻击的手法。

但是，黑棋仍然会以黑4反击。

双方各行其是是高水平的技术。

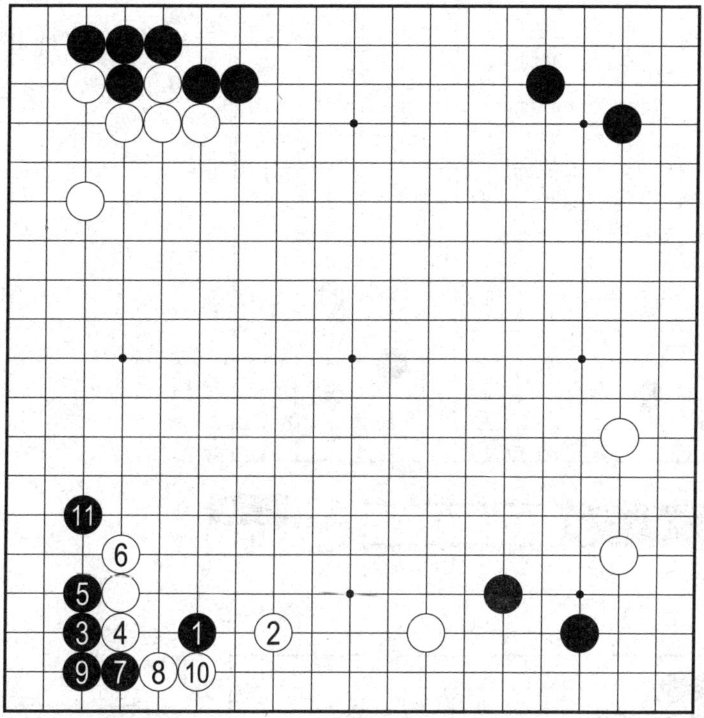

研究图3

黑棋继续来研究一下脱先的下法。

这是黑棋将右下角当作诱饵来快速展开的战术。

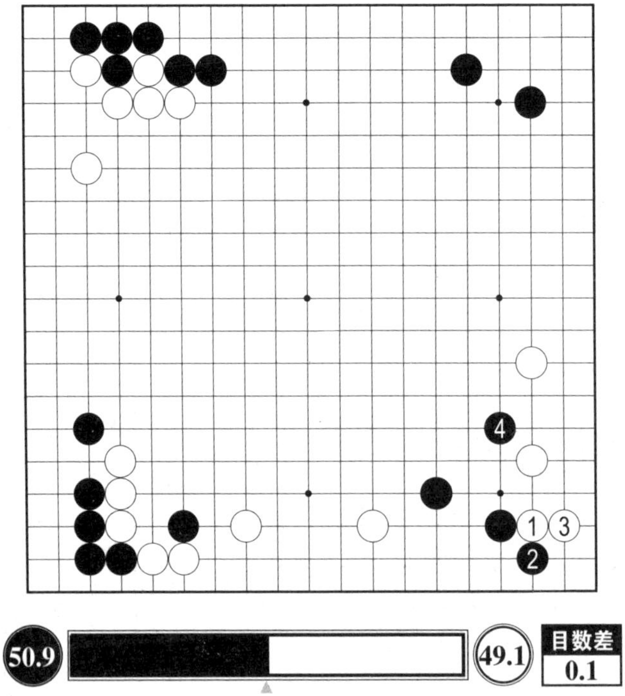

图1　白棋的追究

难易度 ★★★☆☆

白1、3选择在角上动手是攻击的一种手法。对此，黑4的位置是形之急所。

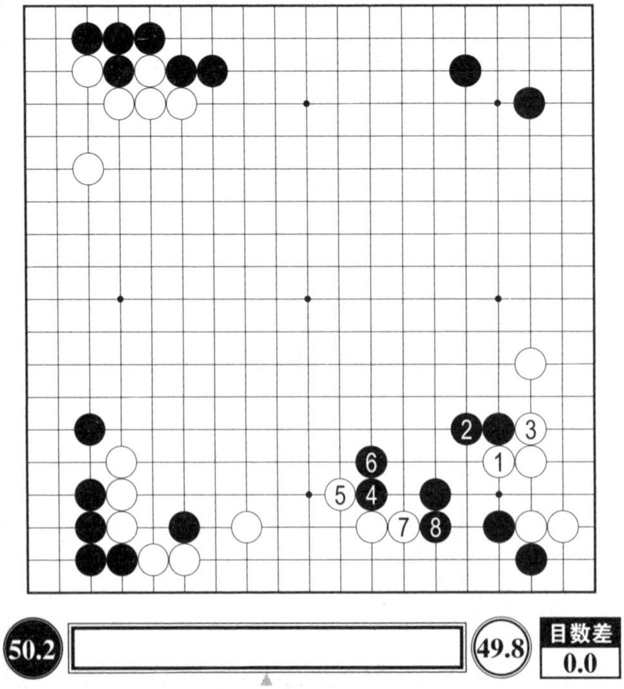

图2　两分

难易度

对于白1开始的攻击，黑棋至黑8进入中央，黑棋并不难逃出所以看起来不会死。这是两分的变化。

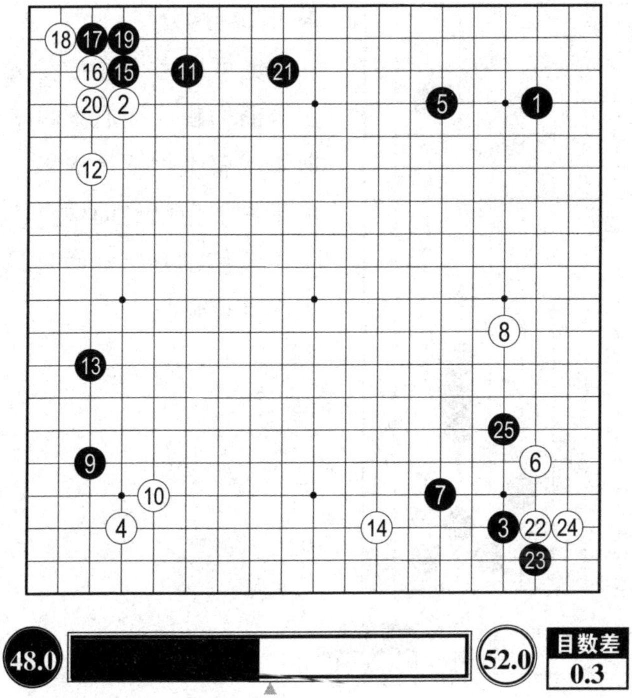

参考棋谱1

第26届LG杯朝鲜日报棋王战1回战

2021年5月30日

黑　朴进率九段

白　谭啸九段

第1谱（1～25）

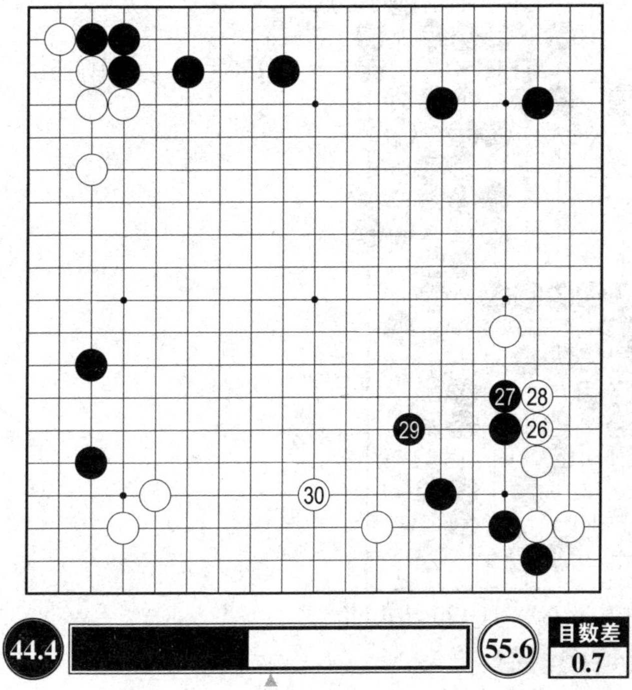

第2谱（26～30）

白26虽然可以按照前面介绍过的变化那样贴起以破坏黑棋棋形，但这次白棋选择了在下面坚实地爬的变化。黑29是有趣的一手，兼具压迫下边白子和整形两个功效。

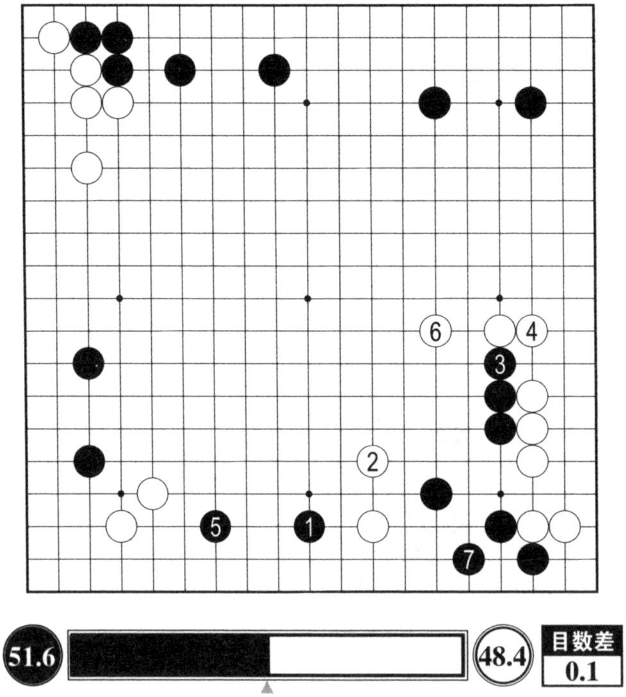

参考图　两分

也可以考虑直接在下边分断白棋，而右下角采取黑子就地做活的战术。由于右下角已经向中央出头，即使没有看到两只眼也不容易被吃。

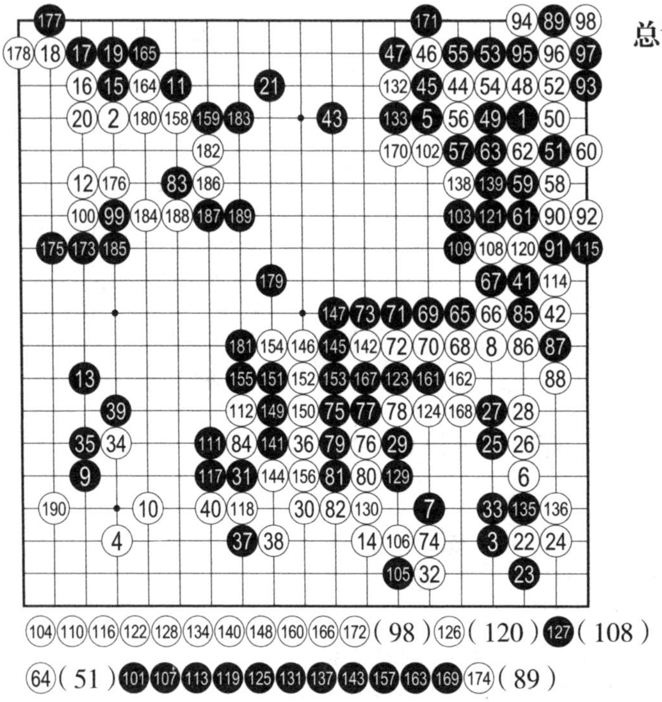

总谱

190手完　白中盘胜

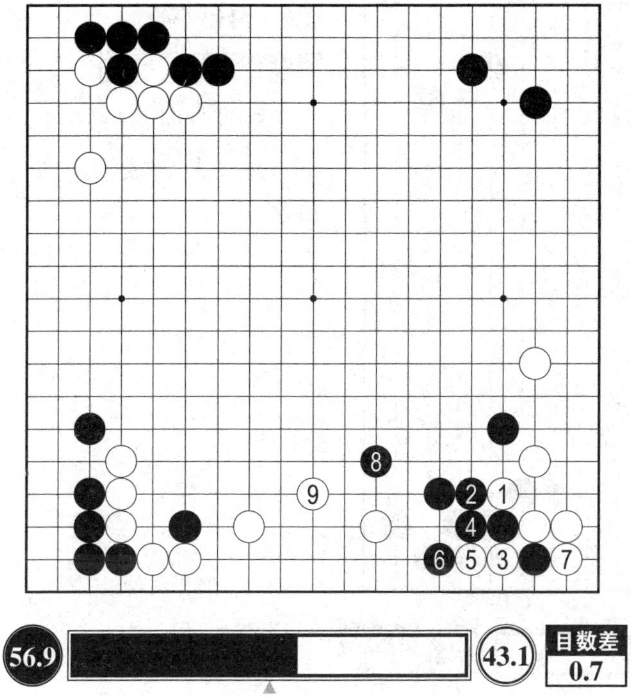

图3　两分

难易度 ★★★☆☆

白1虎的场合，黑2虽然看起来棋形很坏，但意外地却是好手。角上黑子即使被吃，黑棋仍然可以逃向中腹腾挪。这是两分的进行。

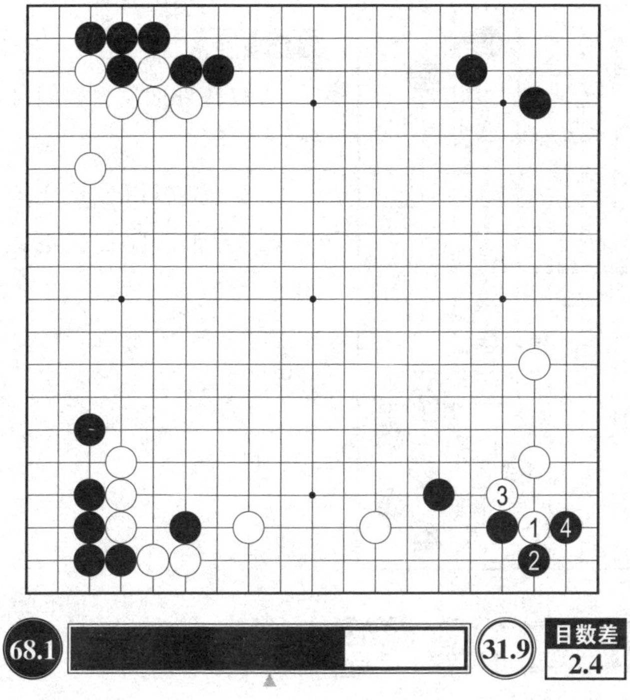

图4　黑棋稍稍有利

难易度 ★☆☆☆☆

对于白1、3的托虎，黑棋必须在4位打吃。

白棋的棋形不完整，所以打吃很有力。

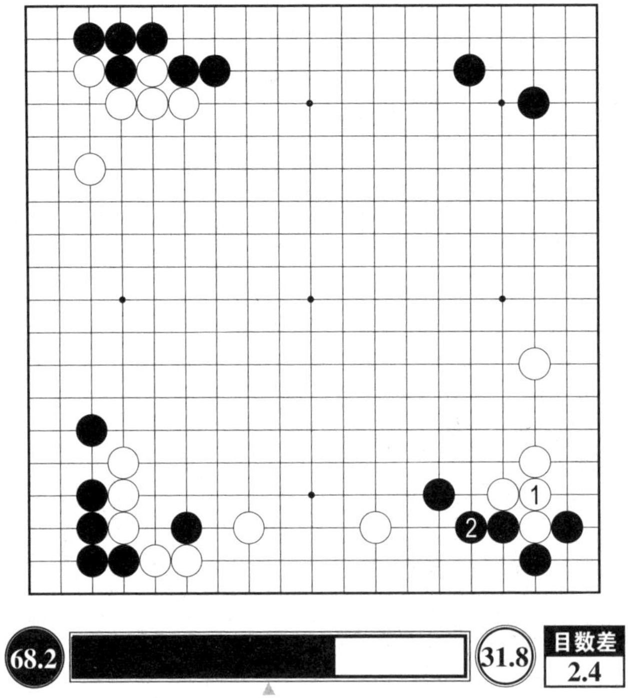

图5　白棋不行

难易度★☆☆☆☆

被打吃时，白1粘上的下法最不好，成为丁四的愚形。

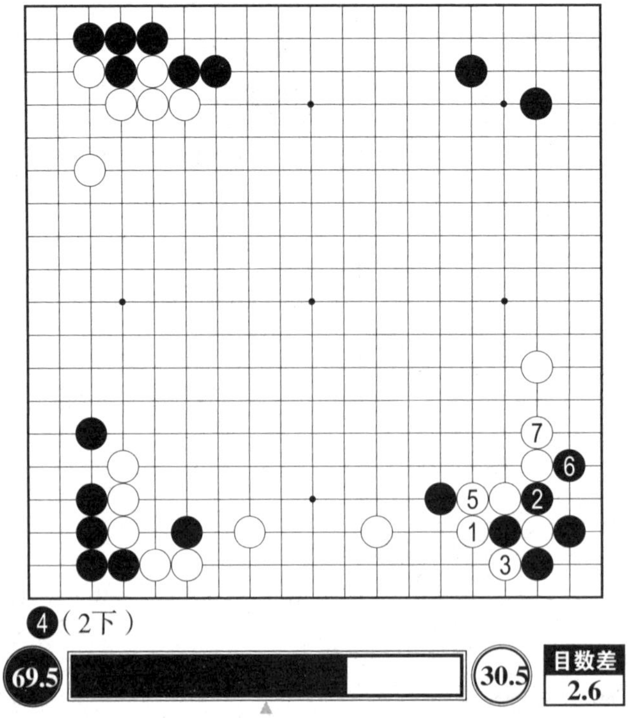

图6　黑棋稍稍有利

难易度★☆☆☆☆

白1在外面反打构筑外势。

但是，黑棋也是吃掉一子的厚形，是黑棋不坏的进行。

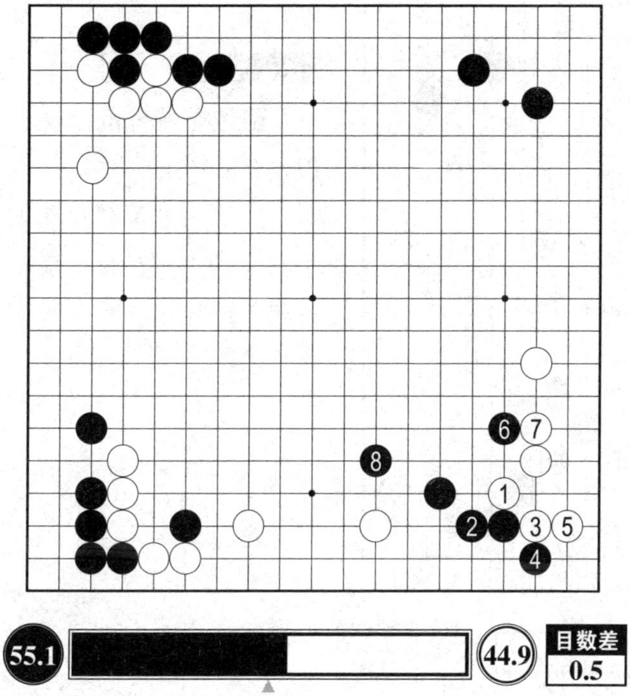

图7　白棋的追究2

难易度 ★★★☆☆

白1先尖顶的手法是避免被黑棋按图4反击的好手。白5时，黑6仍然是急所，至黑8，黑棋可以腾挪，两分。

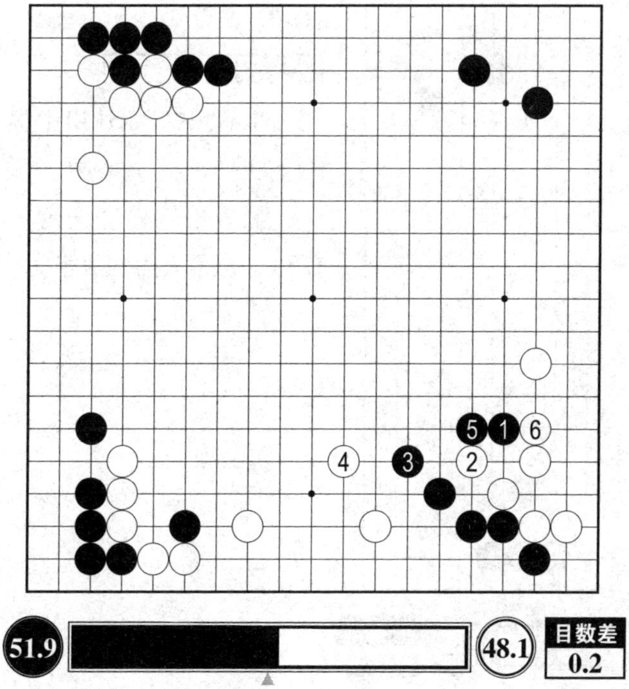

图8　反击时

难易度 ★★★☆☆

白2尖穿象眼时，黑3是好手。

若白4飞，黑5是针对白棋气紧而连络的好手。

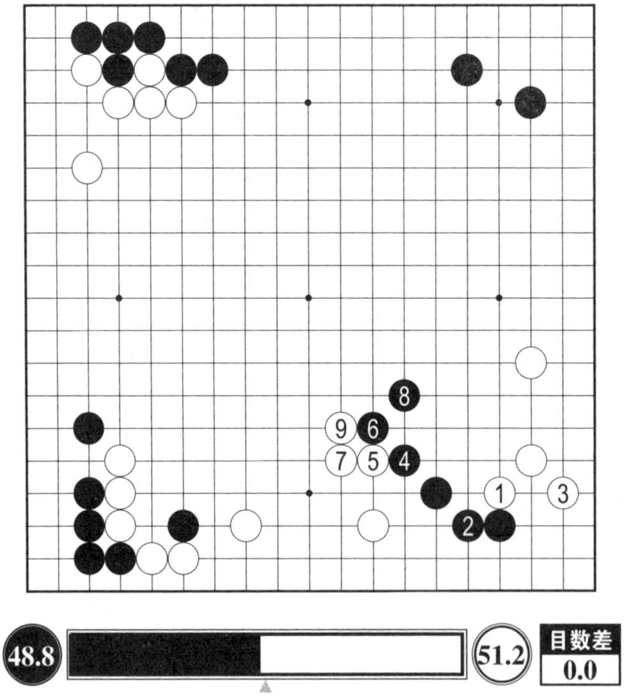

图9　两分

难易度★★★☆☆

虽然是特殊的手法，但也有白3尖的下法。

这是相当重视角部的手法，若黑棋在角上应，白棋就能得利，是一种高级技术。

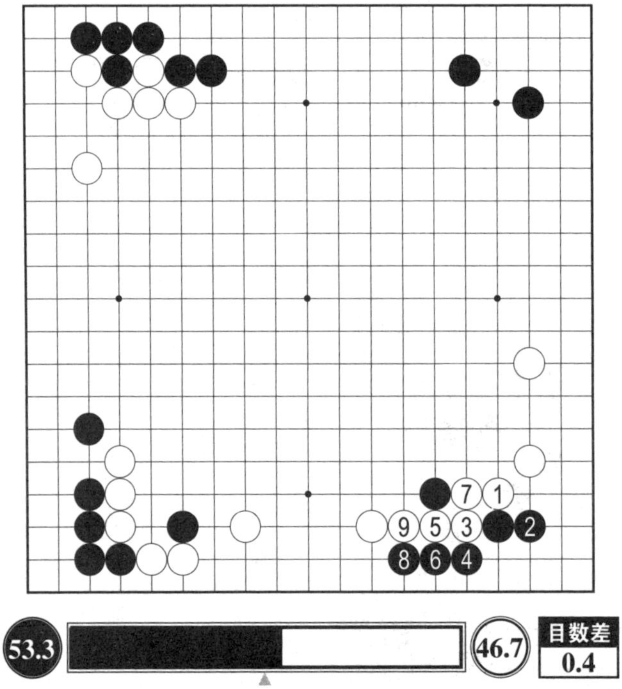

图10　两分

难易度★★★☆☆

也有黑2开始让出中腹的下法。

黑棋也取得了安定，所以这也是有力的战术。

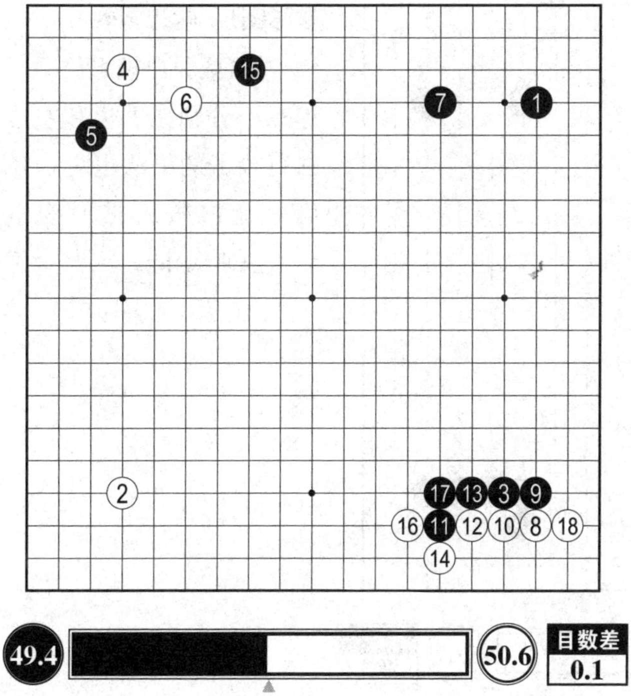

参考棋谱2

第40期女流本因坊战2回战

2021年5月20日

黑　小山荣美六段

白　上野梨纱初段

第1谱（1～18）

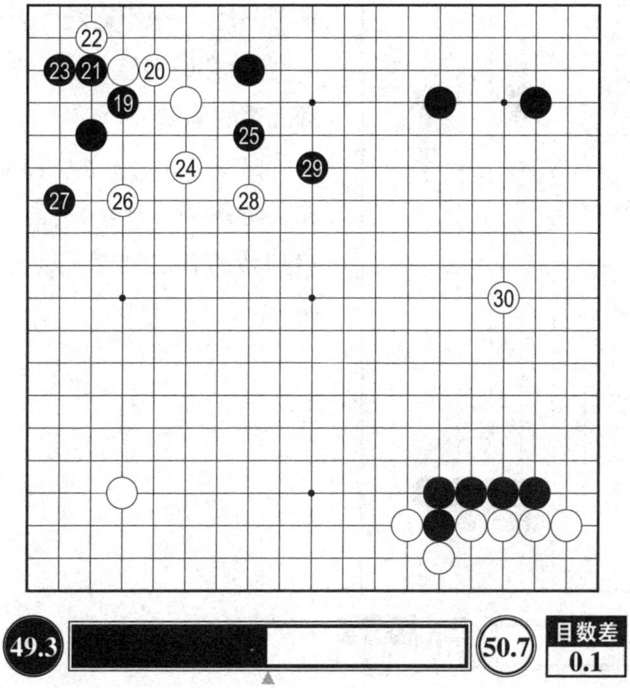

第2谱（19～30）

黑19尖顶开始，一边对左上的白棋施加压力，一边打算扩大右上的模样。白棋也不是立即就会被攻击的棋形，所以白26、28整形后，白30分投牵制黑棋。

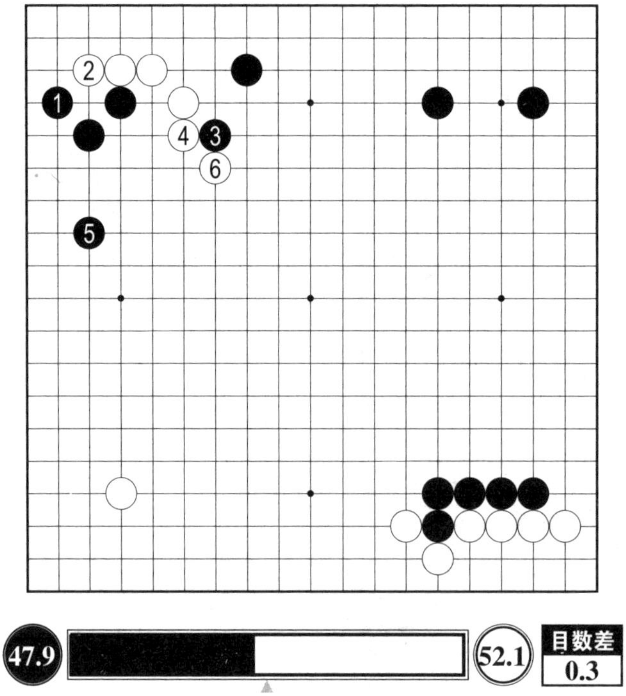

参考图1　两边强硬

黑1威胁白棋眼位后，黑3、5分别在上边和左边强行攻击的下法也可以考虑。让白棋的棋形变重后，快速战斗。

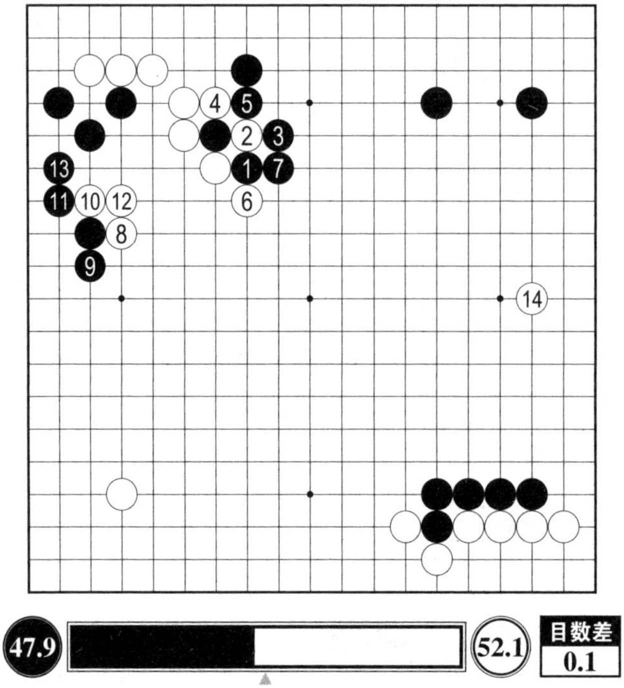

参考图1续　毫不迟疑

黑1开始弃掉一子，整理上边的薄味。

白棋也寸土不让，白8先手防备白6一子的断点，白14转到右边分投。这是两分的进行。

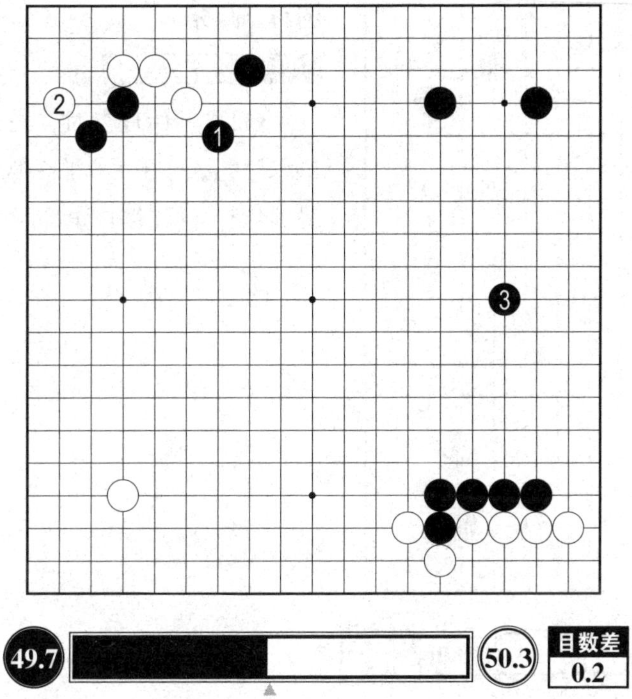

参考图2　模样作战

黑1飞，重视上边到右边黑棋模样的下法也可以考虑。白2也是占据实空和根据地的很大一手。

今后白棋如何限制黑棋的模样是胜负的关键。这是两分的进行。

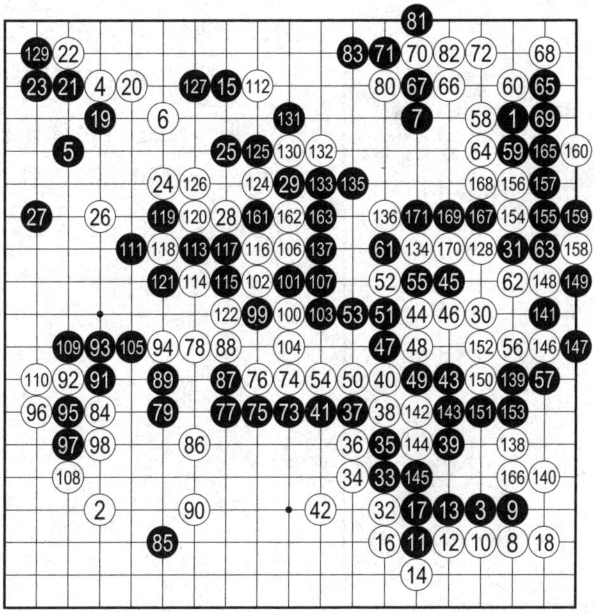

123（118）164（161）

总谱

171手完　黑中盘胜

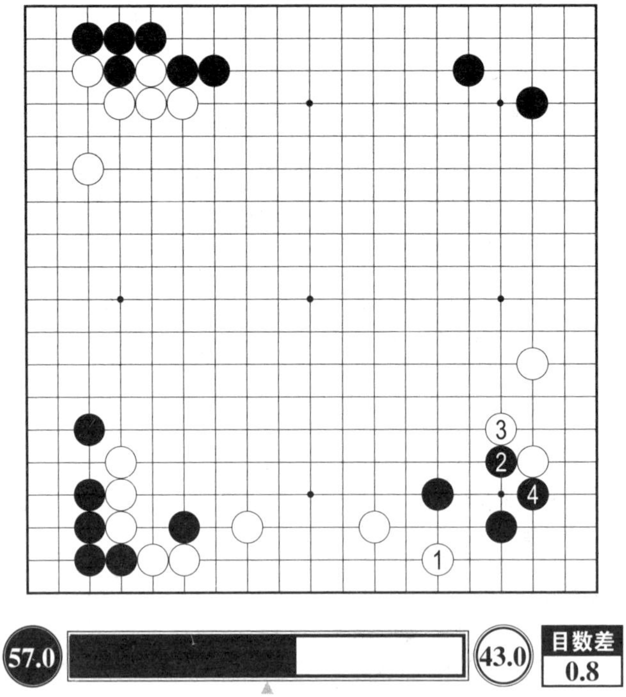

图11　两分

难易度★★★☆☆

白1飞开始攻击时，黑2靠是腾挪的好手。白3扳时黑4虎，优先挡住角部。

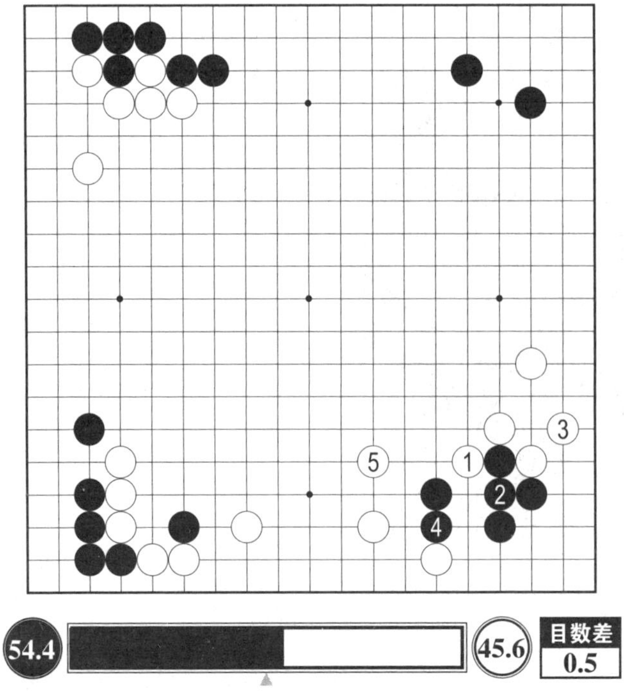

图12　两分

被白1打吃虽然有些痛苦，但是这个场合黑棋能在角上做活很重要。这是两分的进行。

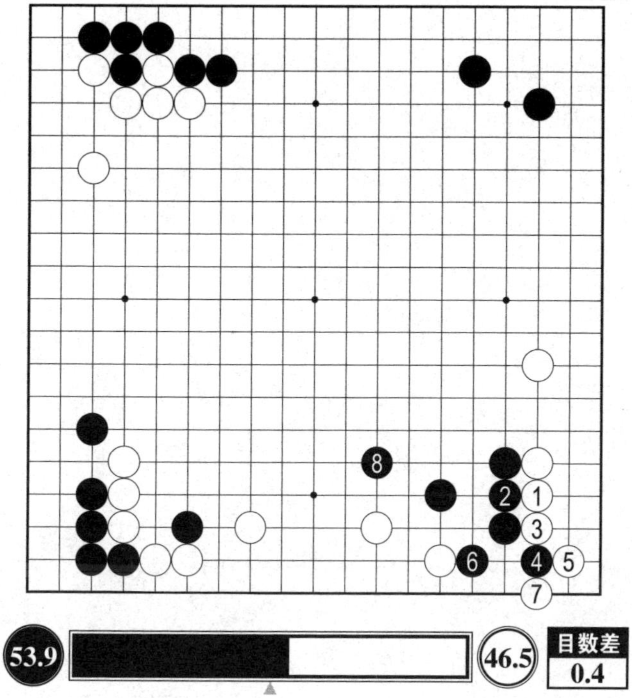

图13　两分

难易度 ★★★☆☆

白1长，将角部搜刮一空的手法虽然很严厉，但是黑4很有弹性。至黑8是两分的进行。

第三章　星位守角的尖冲

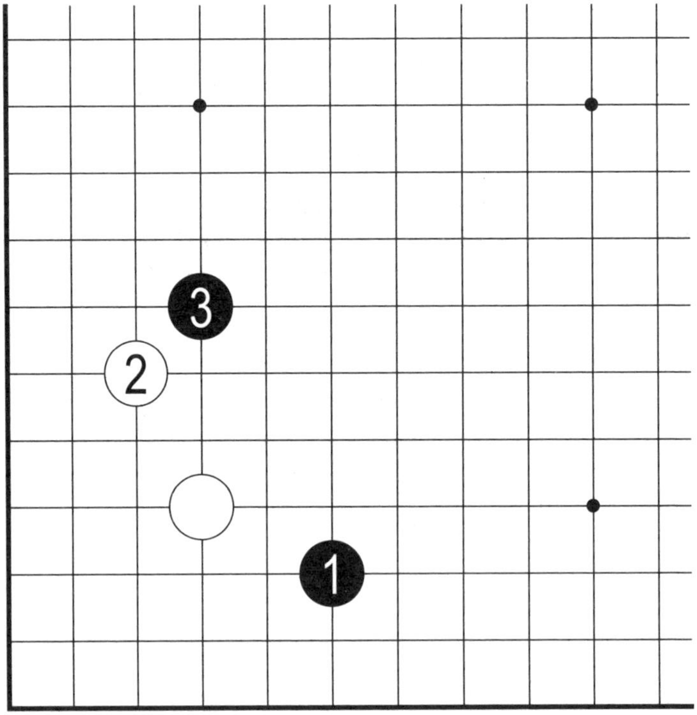

主题图1

现在开始介绍针对星位守角的尖冲。首先是直接挂角，然后观察尖冲的变化。

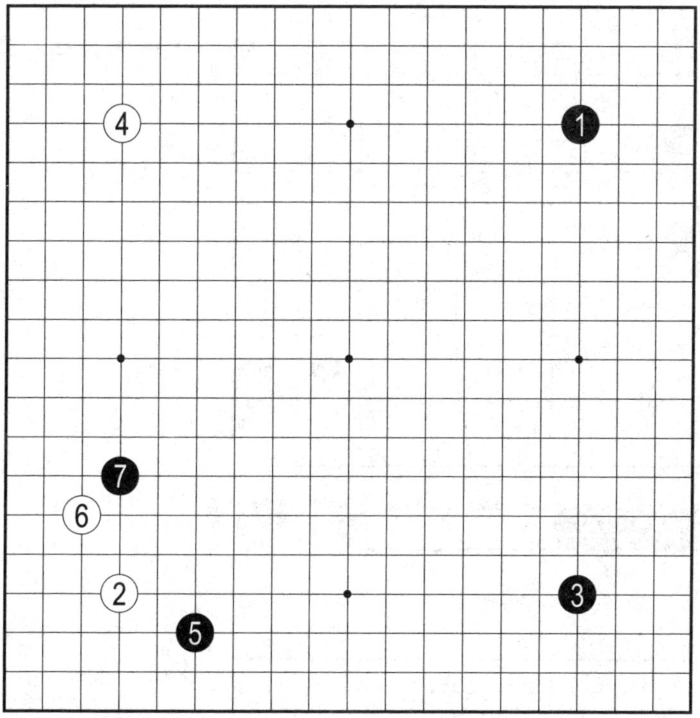

研究图

黑7立刻尖冲，试探白棋的下法。

针对角上的白棋也有先手取利的目标。

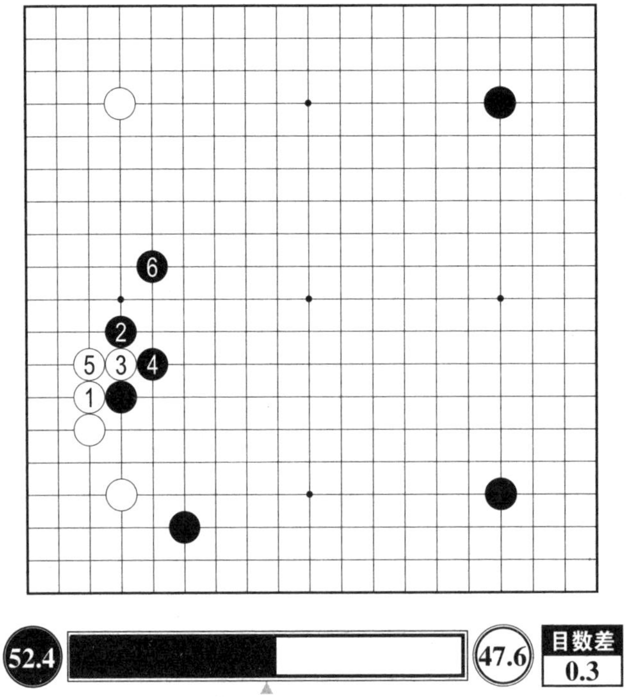

图1　中央志向

难易度 ★☆☆☆☆

白1爬是本手。黑棋给予白棋实地，在中央构筑势力。

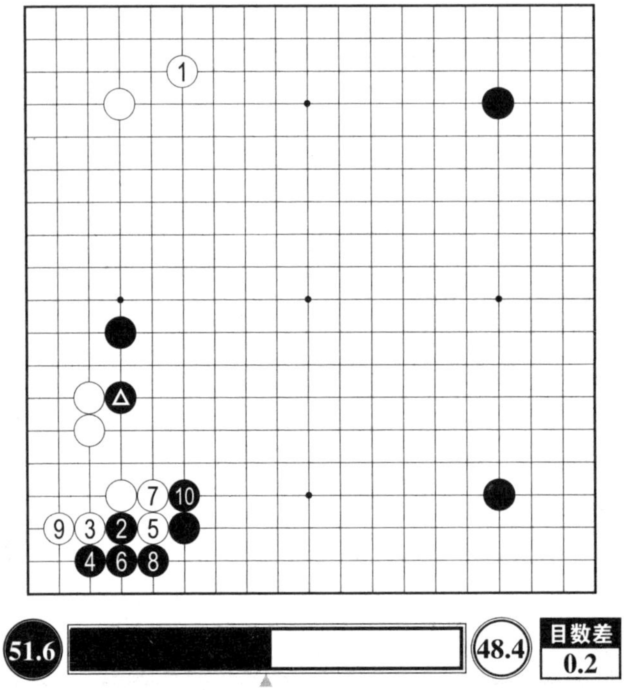

图2　急所

难易度 ★☆☆☆☆

白棋脱先的场合，今后黑棋在左下选择托扳定式时，黑▲正好处在急所。尖冲和托扳定式很适配。关于托扳定式，请参考前作《围棋AI定式后续策略》。

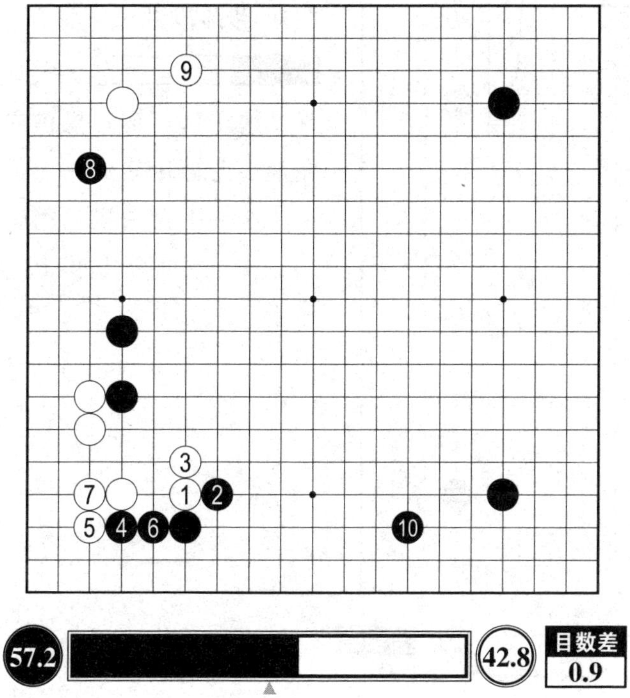

图3　两边展开

难易度 ★☆☆☆☆

白1分断黑棋时，黑棋分别向两边展开。虽然还有被攻击的可能，但黑棋稍稍领先。

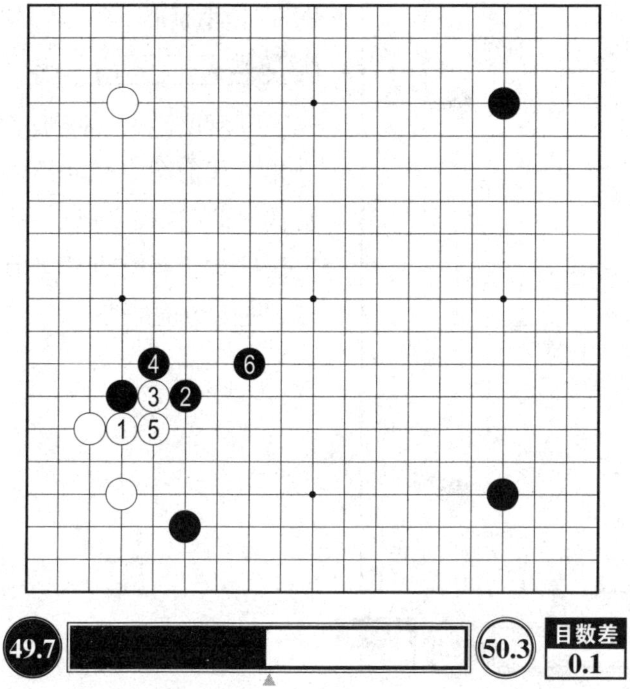

图4　仍然是中央

难易度 ★☆☆☆☆

白1贴起的应法也可以考虑。至黑6，黑棋仍然在中腹构筑势力。普通情况下，尖冲是以中腹为志向的手法。

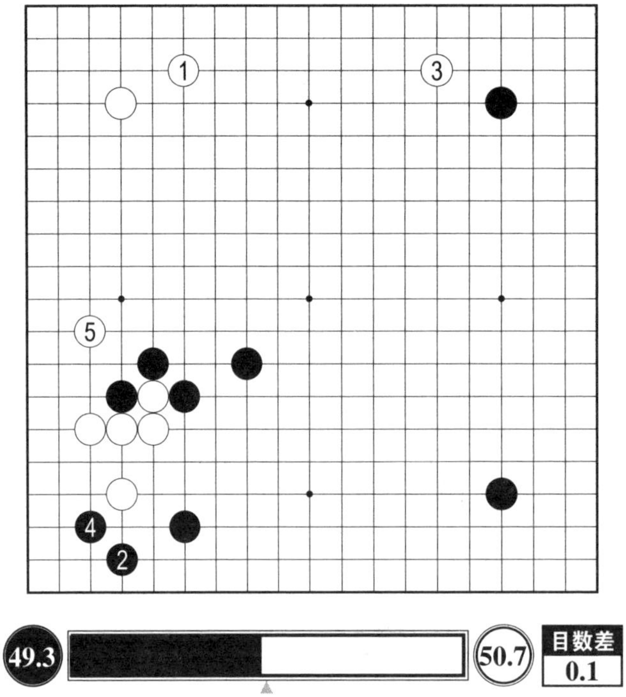

图5　步步推进

难易度★☆☆☆☆

这之后，推荐黑棋向角上小飞的下法。

这一手对白棋稍稍施压，实地方面也是很大的一手。

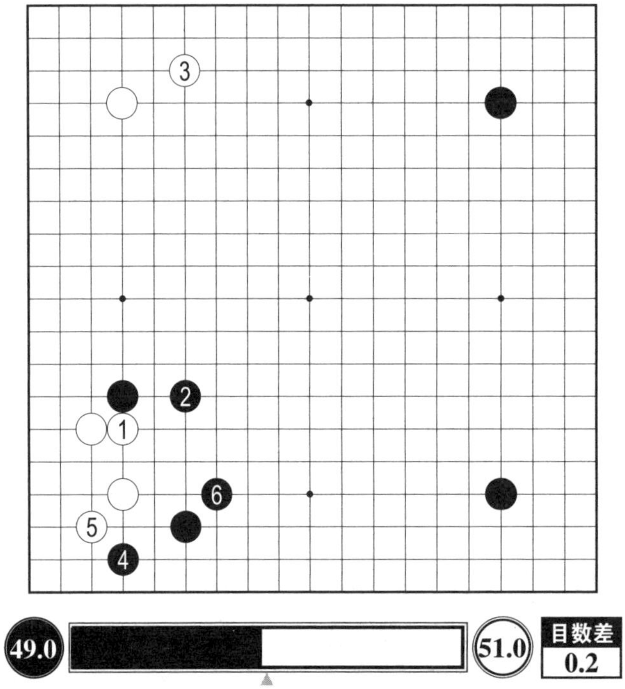

图6　稍稍凝形

难易度★☆☆☆☆

白3若脱先，黑4小飞进角，和前图也是同样的动作。此时白5尖三・3的手法感觉稍微有点缓，但双方的形势也是两分。

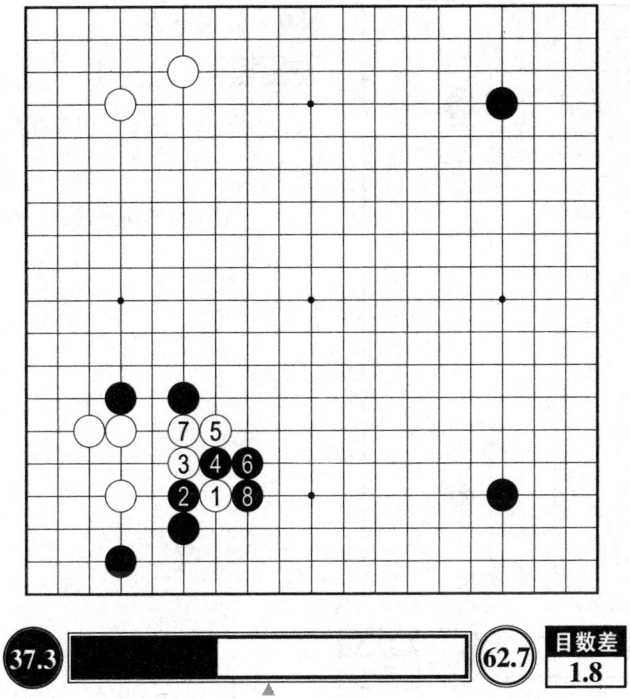

图7　反击

难易度 ★★☆☆☆

所以，白1求战。若黑2开始冲断则白棋弃子，黑棋成为裂形，白好。

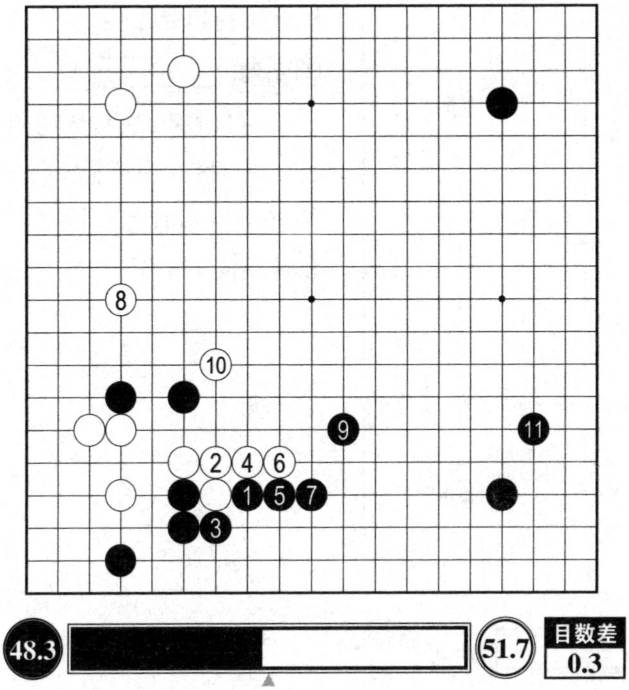

图8　转换

难易度 ★★☆☆☆

由于切断的结果不好，所以黑棋在下边展开。双方各自构成很大的阵地，这是很漂亮的转换。但是，彼此的实空里似乎还残留着味道。

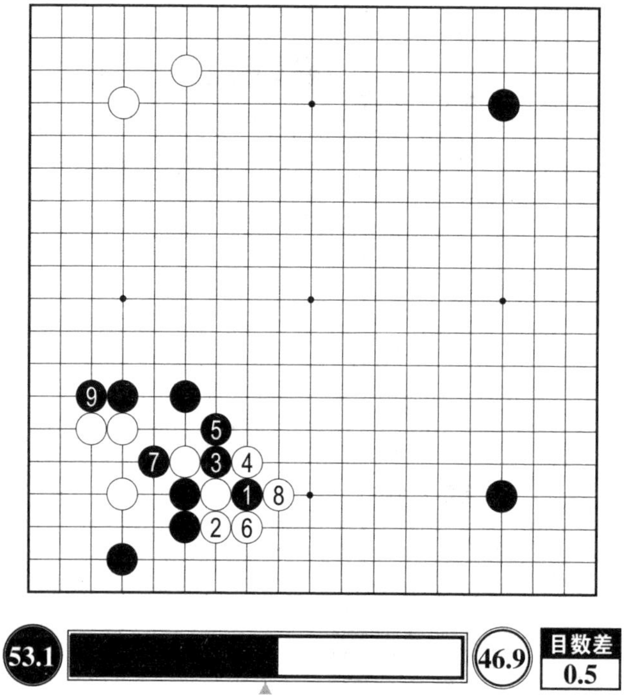

图9 重视下边

难易度 ★★★☆☆

白2冲下后，白4、6压制下边。

黑9的挡看上去似乎相当严厉，但是……

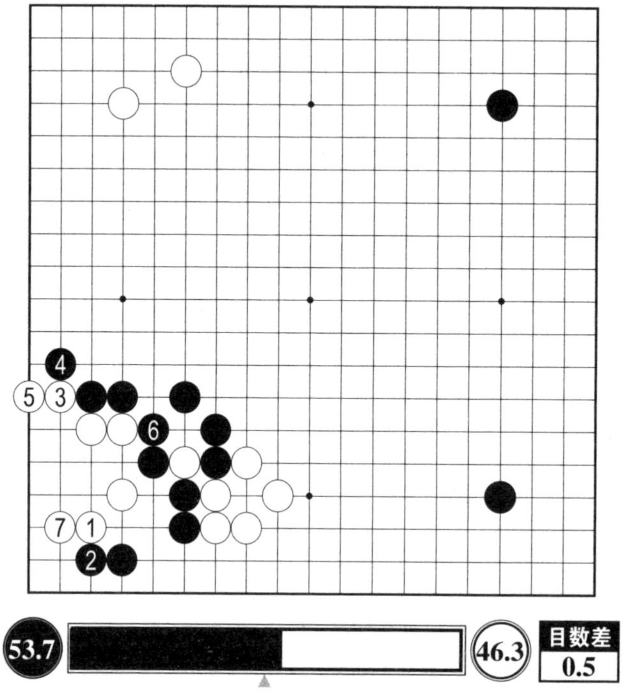

图10 白棋能撑住

难易度 ★★★☆☆

白1时黑2是当然的追究。此时白3扳后白5的立是好手。不管怎么说，白棋还是活下来了。

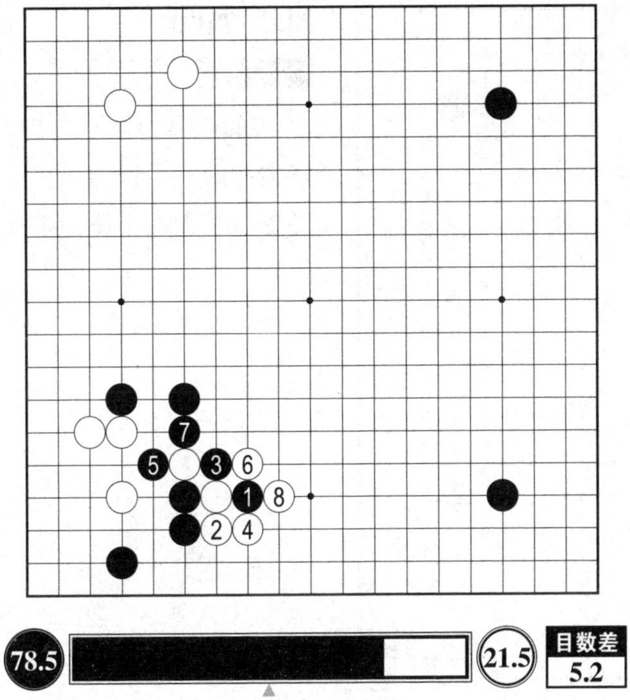

图11　避免被拔花

难易度 ★☆☆☆☆

若白棋在4位拐，则是允许黑棋拔花的展开，白棋不好。图9白4是重要的顺序。

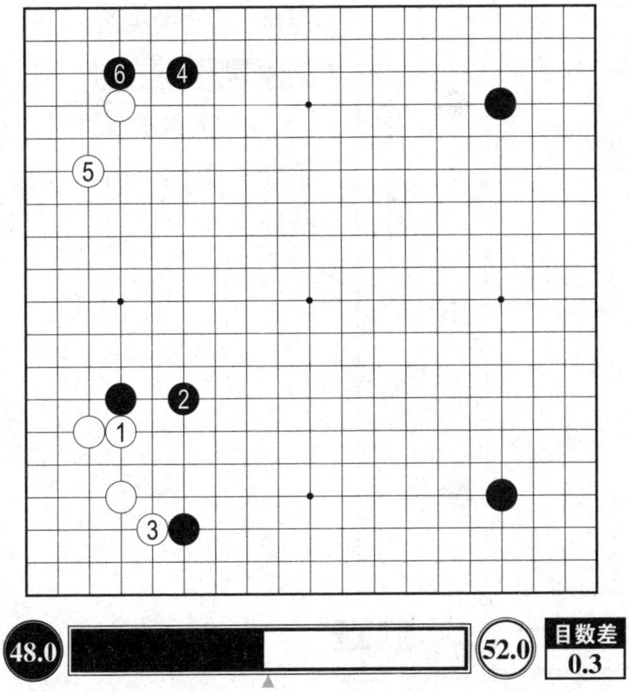

图12

难易度 ★★☆☆☆

白3尖顶守住角空是很大的一手。

由于左下角的白棋相当强，所以黑4脱先快速行棋。

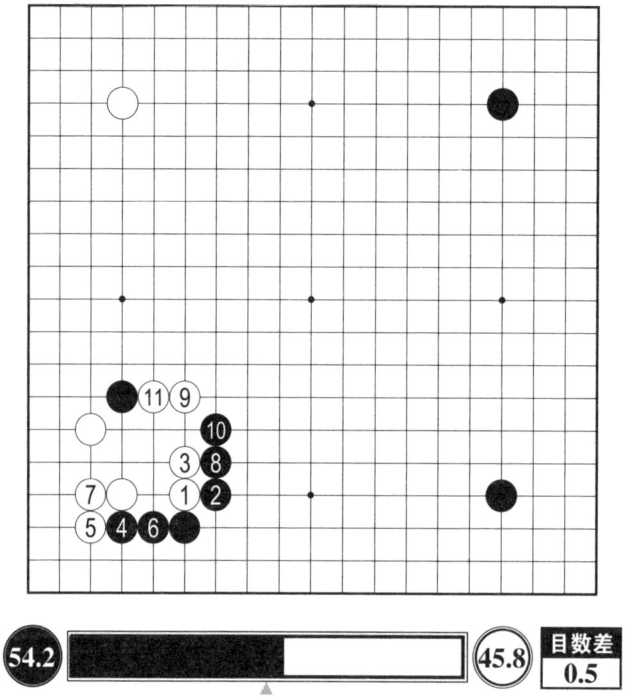

图13　当做诱饵

难易度 ★★☆☆☆

白1先靠会怎样？黑棋将尖冲的一子作为诱饵，将下边做大的下法似乎比较好。

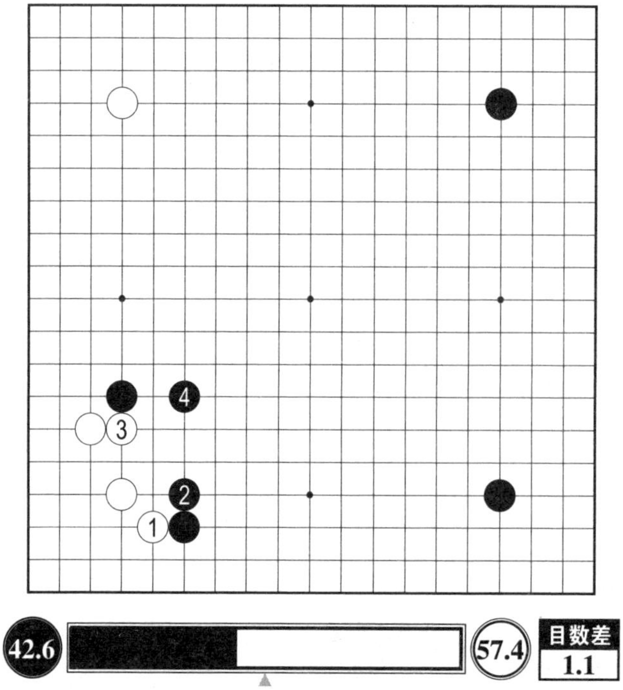

图14　有力的尖顶

难易度 ★★★☆☆

白1尖顶最有力。白3消除了角上的味道，调子很好。

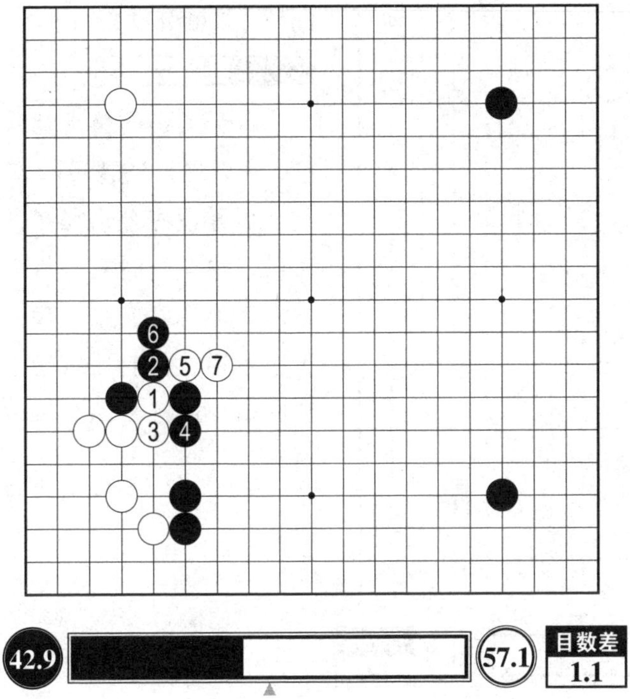

图15　战斗

难易度★★★☆☆

白1开始拼命战斗。在今后的战斗中，希望不要错过急所。

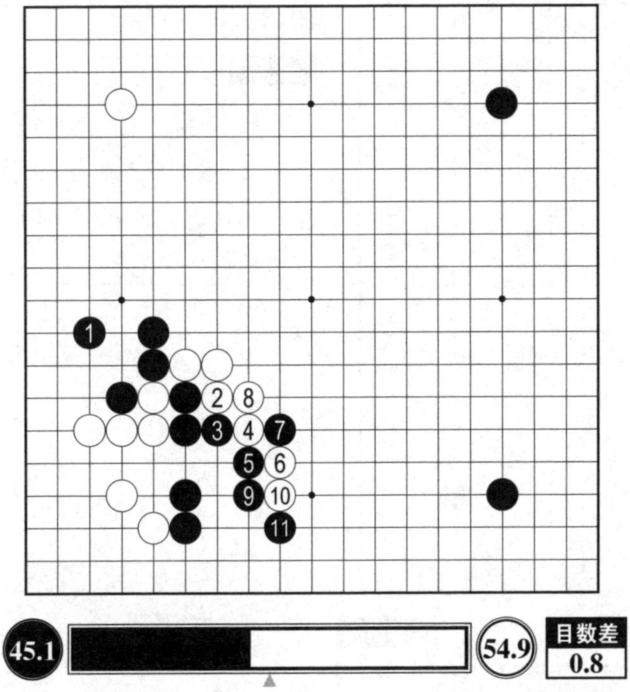

图16　黑棋的急所

难易度★★★★☆

黑1是当前黑棋的急所。白2贴紧黑子的气也是好手。黑11扳的棋形怎么看都有些坏，但是……

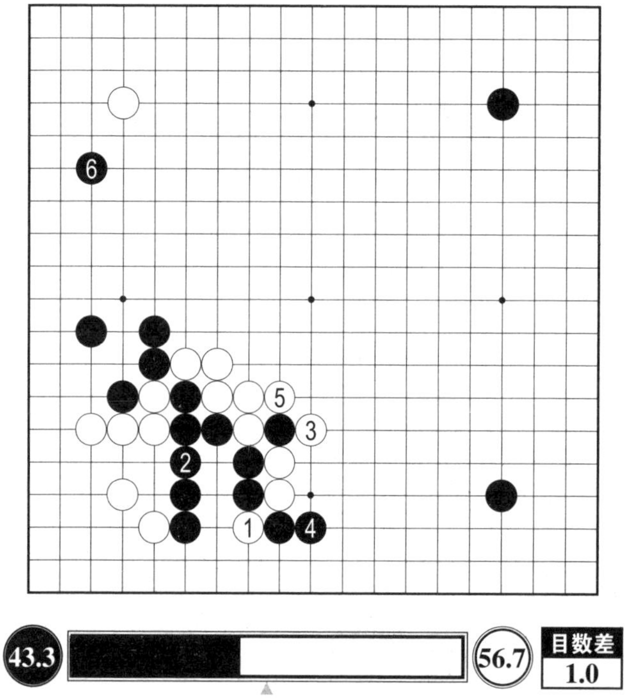

图17　切断并没有后手

难易度 ★★★☆☆

由于黑棋的棋形比较差，所以白1很想切断，但是之后并没有攻击黑棋的手段。白棋暂时3、5提子下厚。虽然看起来好像是黑棋不错，但有后续角上的味道，所以是两分的进行。

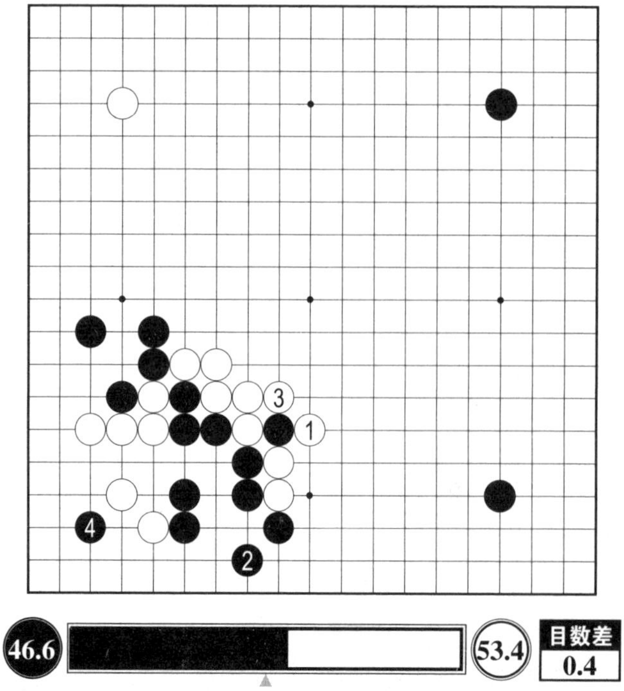

图18　三·三很薄

难易度 ★★★★☆

白棋也有什么都不做，直接1、3拔花的手法。因为黑2处有子，所以黑棋想点三·三。

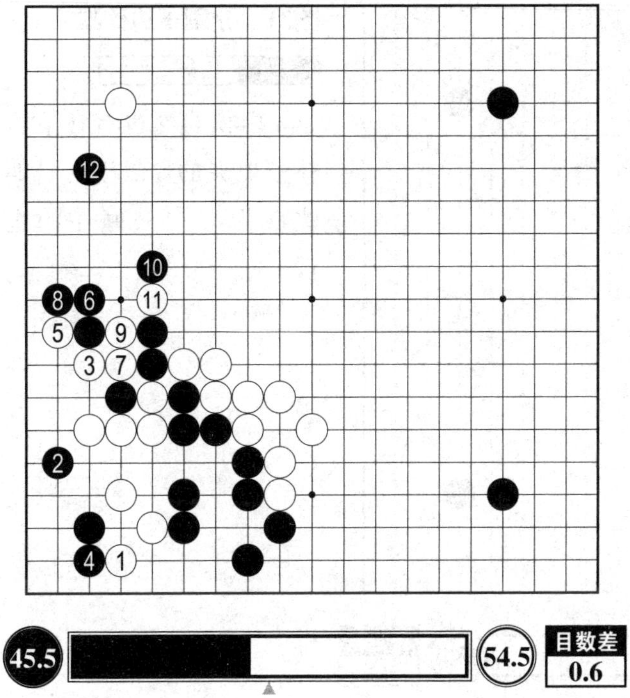

图19　治孤

难易度 ★★★★☆

首先，白1尖的手法最严厉。黑2时，白3是先手防止黑棋渡过的好手。黑4守在角上，白棋向中央突破，是两分的进行。

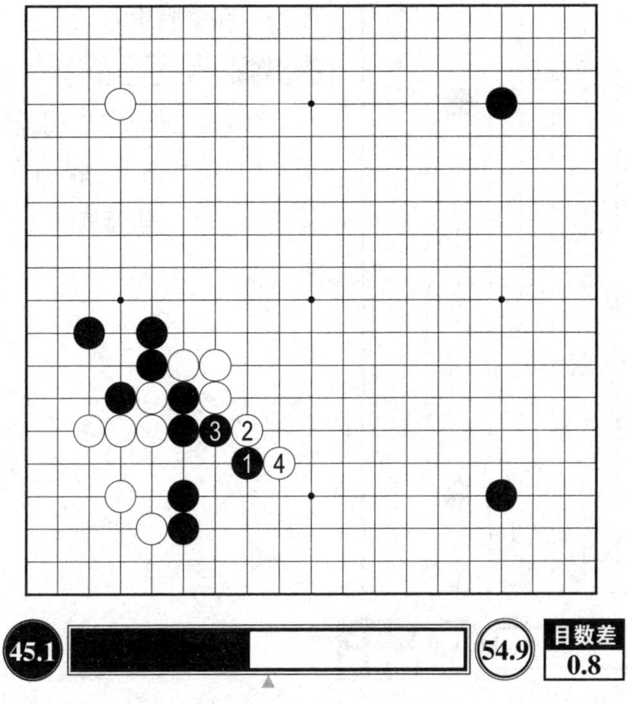

图20　回到之前

难易度 ★★★★☆

也有黑1向外小飞的下法。被白棋尖顶后回到之前的变化。

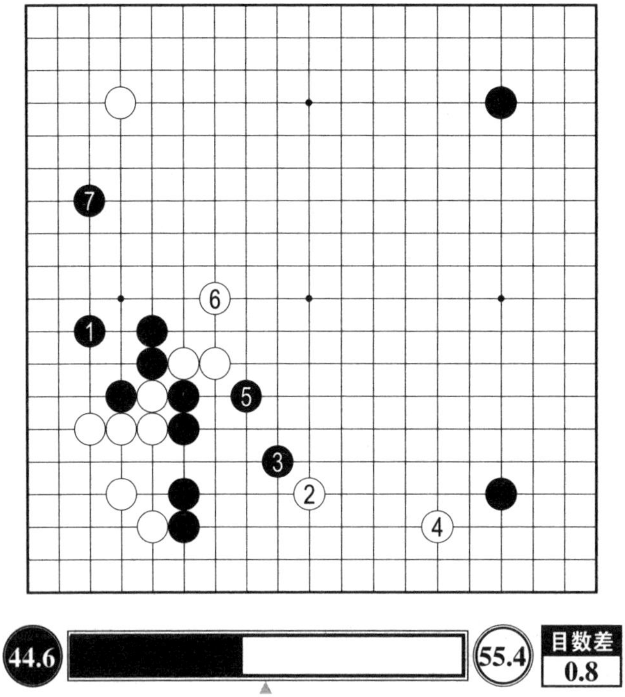

图21　分割下边作战

难易度 ★★★☆☆

白棋当然也有在下边朴实地夹的作战手法。如此成为在中央缠斗的进行。

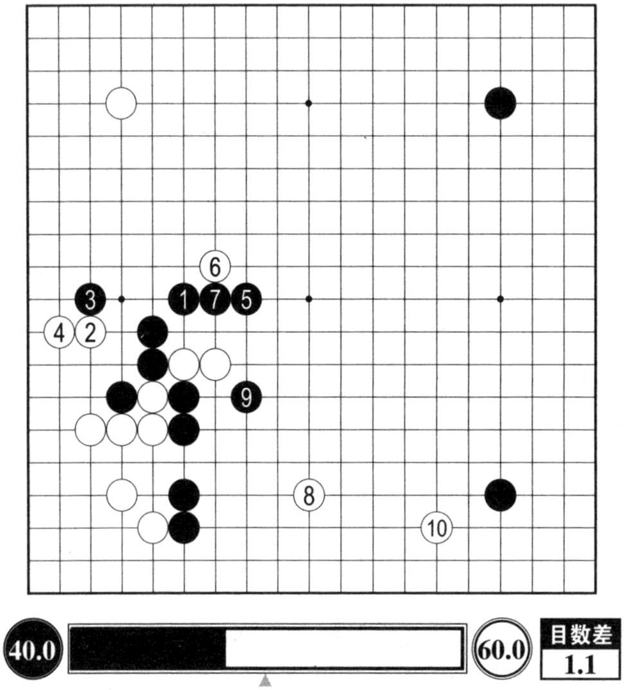

图22　在中腹用力

难易度 ★★★☆☆

黑1也是战斗的一个急所。白2仍然很大，准备弃掉中央二子，快速展开。

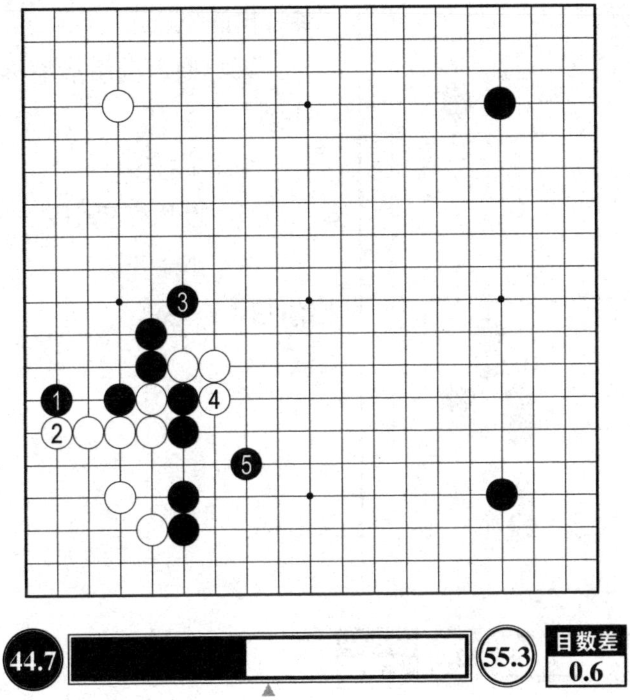

图23　先手利的手法

难易度 ★★★☆☆

黑1强硬地让白棋防守的下法也可以考虑。若白2应则黑棋可以暂时将其作为先手利而黑3尖。如此白棋无法轻松地下在前图白2了。

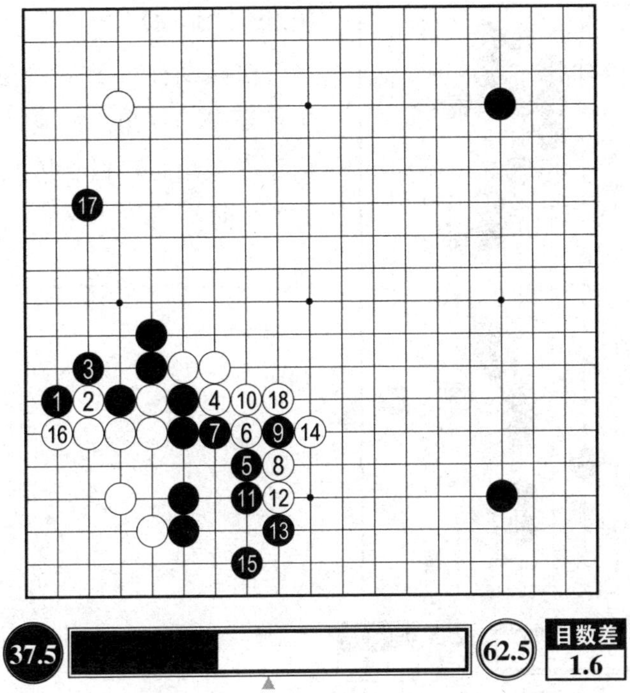

图24　虽然防住了急所

难易度 ★★★☆☆

白2冲一手交换后转到下边定形。

至白18为止，左边虽然避开了图22白2的急所，但是黑棋似乎也没有得到什么好处。形势和刚才并没有变化。

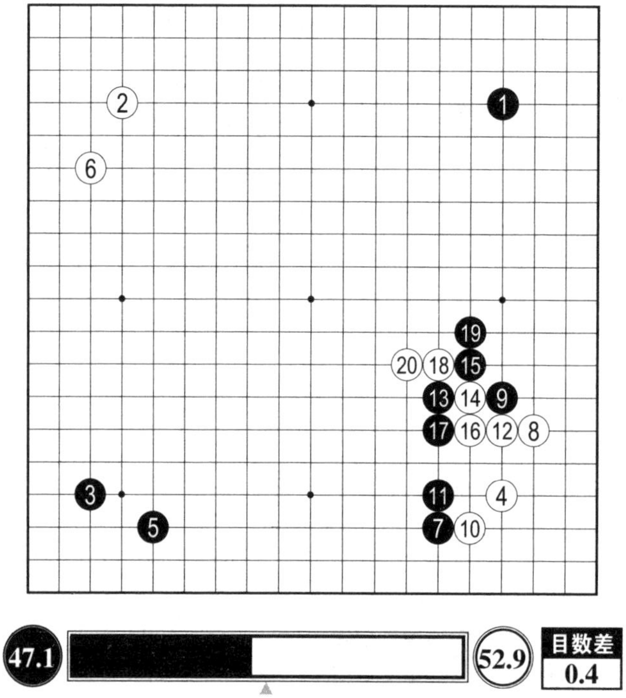

参考棋谱

第74期本因坊战最终预选

2018年8月9日

黑　坂井秀至八段

白　小池芳弘三段

第1谱（1～20）

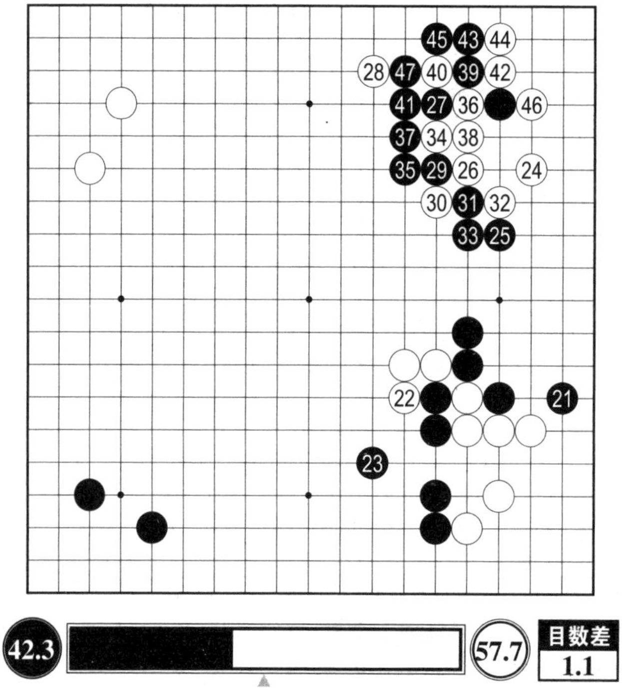

第2谱（21～47）

白棋没有急于在下边定形而是24挂角。可能是由于右上角是黑棋，情况有些不同。

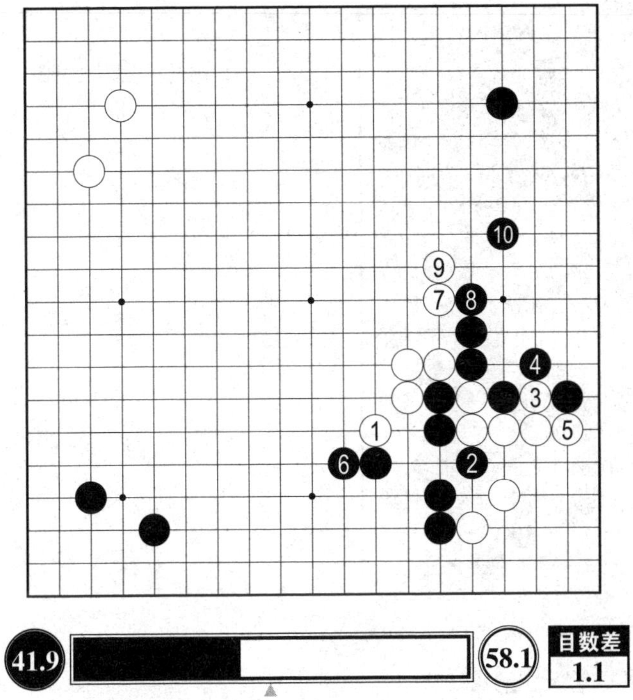

参考图1　反击可能

白1时，右上角是黑棋，所以可以考虑黑2的反击。白3、5不得不应，所以黑6可以长出。这是两分的变化。

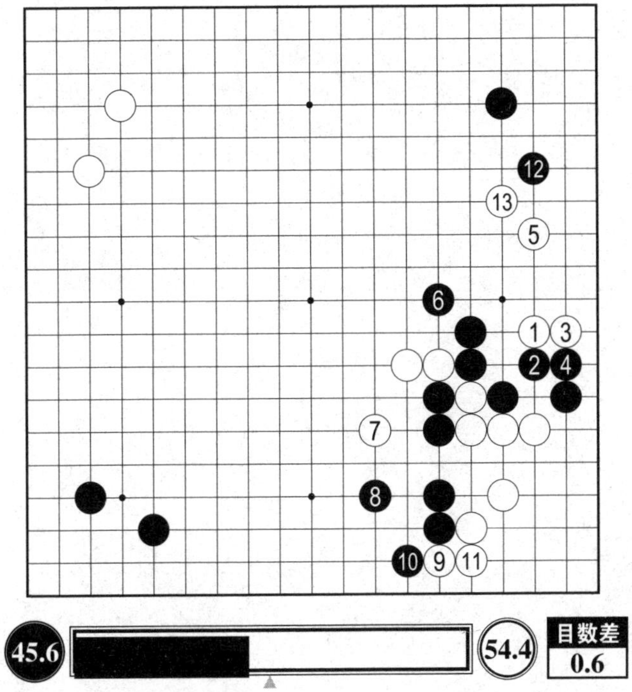

参考图2　严厉的战斗

右下角虽然会变薄，但也有白1开始激烈行棋的下法。白9、11扳粘后，角上暂时没问题。

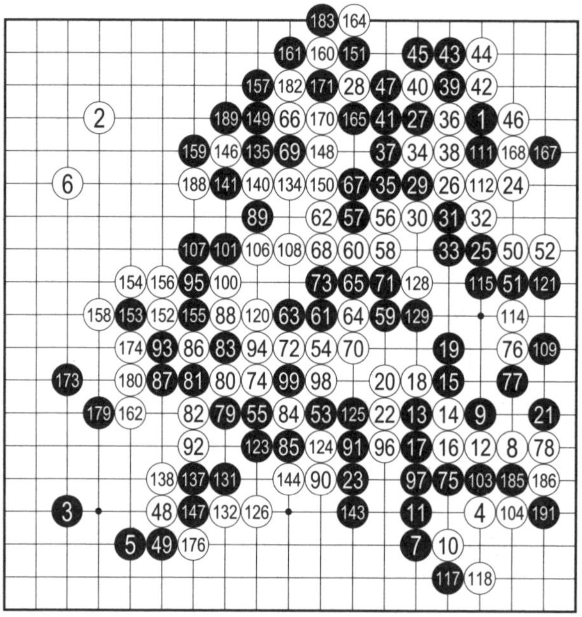

163 169 175 181 187（83）166 172 178 184 190（86）

102 110 116 122 130 136 142 177（84）105 113 139 145（99）

总谱

191手完　黑中盘胜

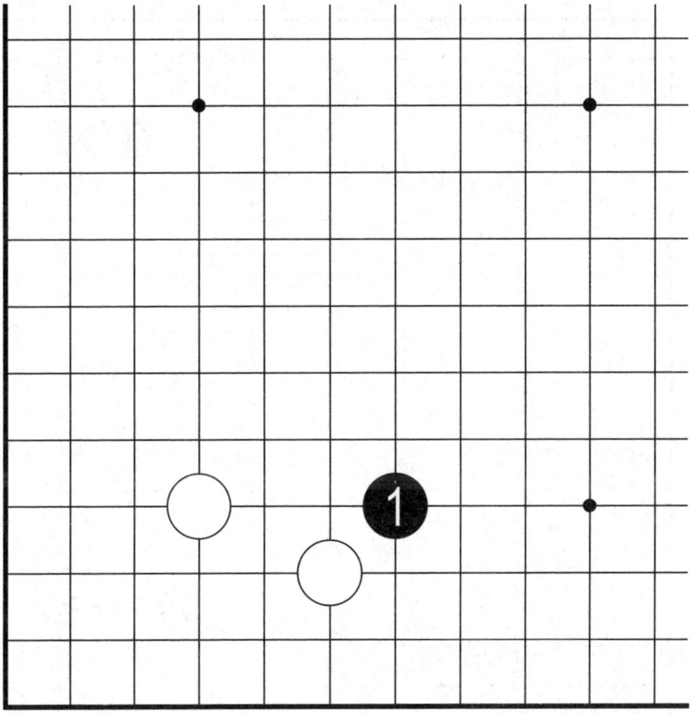

主题图2

这次介绍的是没有挂角，直接尖冲星位小飞守角的变化。

这个下法最近非常流行，几乎出现在所有的对局中。

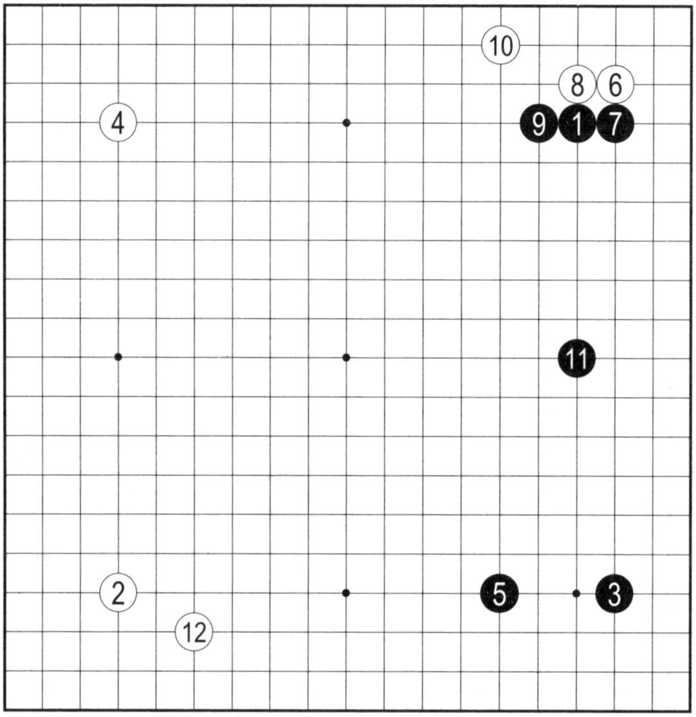

研究图

这是最近经常出现的AI流布局。

右上角直接点三·3和右下角的二间高缔都是受到AI影响而使用的手法。

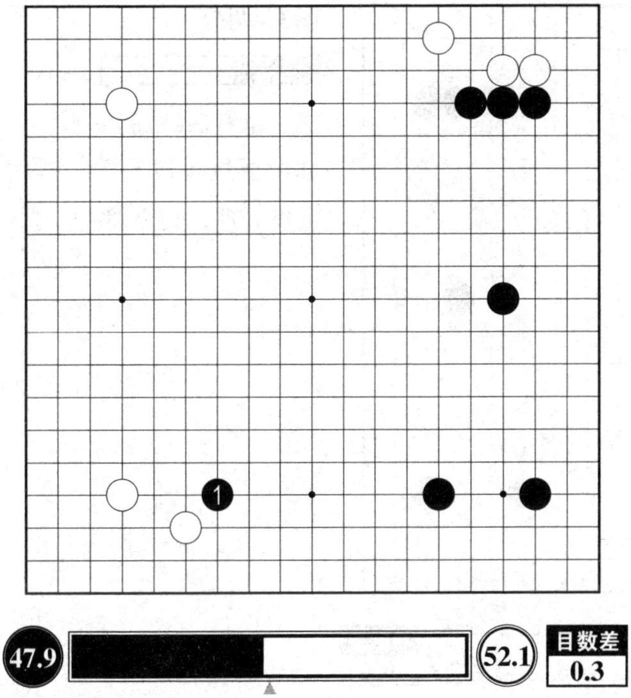

图1　实战形式

难易度 ★★☆☆☆

我们接下来用实际的布局来介绍手法。

黑1是和右边的模样结合在一起的扩张战术。这是在扩大模样或者牵制模样时，经常使用的尖冲的手法。

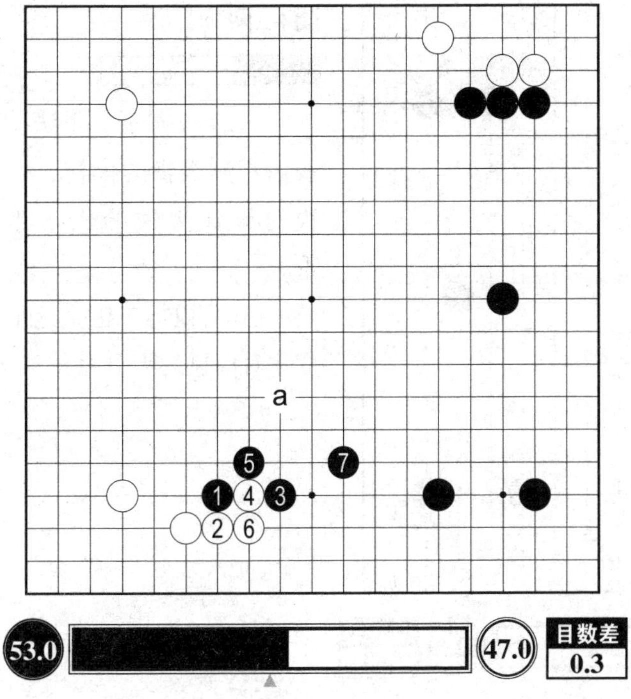

图2　两分

难易度 ★☆☆☆☆

白2是最先考虑的普通手法。虽然也是两分，但是黑棋可以达成扩张模样的主张。黑7也可以下在a位。

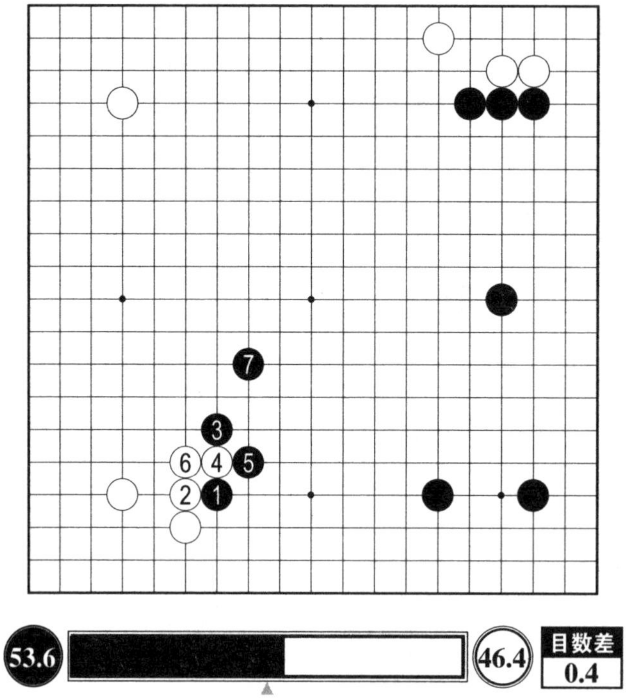

图3　两分

难易度 ★☆☆☆☆

也有白2贴起的手法。如此黑棋也按前图一样的方针处理，到黑7为止。

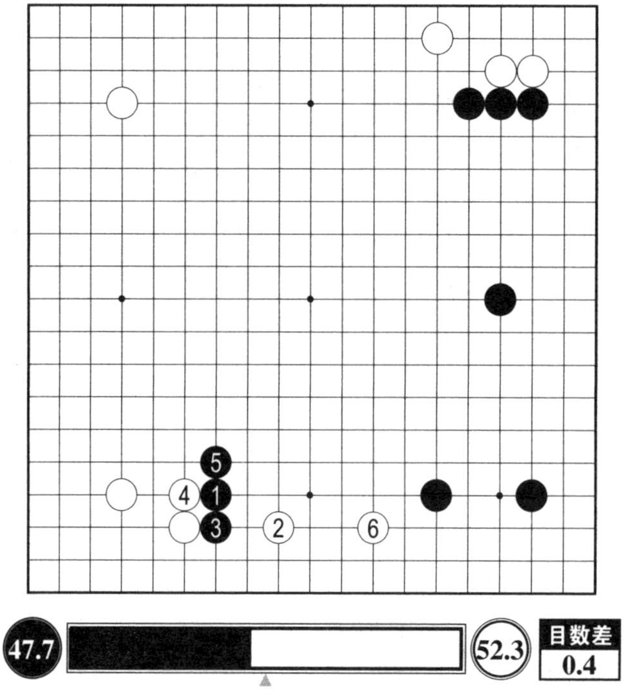

图4　两分

难易度 ★★★☆☆

白2夹是最近的下法。一边牵制黑棋的模样，一边打算让尖冲的棋子走重。

白6可以拆二也是这个变化对白棋的吸引力。

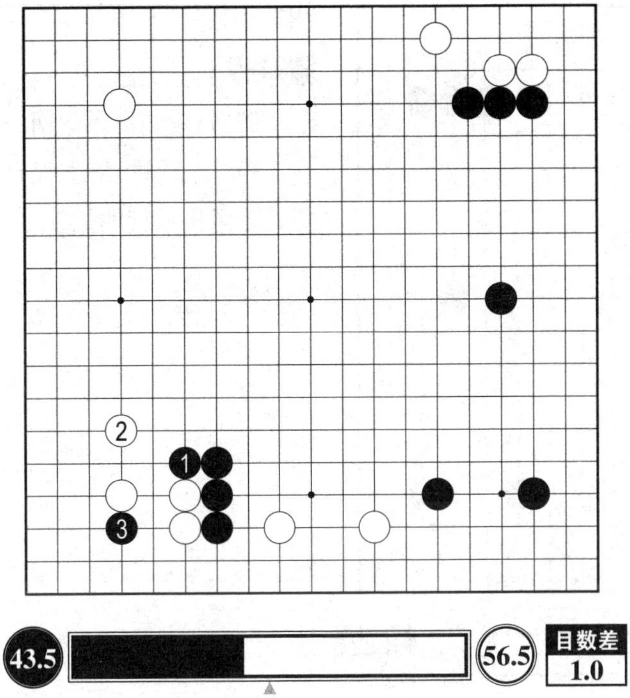

图5　手筋

难易度 ★★★☆☆

前图黑3挡很严厉的理由是白棋气紧的问题很明显。黑1至3相当严厉。

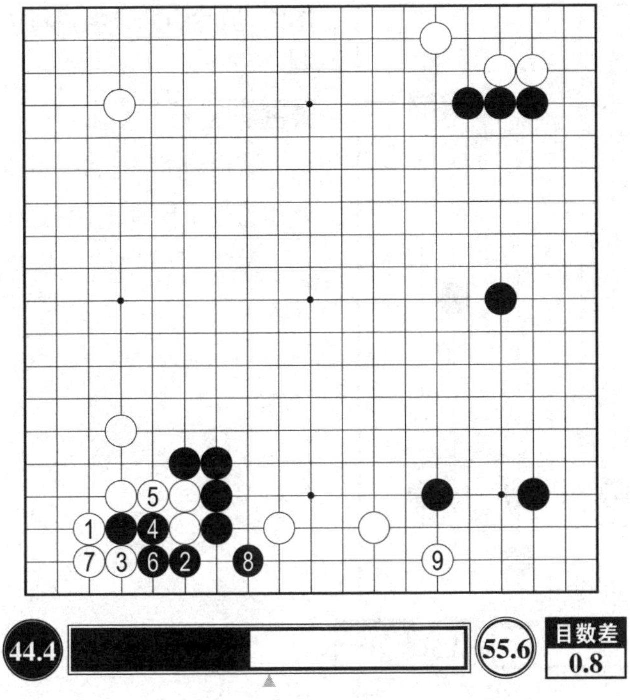

图6　两分

难易度 ★★★☆☆

白1时，黑2开始的手法很精彩。实战至白9是两分的进行。

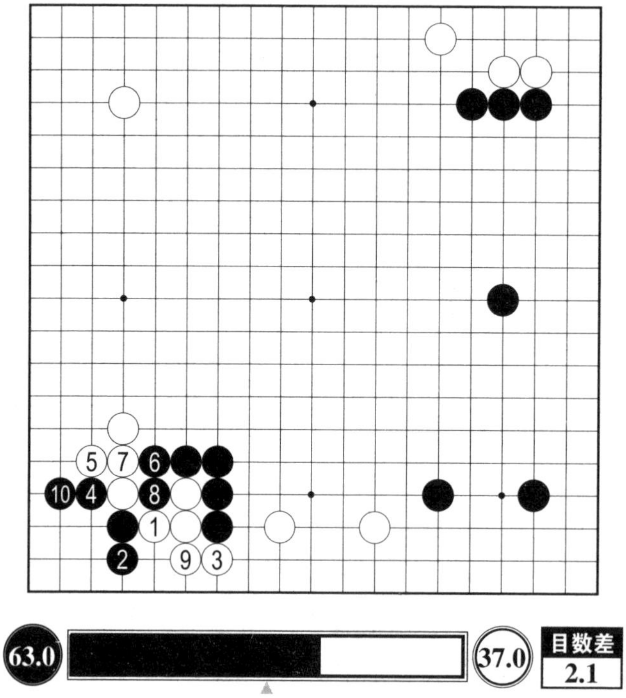

图7　黑好

难易度 ★★★☆☆

若白1应则白棋形崩。

黑6开始的手法很严厉，是黑棋可行的战斗。

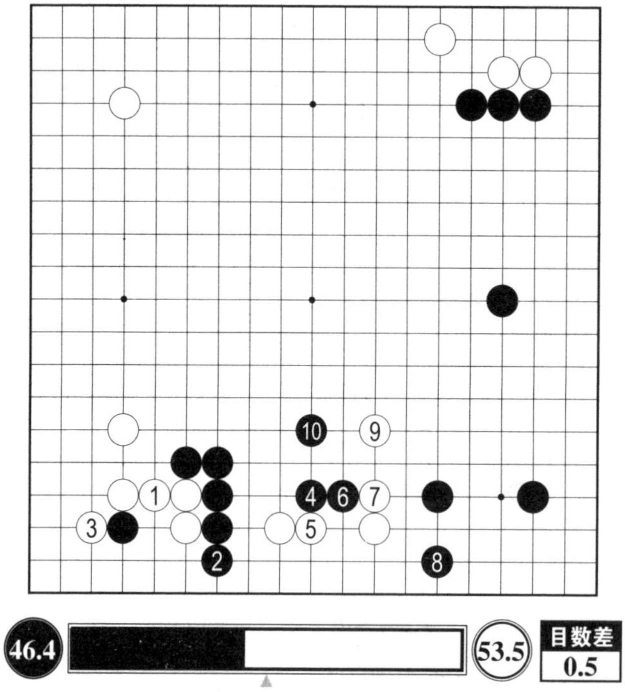

图8　虽然两分，但白棋被利

难易度 ★★★☆☆

若白1粘，则黑棋可将此作为先手便宜。

黑棋对下边的白棋展开攻击。

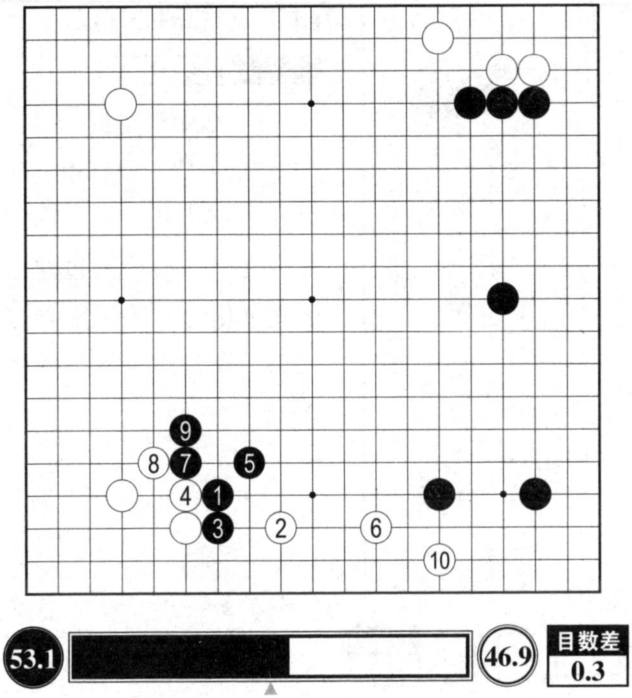

图9　有力的想法

难易度 ★★☆☆☆

黑5不直接长，而是尖的手法也很常见。黑5、7、9的变化，可以构成眼形比较丰富的棋形。

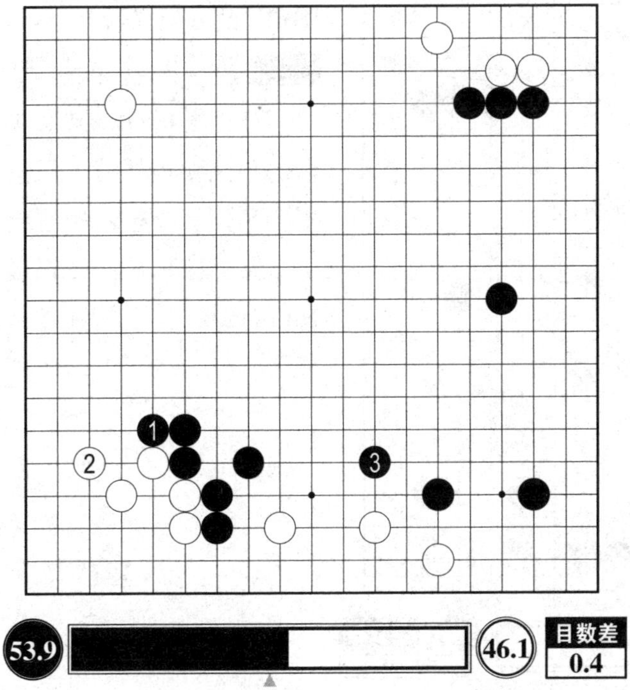

图10　两分

难易度 ★★☆☆☆

黑1拐是好点，黑3扩大模样的同时下这一手。

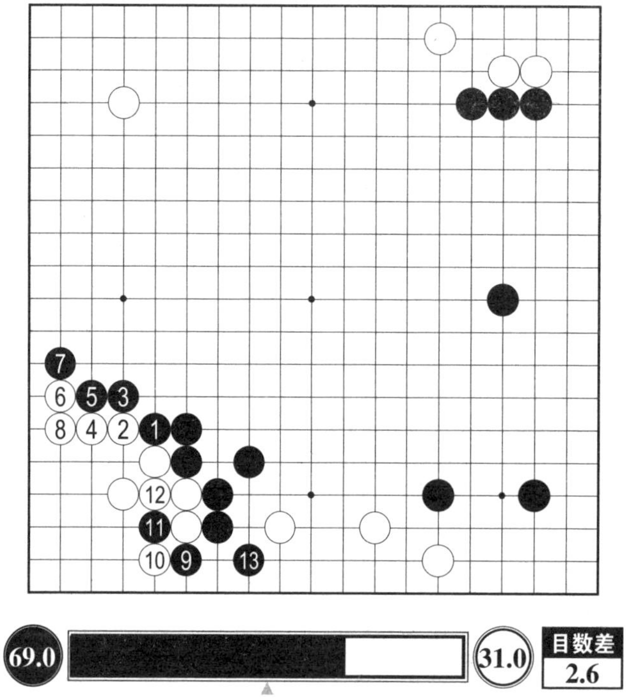

图11　白棋的心情很差

难易度 ★★☆☆☆

白2虽然很想扳，但是被黑5挡下后，白棋角上气紧，心情很差。

黑13一边给下边的白子施加压力，一边瞄着逃出黑11，是黑棋好下的局面。

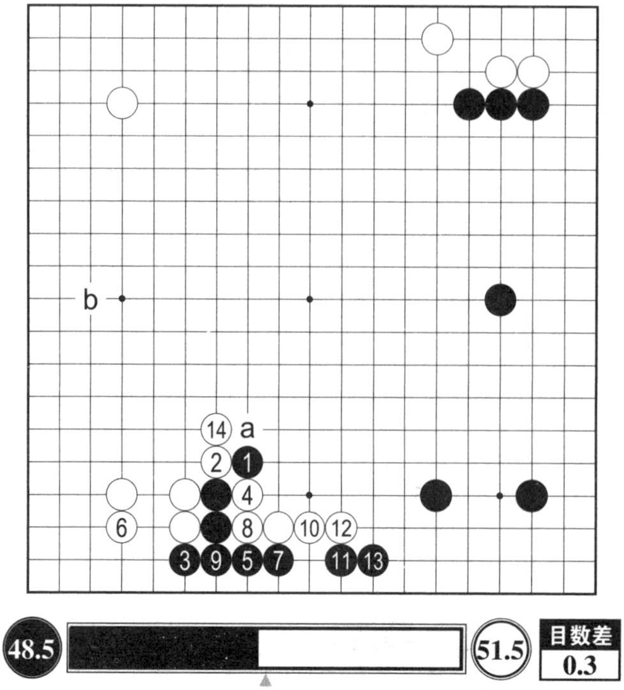

图12　两分但复杂

难易度 ★★★★☆

对于黑1，白2破坏棋形的手法相当严厉。虽然不会死，但黑棋被驱赶到了二路。白14后，黑棋选择a位还是b位？情况非常复杂。

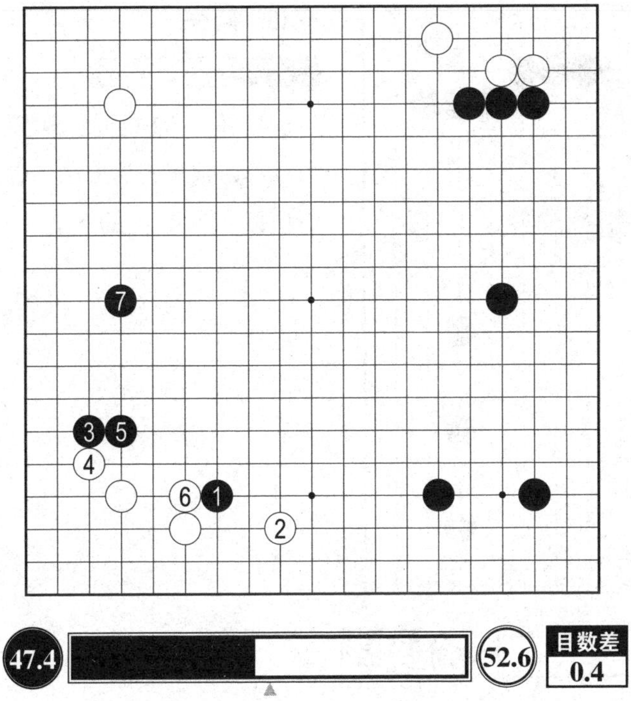

图13　简明变化

难易度 ★☆☆☆☆

对于白2，也有黑3转身的手法。虽然让掉了下边，但是黑棋在左边构筑了漂亮的棋形。

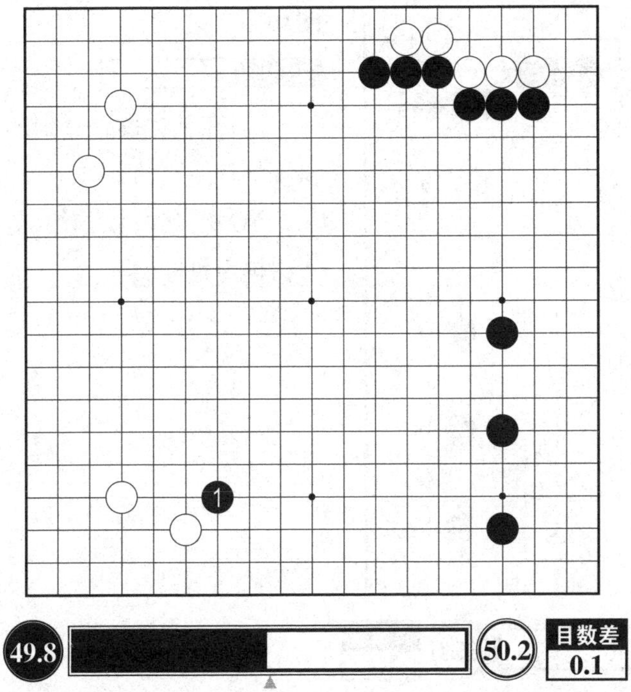

图14　配置改变

难易度 ★★☆☆☆

这次我们将守角的方向改变一下。和之前相比，下边的宽度变大了。

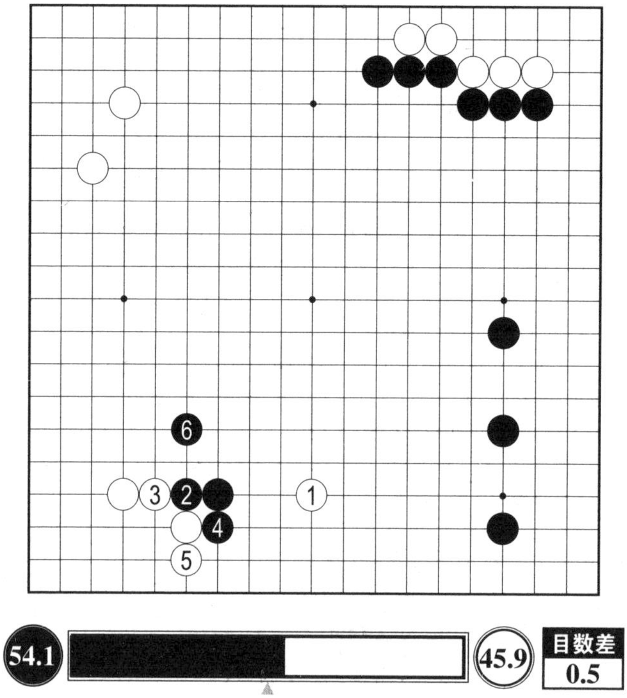

图15　两分

难易度 ★★★☆☆

由于下边变宽，所以可以考虑很多腾挪方法，也有白1稍远一点夹的下法。

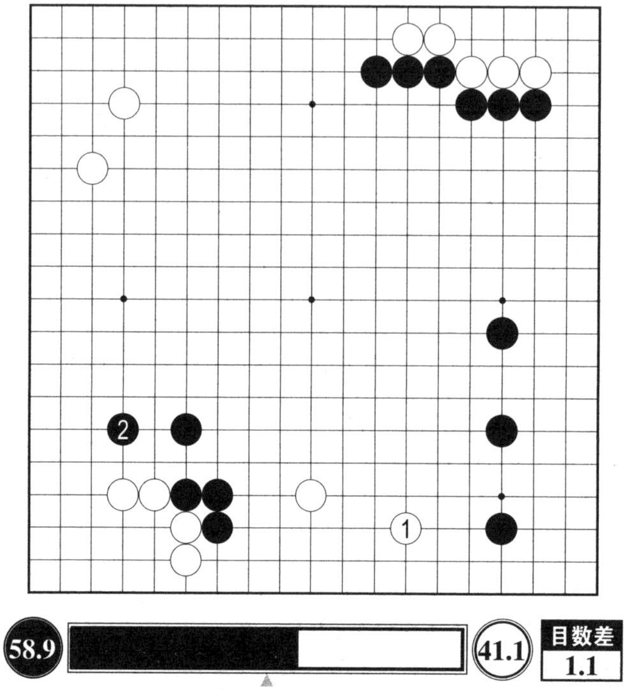

图16

难易度 ★☆☆☆☆

白1在下边拆，分割黑棋阵势是简明的下法。

黑2相当大，逐渐以左下白棋为目标。

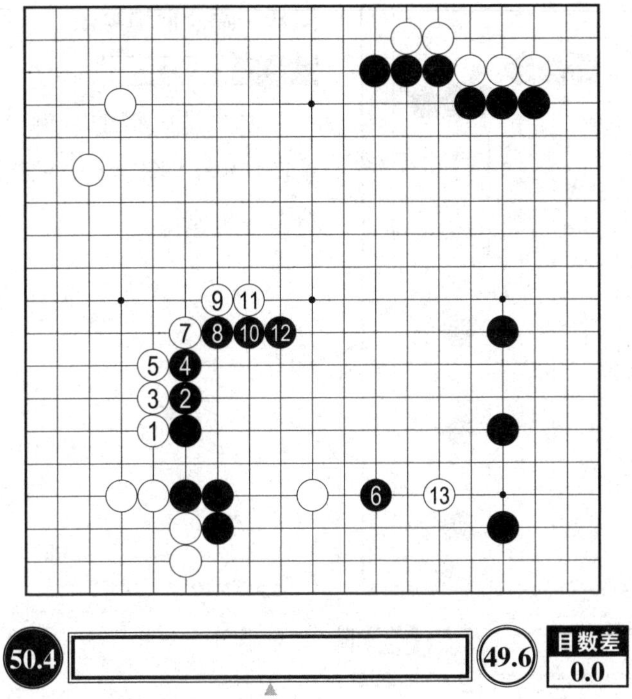

图17　最强手

难易度 ★★★★☆

白棋按本图1位靠开始的下法最强。

至黑12为止成为模样VS模样。

白13开始治孤，这是需要很强棋力的复杂下法。

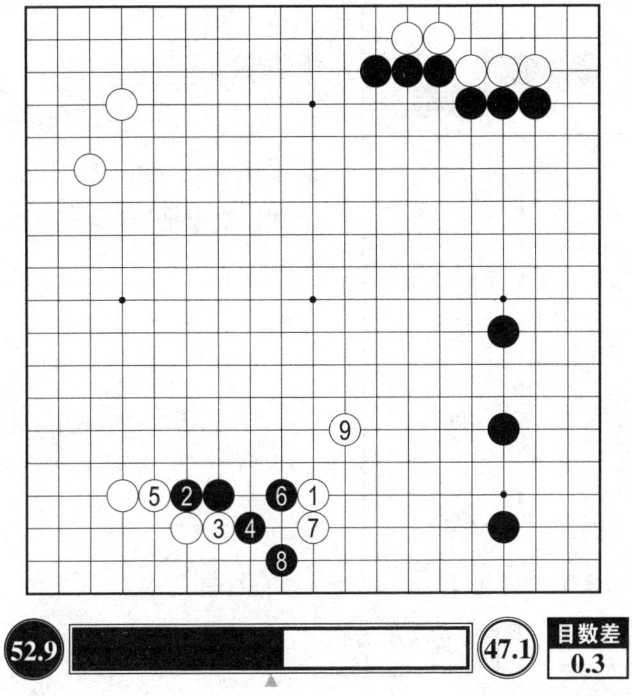

图18　两分

难易度 ★★★☆☆

也有白3爬的手法。

黑6尖顶看上去好像让白棋很难受，但是白7可以堂堂正正地腾挪，并没有问题。

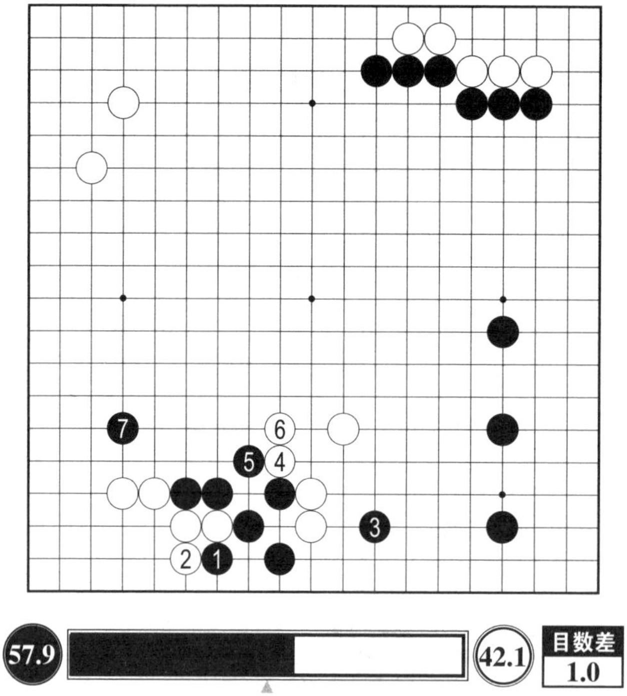

图19　两分但稍复杂

难易度 ★★★☆☆

本图是腾挪的一例。前图白9和本图白4、6的组合是一种棋形。

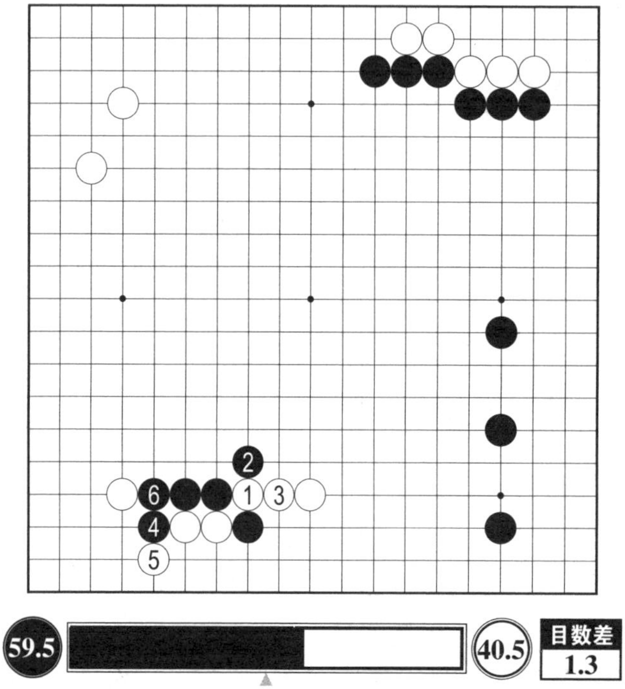

图20　积极方案

难易度 ★★★☆☆

也有白1开始强硬切断的手法。角上星位的白子该如何处理是焦点。

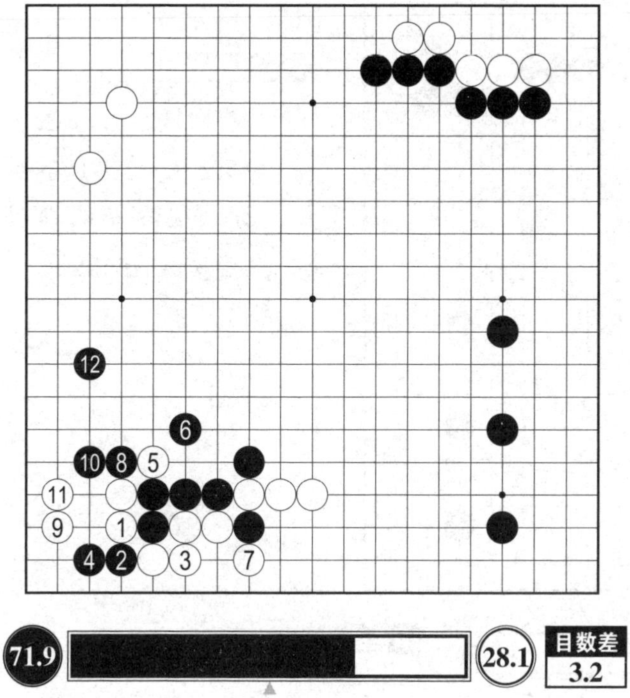

图21　黑好

难易度 ★★★☆☆

若白1开始去救这颗棋子，就陷入了泥潭。

白棋被攻击，黑棋是厚实的进行。

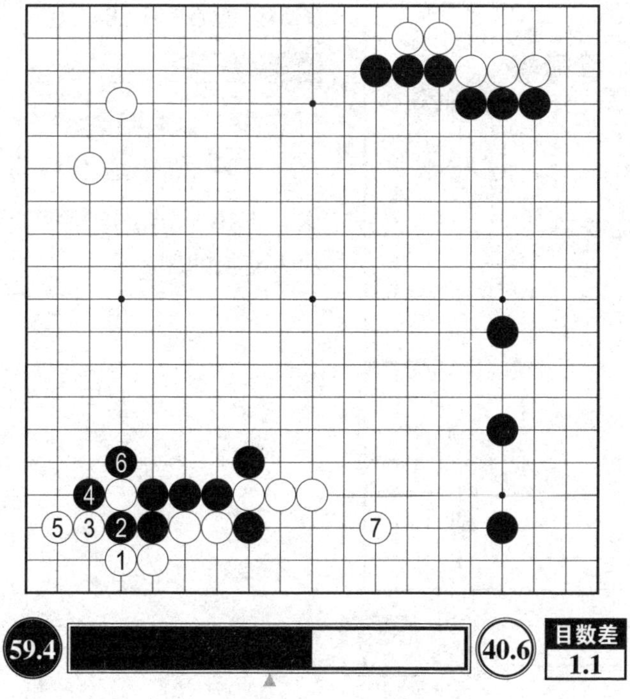

图22　两分

难易度 ★★☆☆☆

这里白棋弃子是简明的下法，成为两分的进行。

必须下定决心。

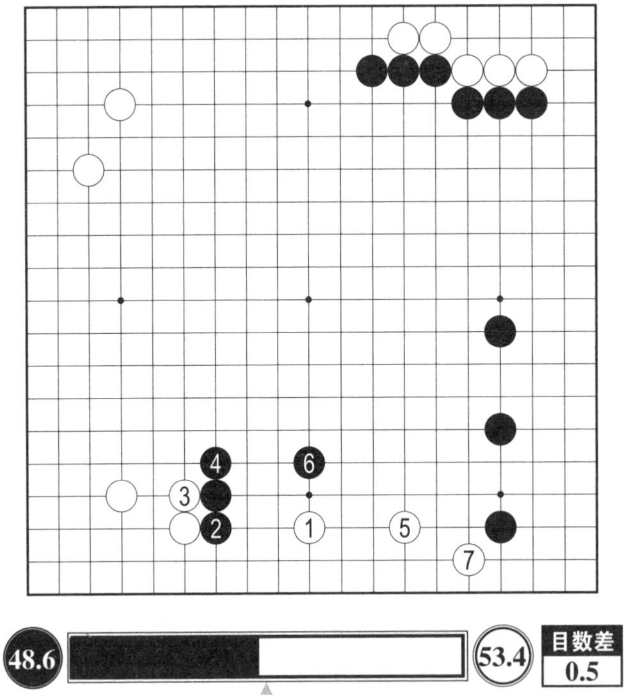

图23　两分

难易度 ★★☆☆☆

也有白1低夹的手法。

白5是在3路拆二的棋形，所以很容易取得根据，是容易做活的棋形。

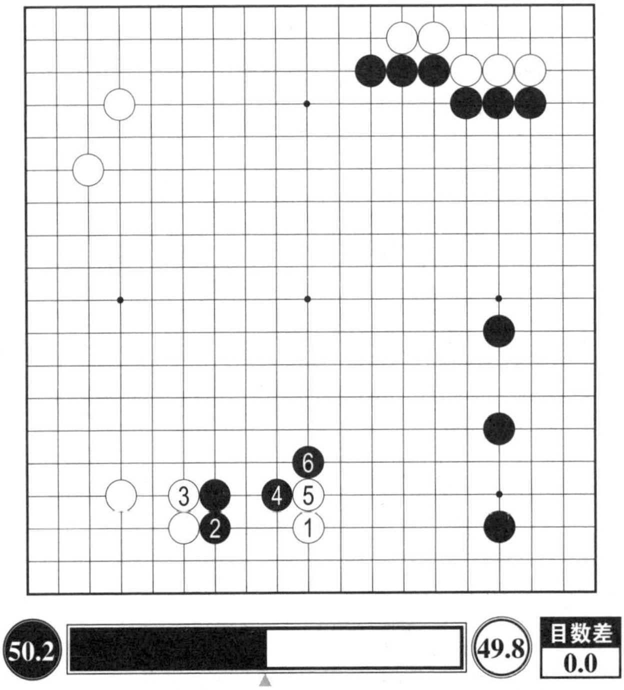

图24　苦心的手法

难易度 ★★★☆☆

黑4是苦心的手法。

虽然稍有些不可思议，但黑棋棋形的中间也给人略松的印象。

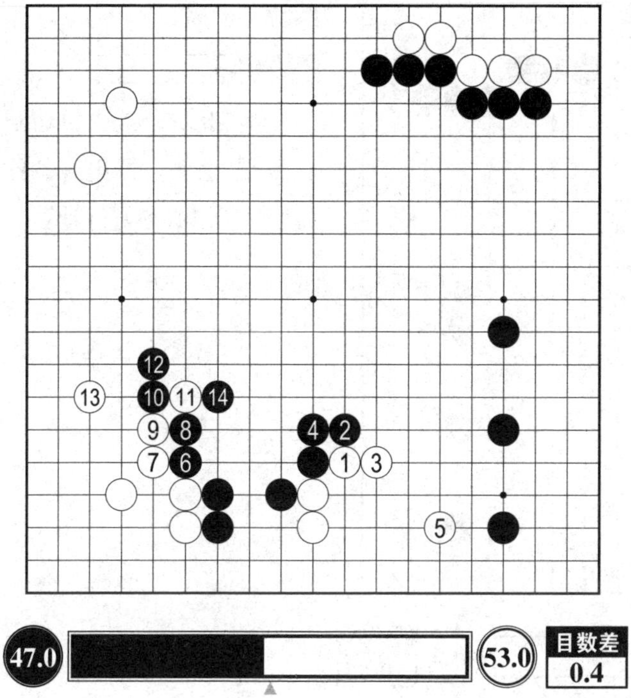

图25　两分

难易度 ★★★☆☆

黑棋利用下边，黑6开始向中腹扩张。

对于黑10，白11开始的应对手法适用于棋力很高的读者。

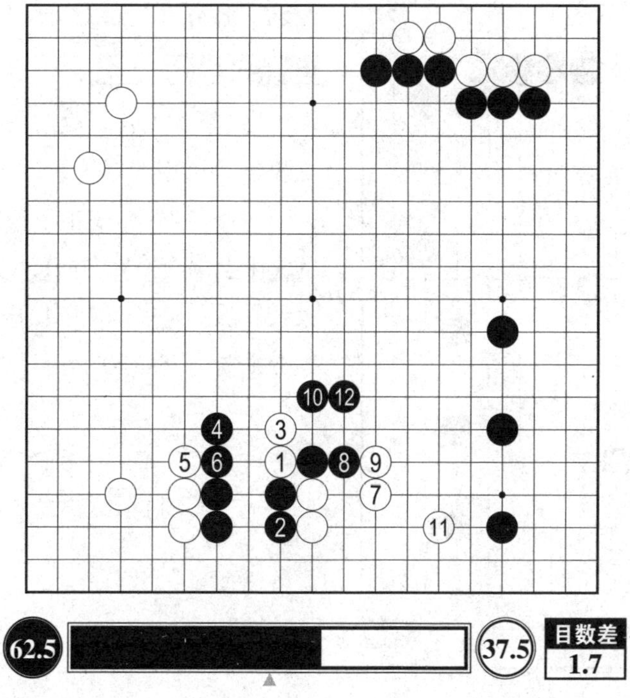

图26　两分但白棋难解

难易度 ★★★★☆

白1切断的手法虽然很严厉，但黑棋对下边的压迫比前图更强烈。这是比前图复杂一些的进行。

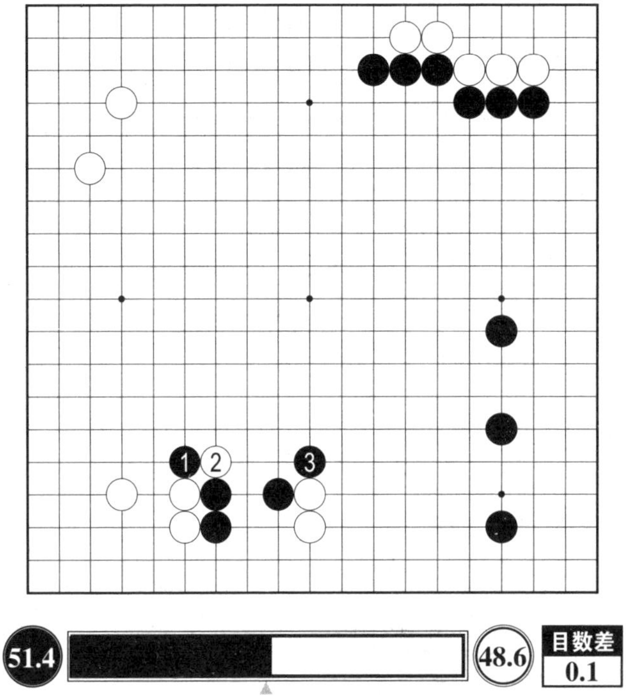

图27　手筋

难易度 ★★★☆☆

黑1扳时，被白棋切断后黑3是手筋。这里有各种先手，所以必须好好计算。

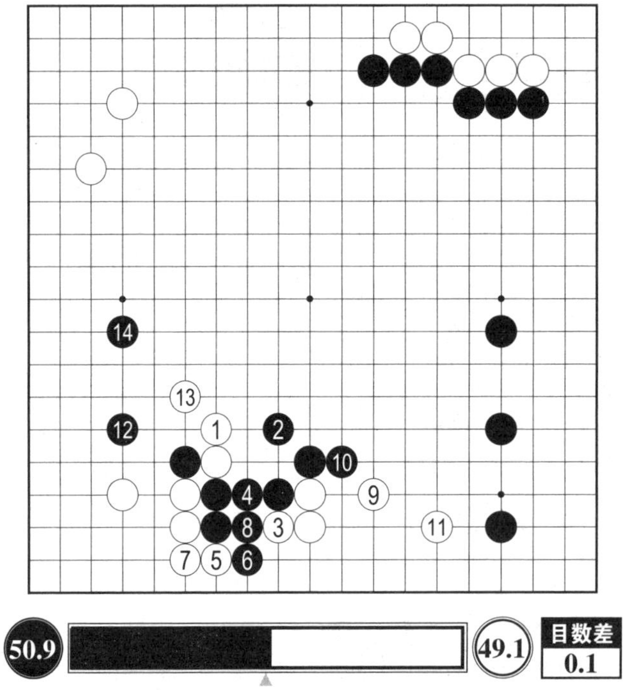

图28　两分

难易度 ★★★☆☆

白1坚实地长，是解消黑棋先手利用的好手。

对于黑2，白棋把下边的先手全部交换后，白11飞大致做活。黑棋也从黑12开始分割左边，双方两分。

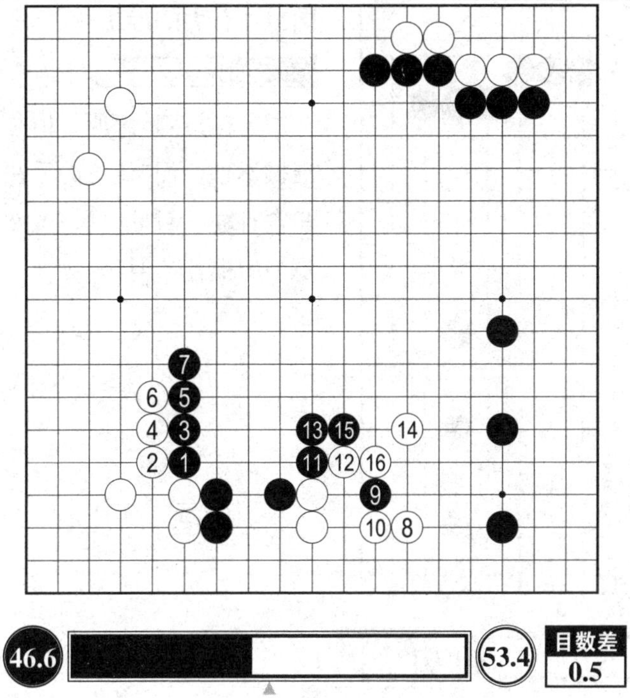

图29　两分

难易度 ★★☆☆☆

若白2扳，黑棋什么都不用管地扩张中腹。这是简单易懂的进行，双方两分。

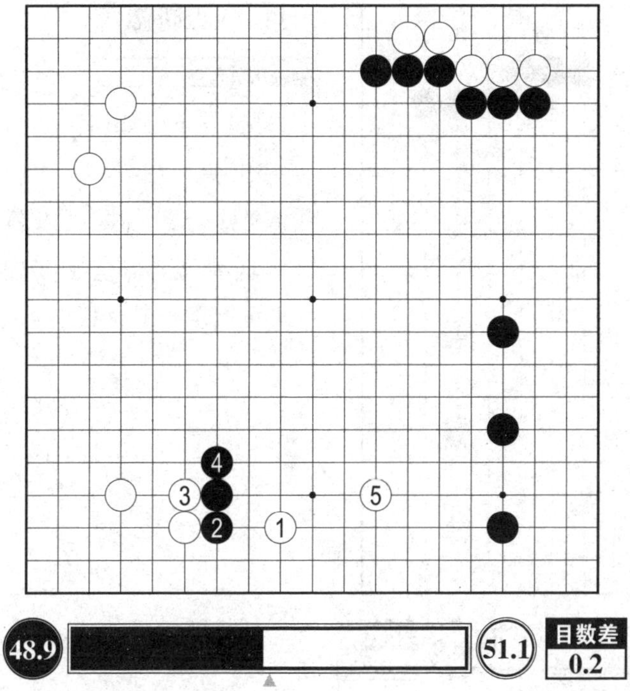

图30　两分

难易度 ★★★☆☆

也有前面布局用过的白1夹的下法。白5是稍稍有趣的手法。

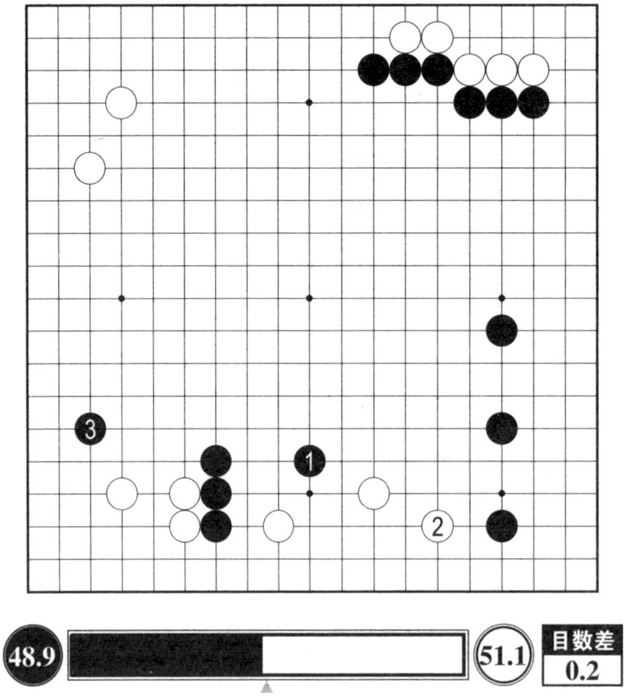

图31　有力的设想

难易度★★★☆☆

黑1虽然是急所，但是白棋不理会而2位飞的手法非常有趣。对此，黑3虽然是AI的推荐，但是……

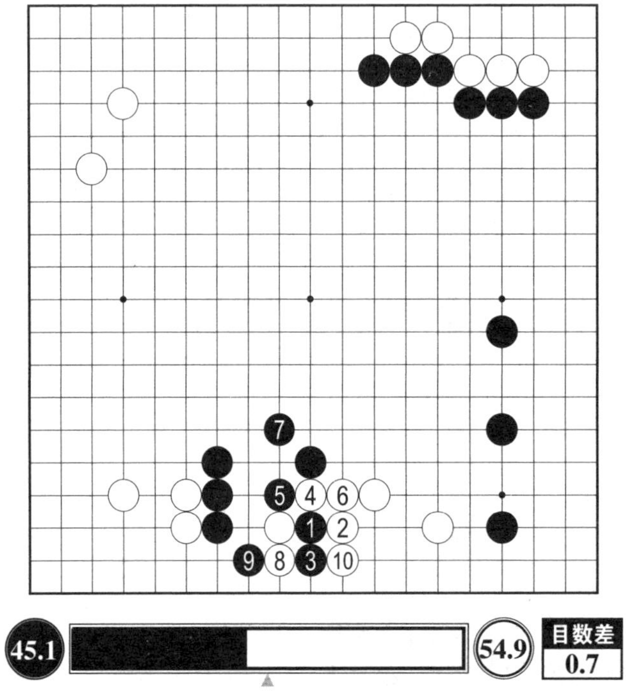

图32　可以腾挪

难易度★★★☆☆

黑1靠下会如何？

白2夹、白4挖后，7位和8位见合，白棋可以腾挪。这种腾挪方法在实战中也可以用于其他棋形。

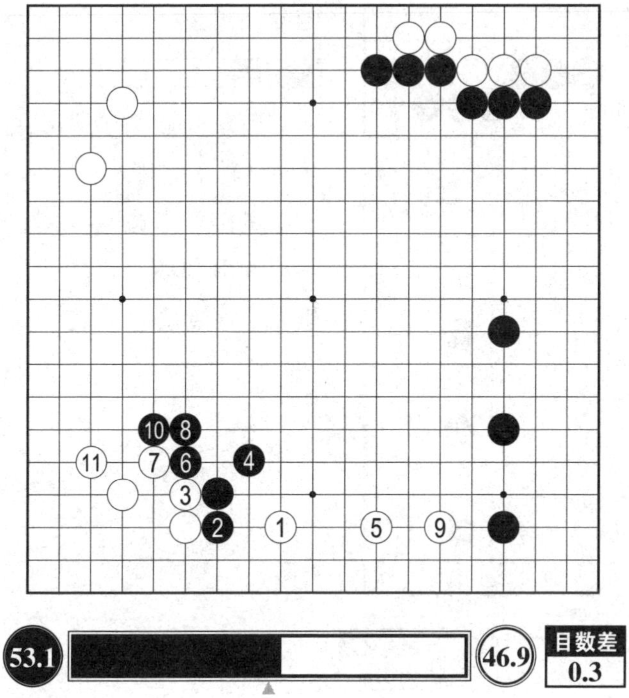

图33　两分

难易度 ★★☆☆☆

黑3时，白4开始将下边分割。

这是简明的变化。

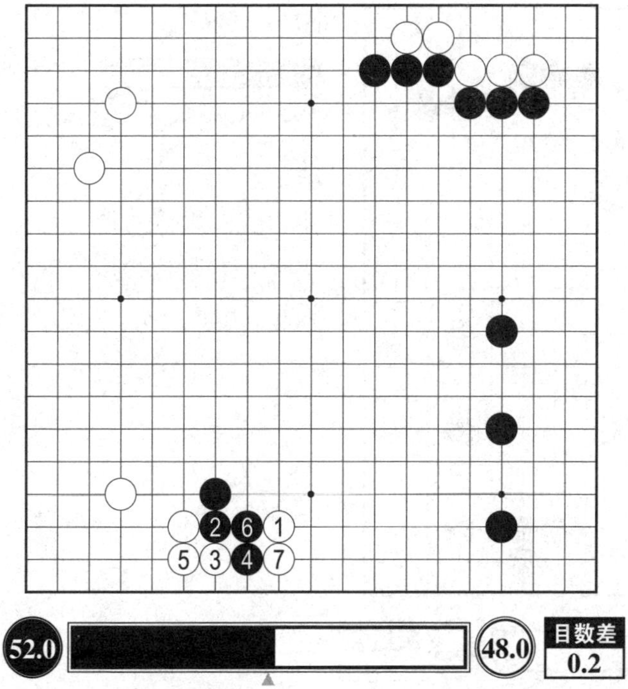

图34　积极方案

难易度 ★★☆☆☆

白3至7让黑棋走重，然后攻击黑棋的下法相当积极。黑棋是堂堂正正应战还是避而不战？

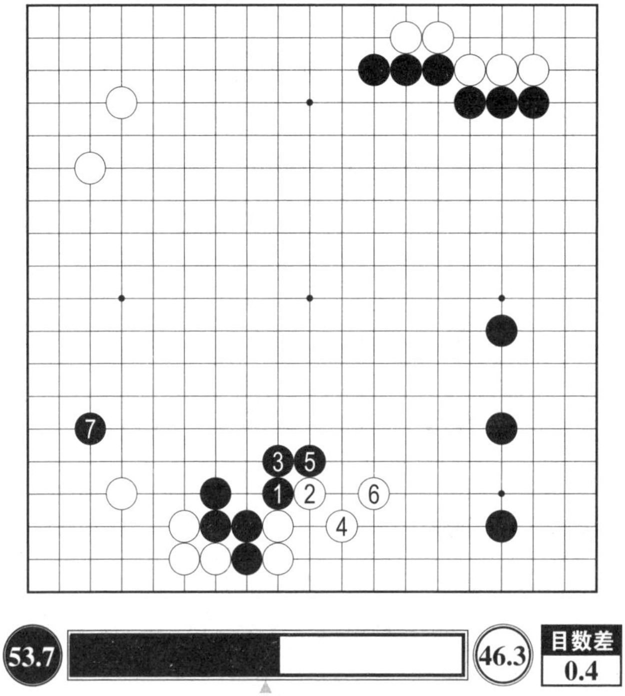

图35　两分

难易度 ★★☆☆☆

黑棋开始向中央发展才是成熟的态度。

黑棋的考虑是与其在一路断开白棋，不如让白棋在一路渡过。

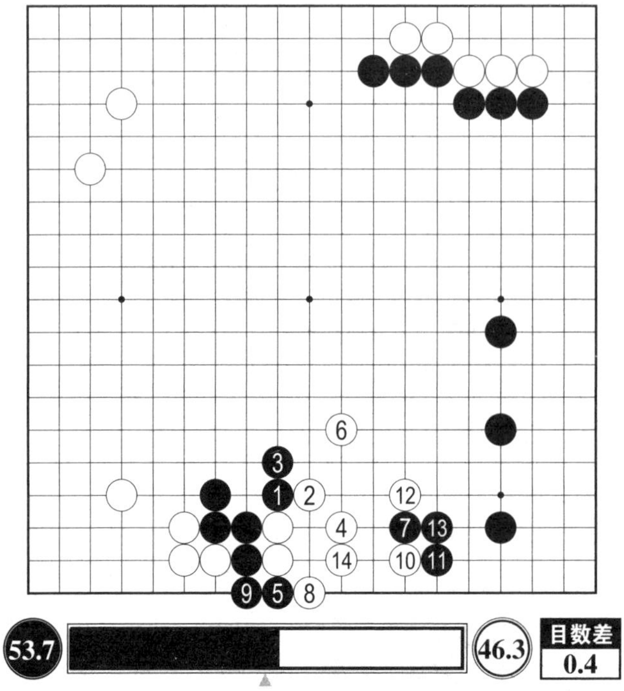

图36　两分

难易度 ★★★☆☆

若黑5扳则开始全面作战。

白棋想要腾挪，而黑棋也没有眼位，所以双方一起向中央出头。

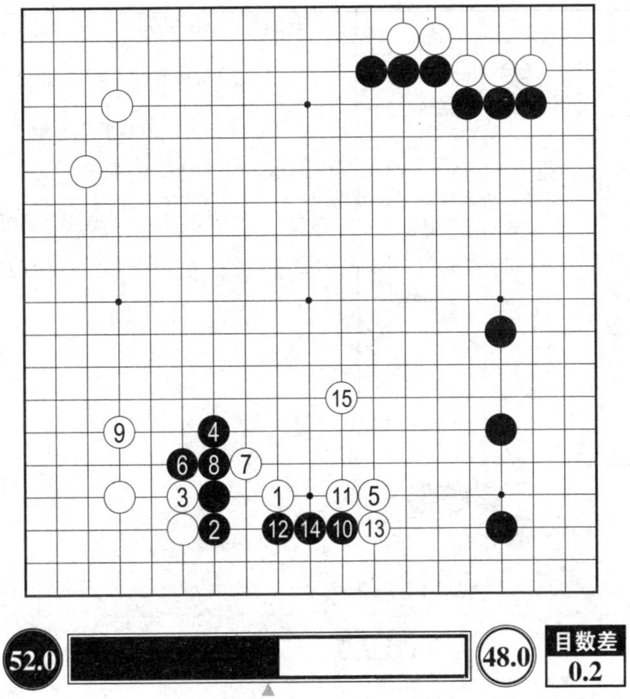

图37　两分

难易度 ★★★☆☆

白1若夹在高位，黑4是形之急所。

至白15为止是简单明了的进行，变化也没有那么多。

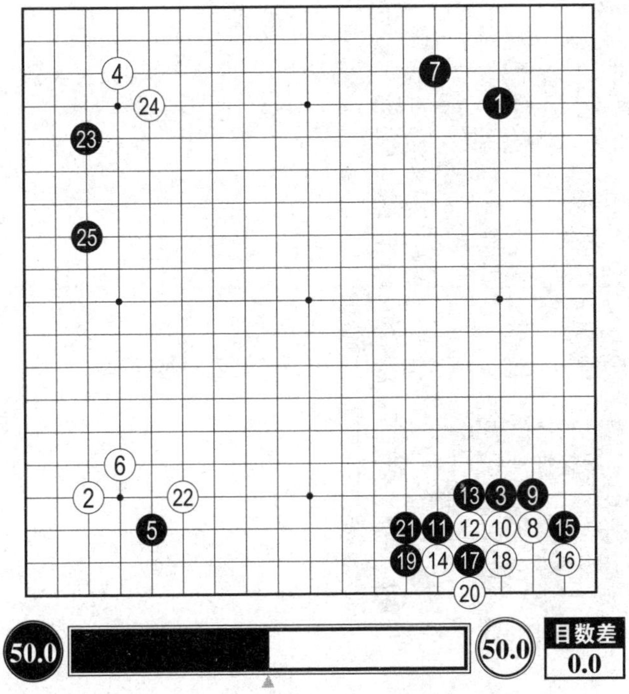

参考棋谱

第2期最高棋士决定战预选

2020年9月4日

黑　安成浚八段

白　朴承华八段

第1谱（1～25）

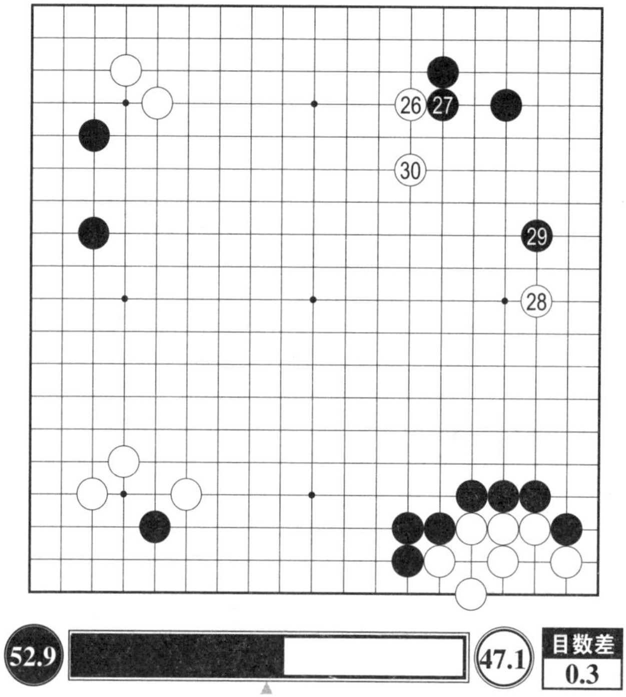

第2谱（26～30）

白26开始的尖冲能扩张白棋的模样，或者也可以说牵制黑棋的模样。

白棋将白28和黑29的交换看做先手利然后白30跳。这是高级技术。

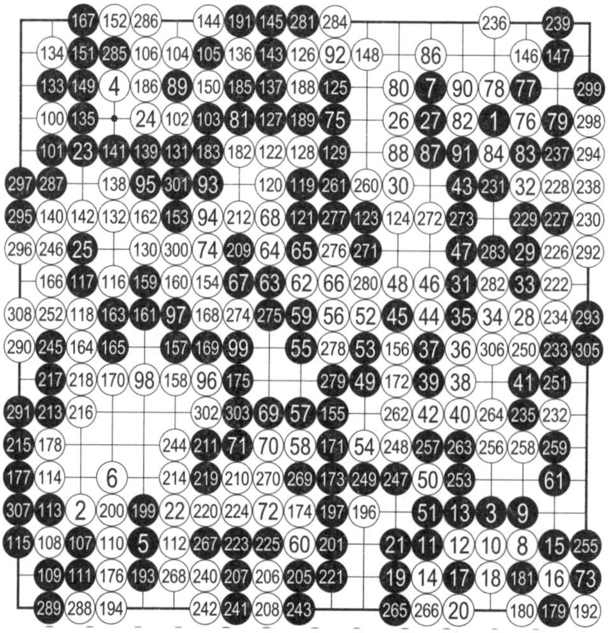

85（76）184 190（16）187 204（181）195 203 304（179）
198 254（192）202（105）

总谱

308手完　白4目半胜

第四章　AI流布局

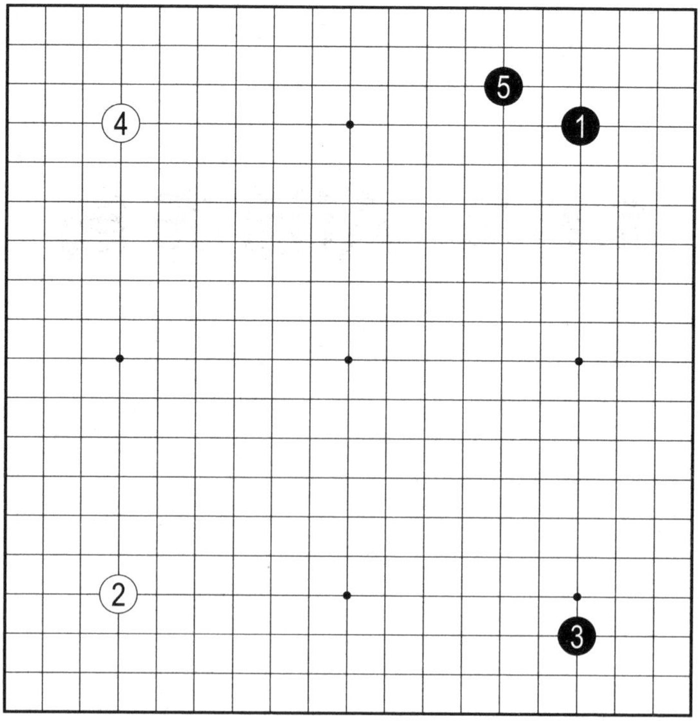

主题图

这是围棋网站“野狐围棋”的AI经常下出的布局。因为AI的名称，所以被称为金毛布局。

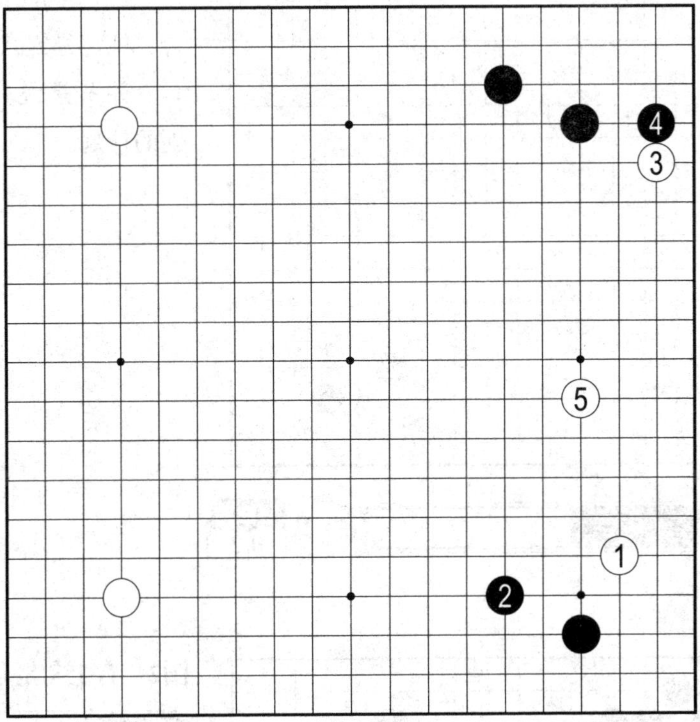

研究图1

为了分割右边，白3先试一手再下白5。这是在右边很容易形成的战斗布局。

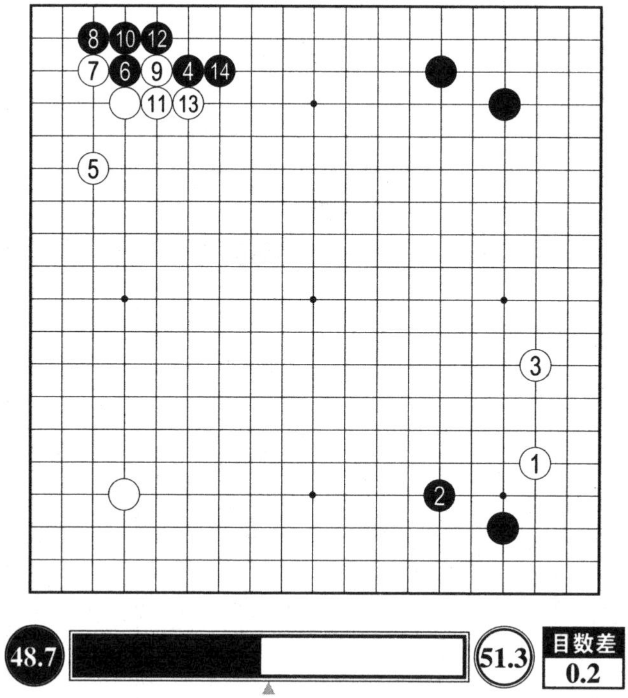

图1　普通下法

难易度 ★☆☆☆☆

白1挂角白3拆二的场合，纯粹是定式的进行。

并不是说其有什么特别的计划。

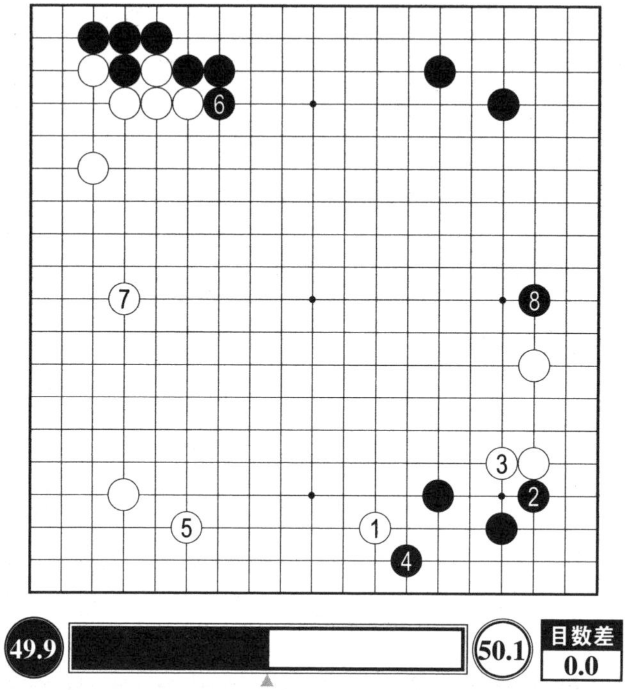

图2　右上角是焦点

难易度 ★☆☆☆☆

这个布局，右上角有容易扩张的倾向。

黑8成为绝好点。

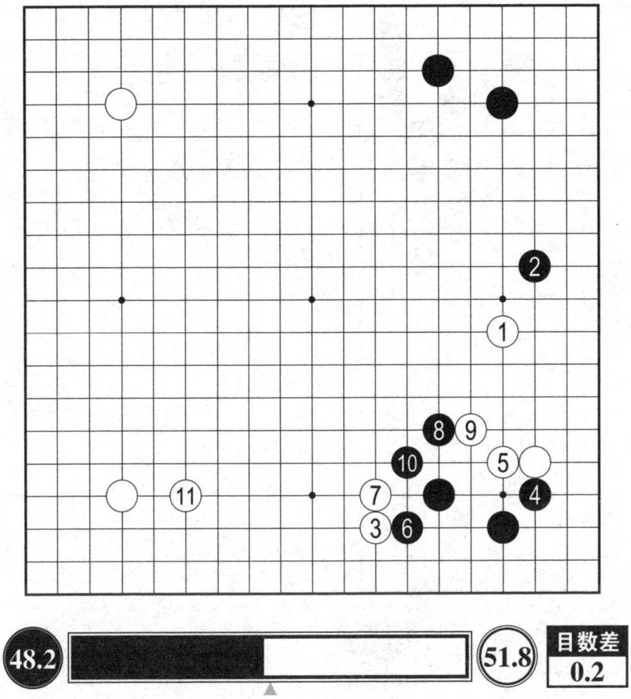

图3　两分

难易度★★☆☆☆

直接白1拆时，黑2逼成为绝好点，所以研究图1的白3有缓和这一手的意思。但是，本图双方也是两分。

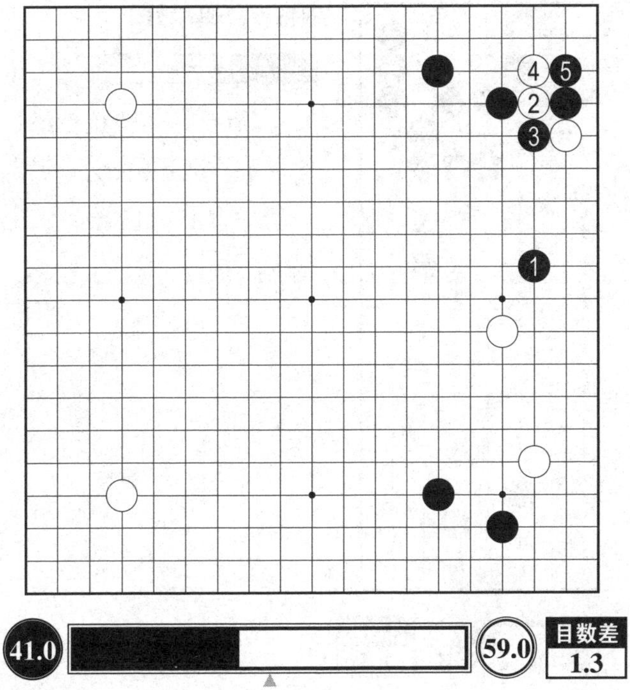

图4　纠缠

难易度★★★☆☆

研究图1之后，黑1逼过来了。

黑1时，白2开始行棋，目标是把黑1也纠缠进来一起作战。

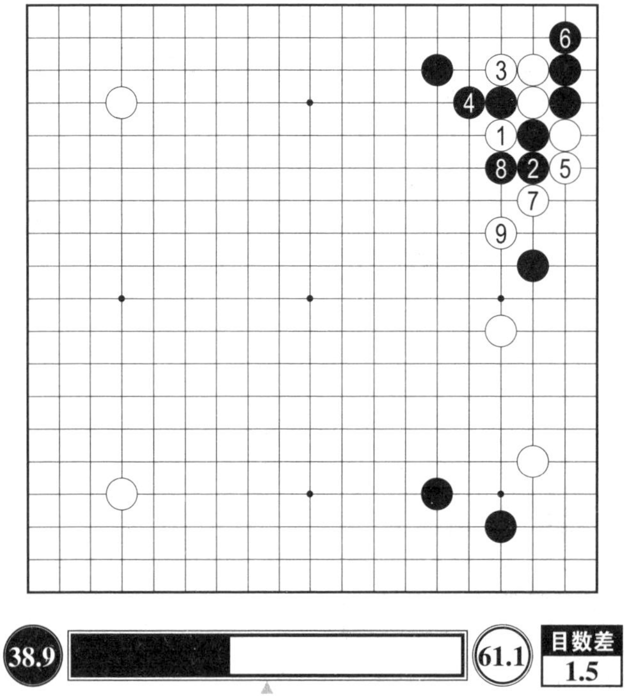

图5　白棋稍好

难易度 ★★☆☆☆

白1至黑8是常见的星位二·5侵分定式之一。此时，为了追究前图的黑1，白9是好手。

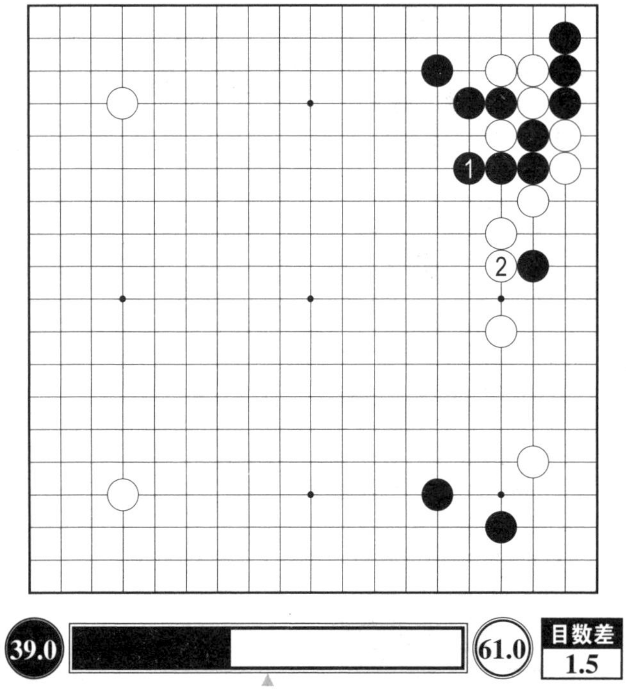

图6　白棋稍好

难易度 ★★☆☆☆

黑1长，是防止被滚打的本手，但是白2吃下黑棋一子后，右边白棋的实地很大。

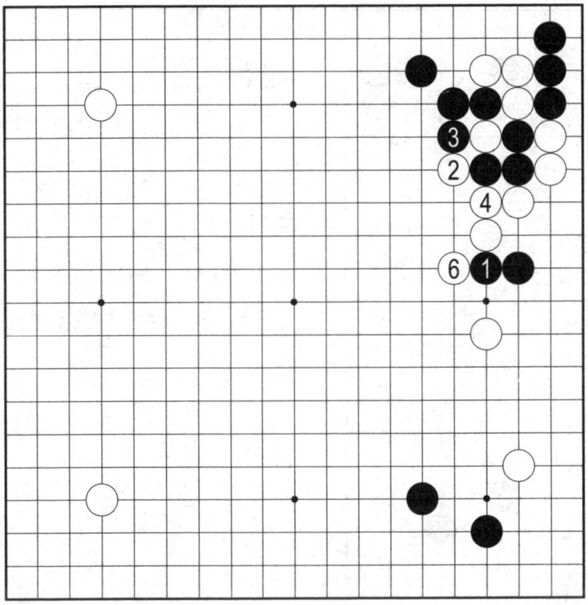

❺（3右侧）

28.5　71.5　目数差 3.5

图7　白好

难易度 ★★☆☆☆

黑1即使强硬地贴起，白2开始滚打后白6反击，这个交换白棋更有利。

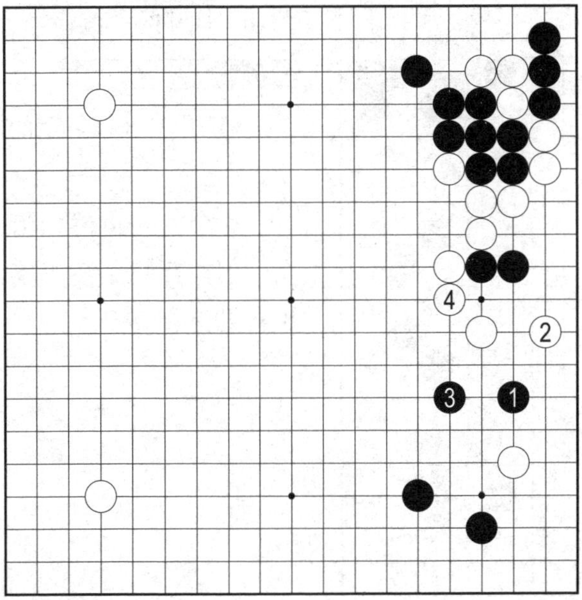

26.9　73.1　目数差 3.6

图8　白好

难易度 ★★☆☆☆

黑1打入爽快地弃子做大右下实空，黑棋将此作为后续手段来考虑。但是，右下角还不是确定的实地。此时仍然是白棋易下的局面。

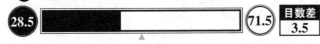

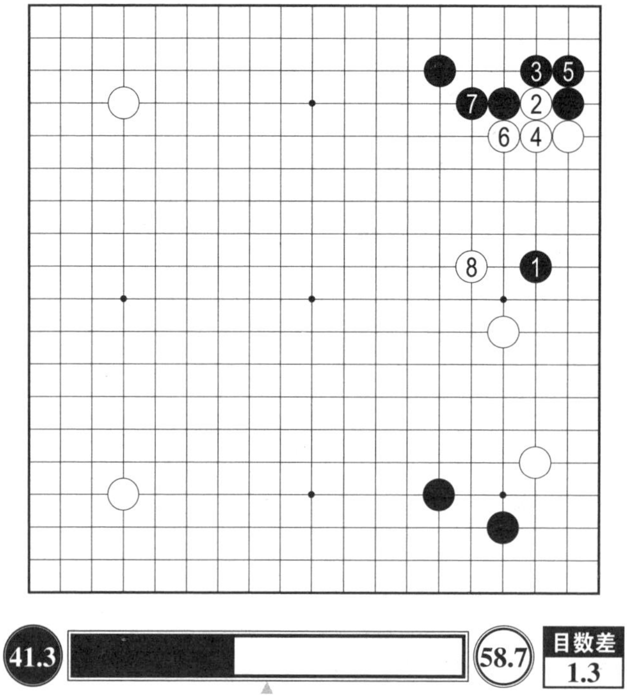

图9　两分

难易度 ★★☆☆☆

对于白2，黑棋虽然稍感委屈，但黑3的打吃是避免纠纷而有利于作战的手法。至白8，黑子虽然被封锁，但是现在开始的变化十分复杂。

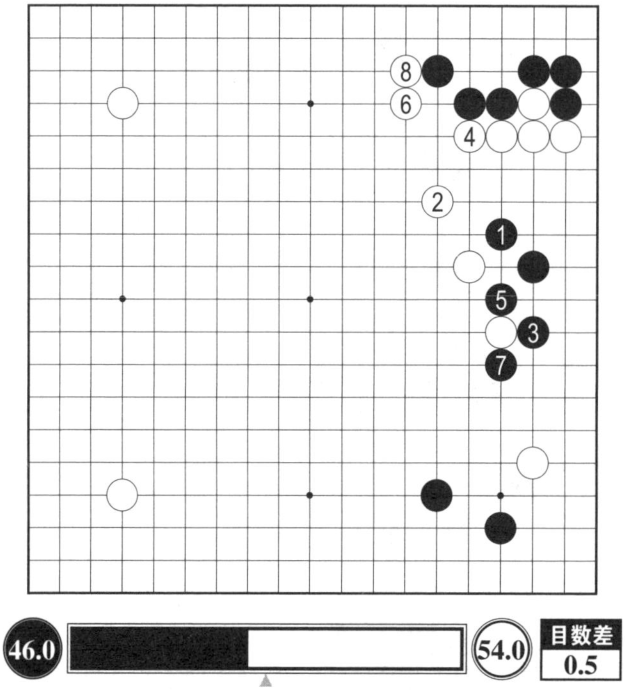

图10　战斗的一例

难易度 ★★★☆☆

黑1开始进行复杂的转换。

这个变化虽然相当复杂，但是黑棋必然可以救出右边一子。

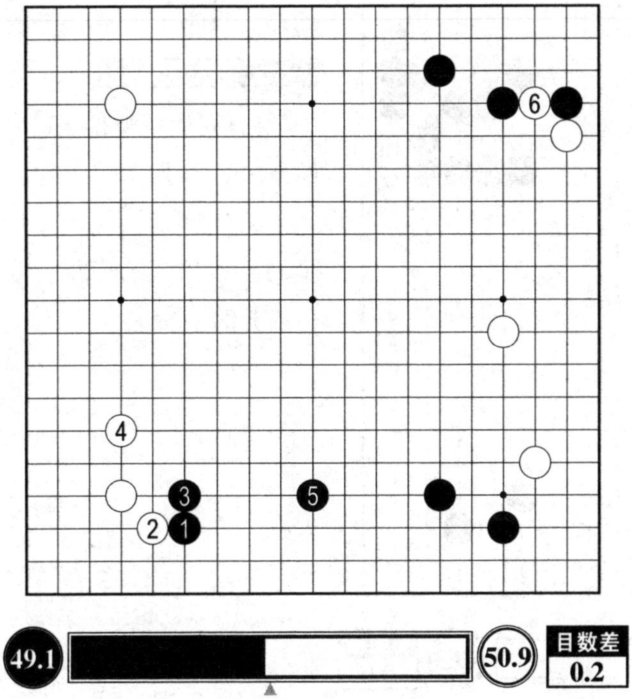

图11　两分

难易度 ★☆☆☆☆

黑棋不在右边行棋而选择大场的情况也比较多。

右上角定形时，白6挖开始的下法仍然有力。

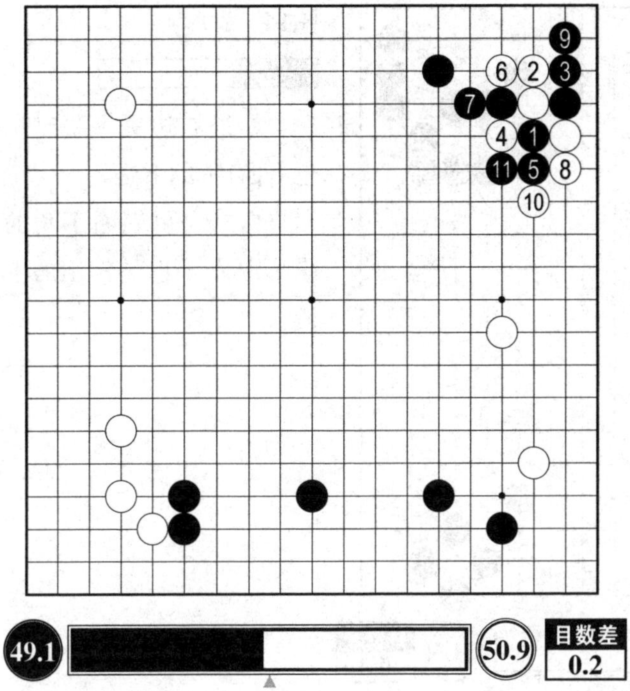

图12　两分

难易度 ★☆☆☆☆

黑1开始的变化是二·5侵分定式。刚才也出现过本图，由于是常见的定式，所以希望大家能记住。

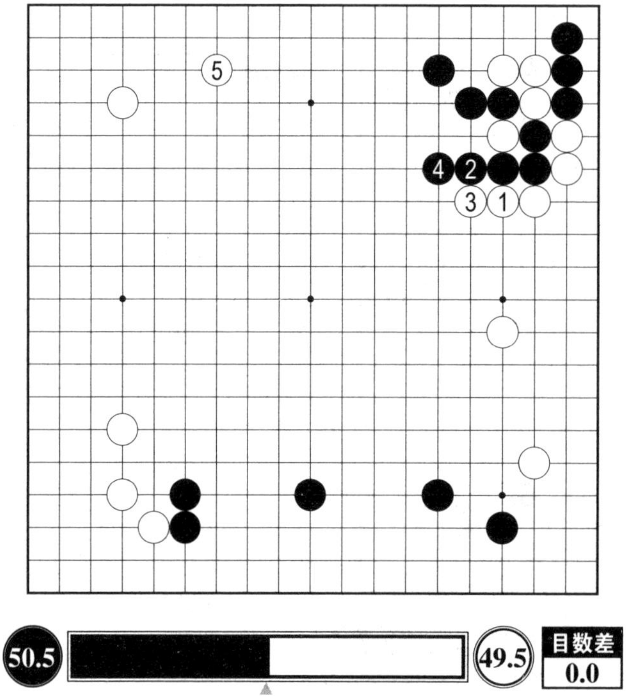

图13　两分

难易度 ★☆☆☆☆

白1开始单纯打吃定形的下法是本手。

黑4定形后，白5守角牵制上边黑棋的模样，取得局势的平衡。

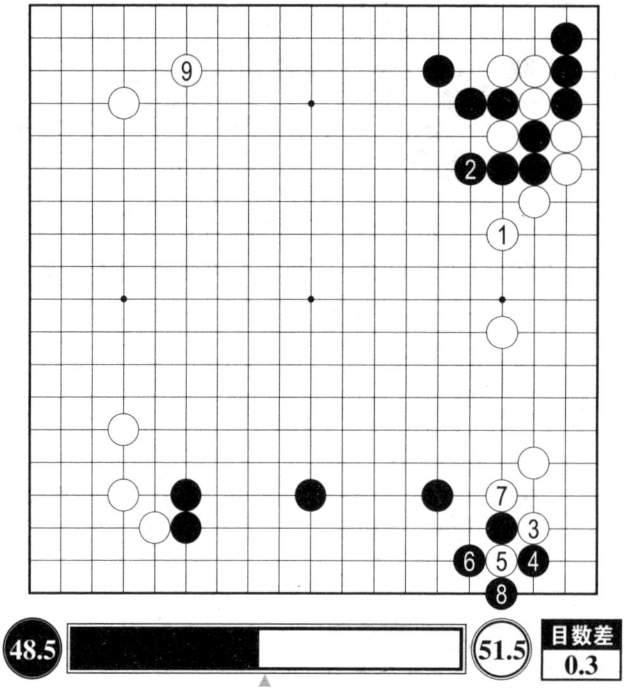

图14

难易度 ★☆☆☆☆

如果右边更重要时，也有白1尖的下法。

白3、5针对右下角的棋形取先手也是常用的手段。

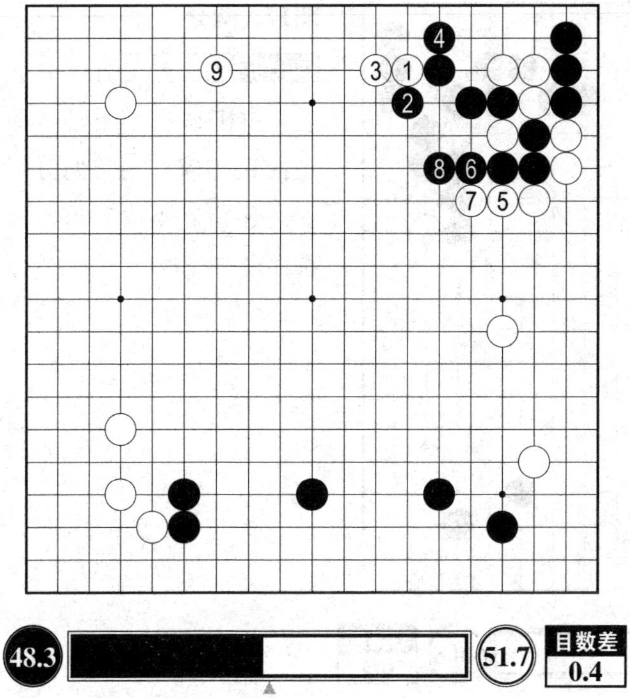

图15　AI流、两分

难易度 ★★★☆☆

白1碰，开始先手取利的下法是最近出现的有力手法。

至黑8时，1～4的交换可以认为白棋占了便宜。

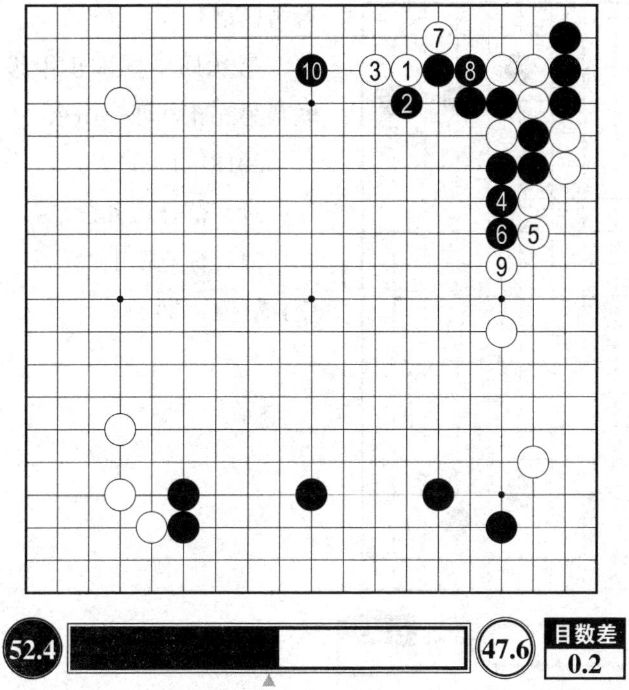

图16　两分

难易度 ★★★☆☆

也有黑4开始反击的手法。黑10打算将先手取利的白子整个吞下。

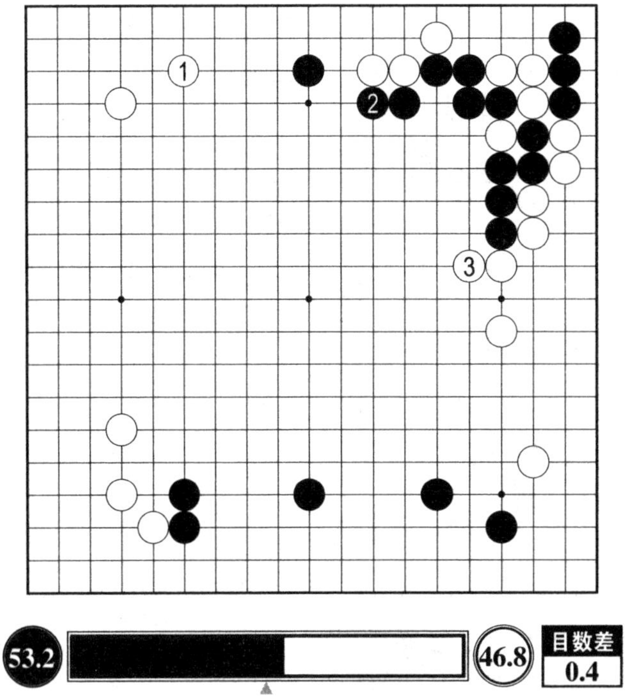

图17　两分

难易度 ★★★☆☆

白棋这里不出动，而是白1、3应，局势两分。上边还留着不少味道，白棋并没有死透。

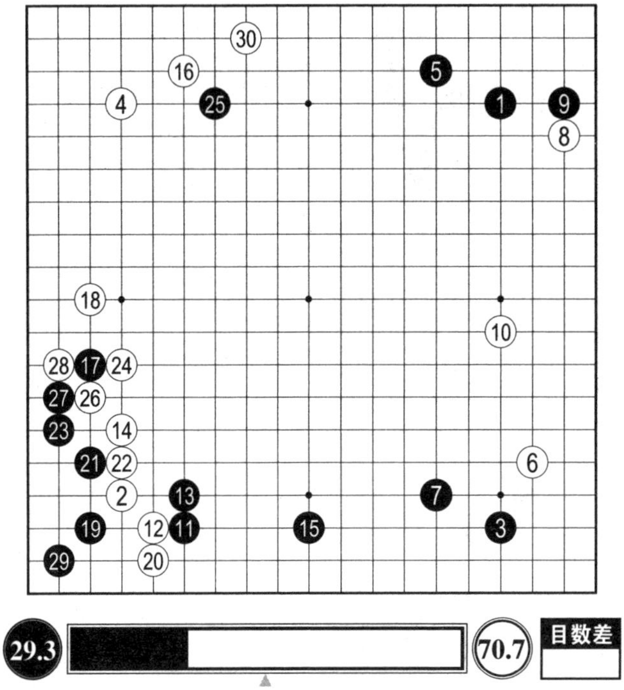

参考棋谱1

第20届中国围棋甲级联赛第26轮江西—山东

2018年12月14日

黑　范廷钰九段

白　徐嘉阳七段

第1谱（1～30）

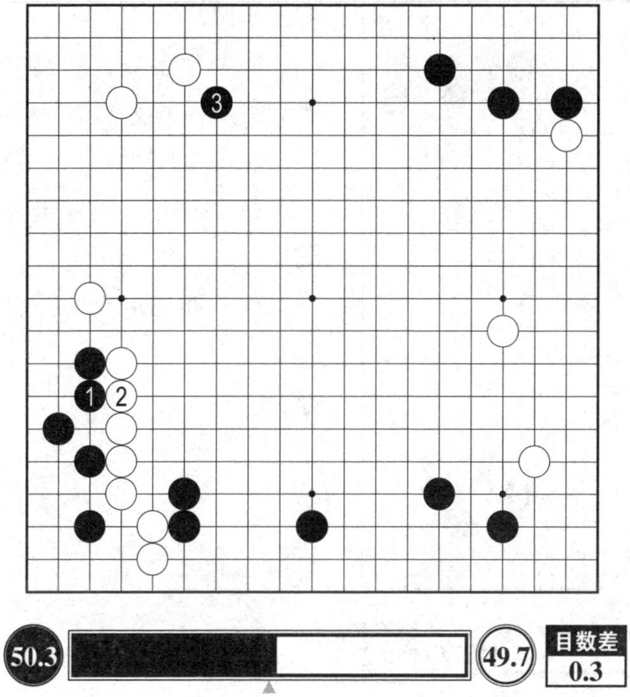

参考图

黑25按照本图黑1坚实地接回一子比较好。实战白26开始吃子关系到左下角的死活，所以白棋是先手，很厚。

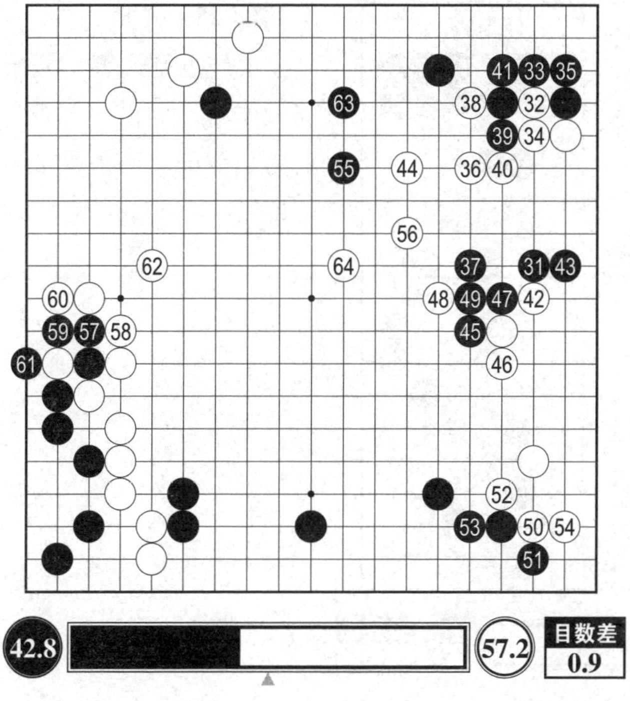

第2谱（31 ~ 64）

黑31开始动手打入。

白32挖时，黑33仍然忍让，双方进入战斗。白50下在55位，在左上行棋的下法更好。如此双方形势两分。

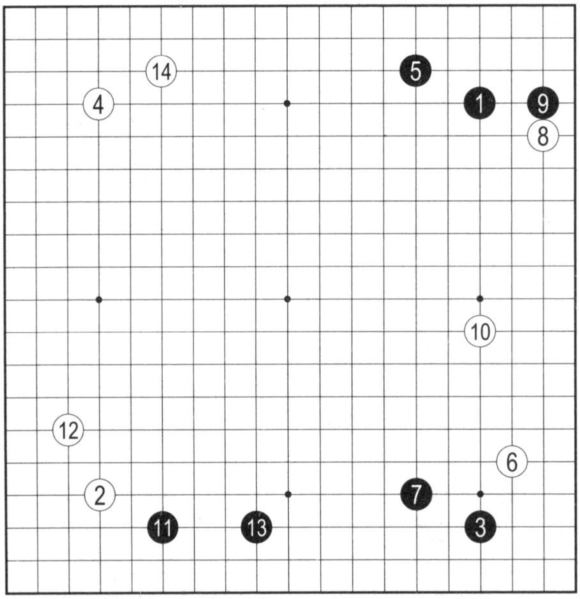

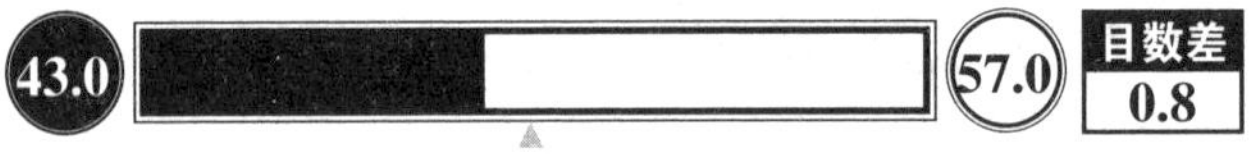

参考棋谱2

职业棋手双人联棋选手权战2019半决赛

2019年2月9日

黑　向井千瑛·伊田笃史

白　藤泽里菜·一力辽

第1谱（1～14）

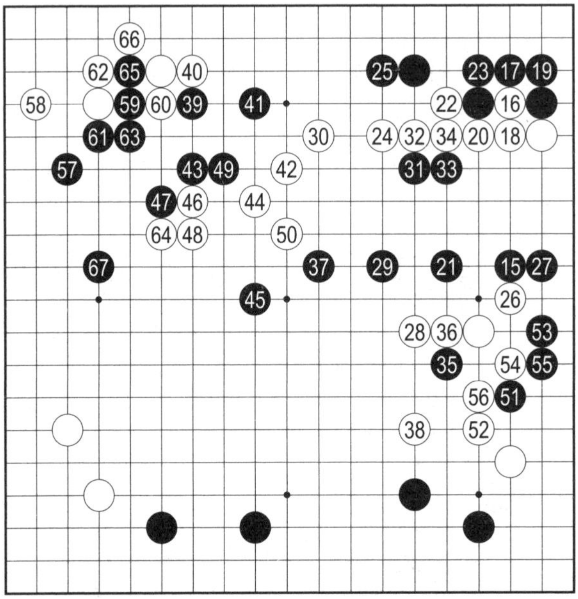

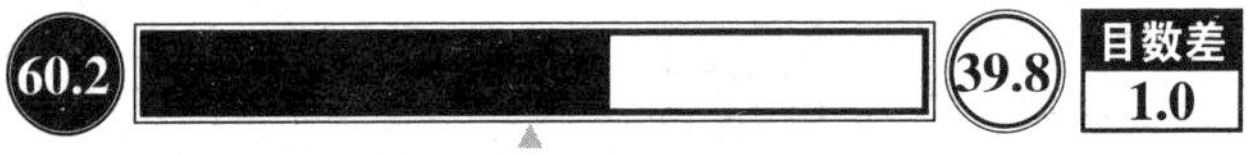

第2谱（15～67）

本局也是从黑15开始逼入作战。黑棋进入后会成为战斗的局面是本布局的特征。

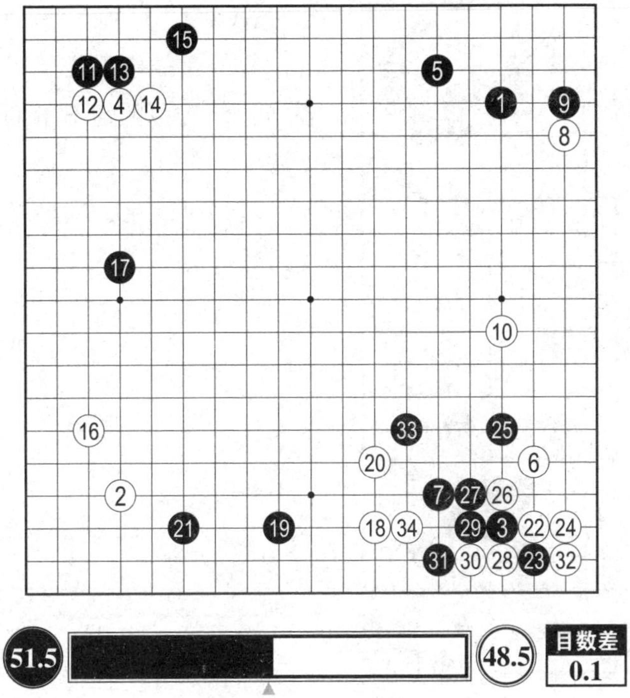

参考棋谱3

第20届农心辛拉面杯世界围棋最强战第9战

2018年11月27日

黑　朴廷桓九段

白　范廷钰九段

第1谱（1～34）

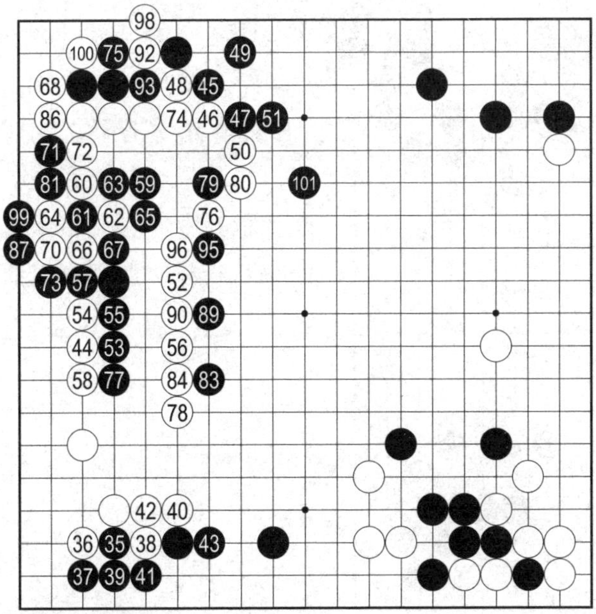

69 85 91 97（61）82 88 94（62）

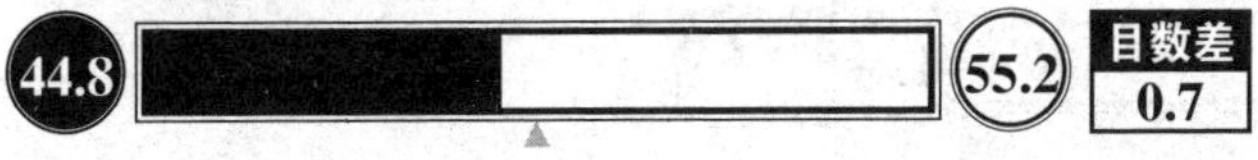

第2谱（35～101）

右下角和以前提到过的治孤棋形几乎相同。左边的攻击虽然是白棋的好调，但对于黑89的劫材，白90的应手稍微有些缓。至黑101，双方是两分的进行。

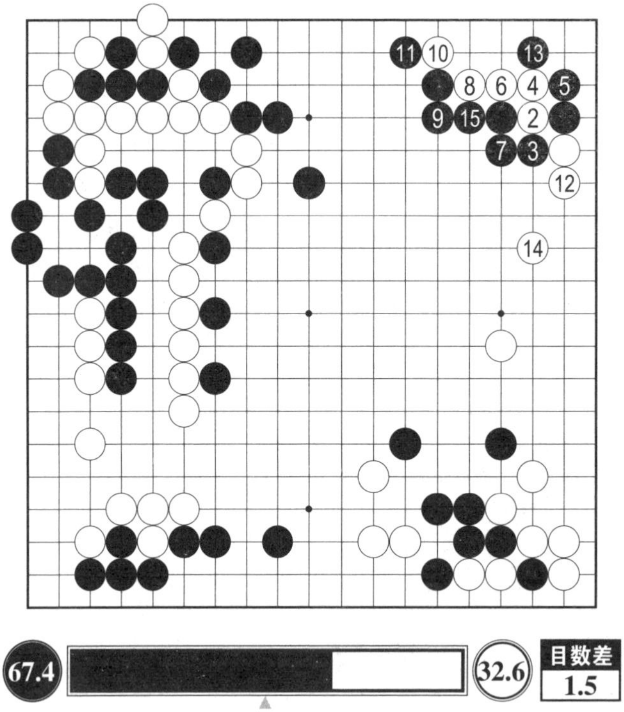

第3谱（102～114）

右上角的定形是黑棋在上边比较厚的情况下的下法。

白14是缓手，黑15粘上后黑棋很厚。

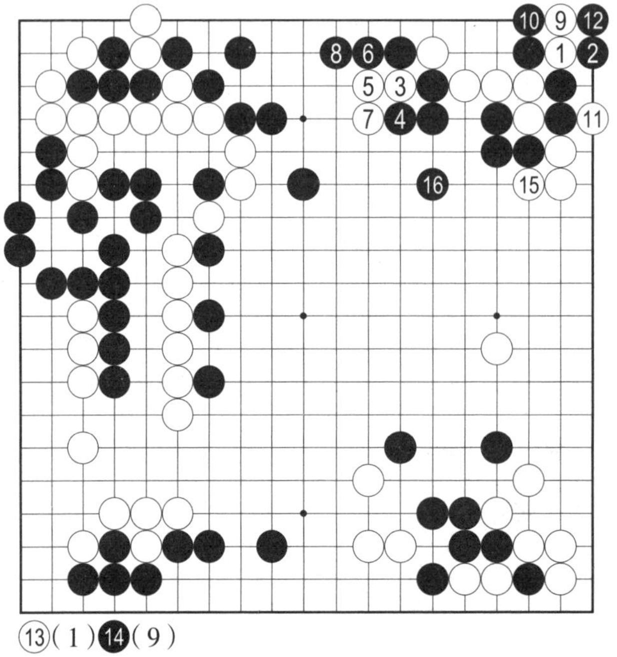

⑬（1）❶❹（9）

参考图

第3谱的白14在本图白1开始取先手的下法比较好。虽然白棋最终还是被吃，但是这是在黑棋坚实的场所行棋，所以毫无痛苦。

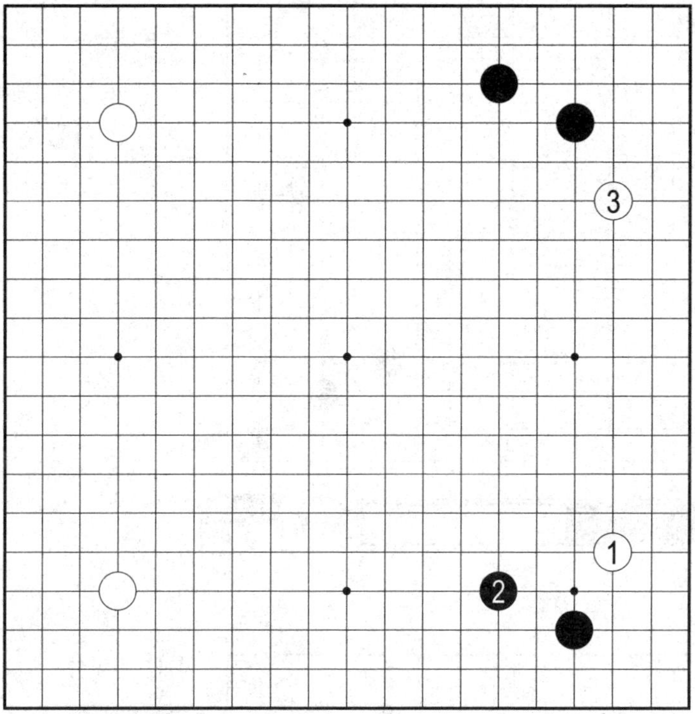

研究图2

白3挂也是常见的手法。

这是一种主动出击，让黑棋出招的手段。

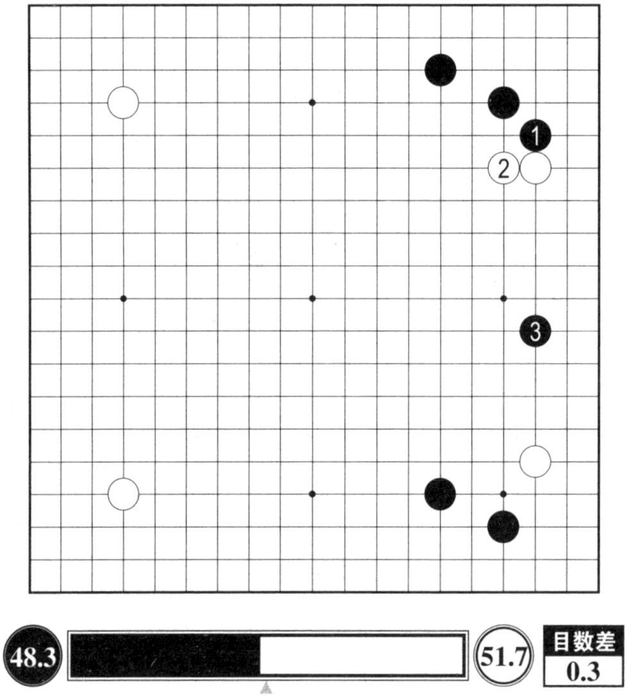

图1　两分

难易度★★★☆☆

黑1尖顶开始攻击是当然的想法。黑3分投在两子之间是常见的下法。这是将白棋打散后进攻其中一方的作战计划。

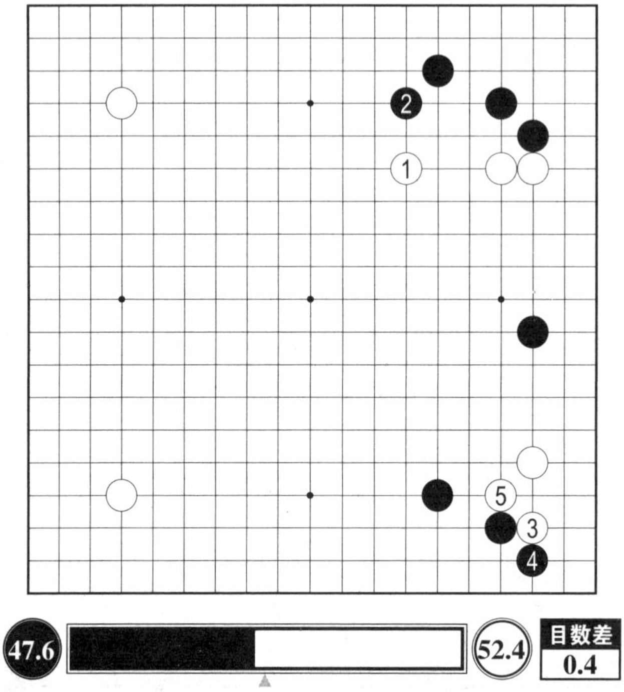

图2　两分

难易度★★★☆☆

本图右上角被攻击时，白1大跳是AI喜好的手法。白1和黑2交换一手后，白棋开始在右下角定形。

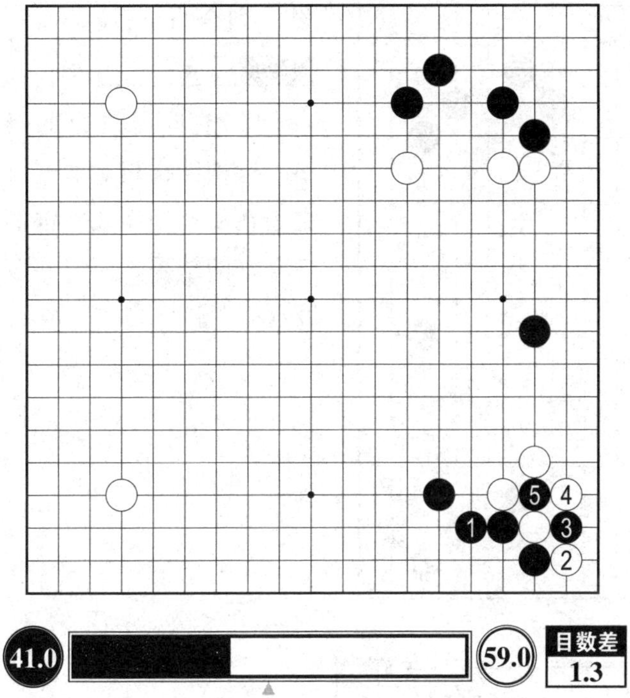

图3　白棋的积极方案

难易度 ★★★☆☆

黑1退是漂亮的一手，非常稳重。尽管黑棋想平稳地行棋，但白2连扳却很激烈。这样一来，黑棋也进入了战斗的态势，开始争劫。

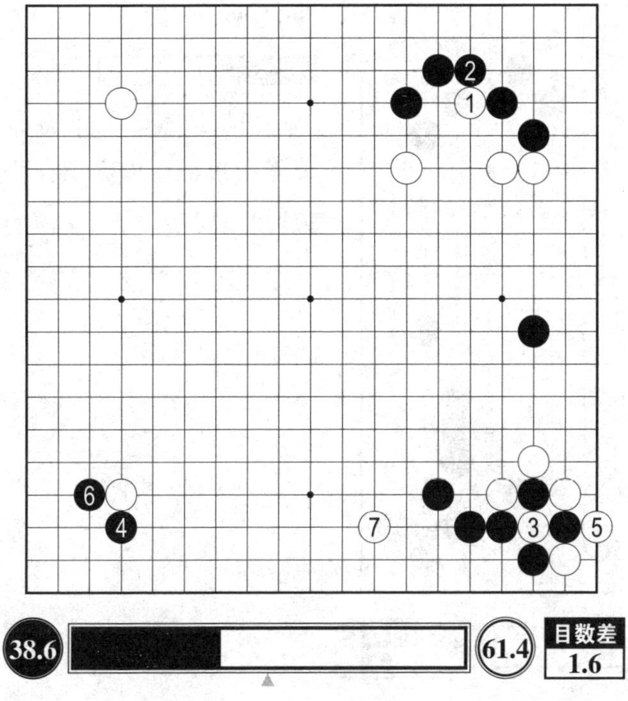

图4　白棋稍好

难易度 ★★★☆☆

白棋在右上角准备了很大的劫材。

黑棋却没有明显的劫材，只能在左下角连下两手和白棋的消劫交换，这对白棋是稍稍有力的变化。

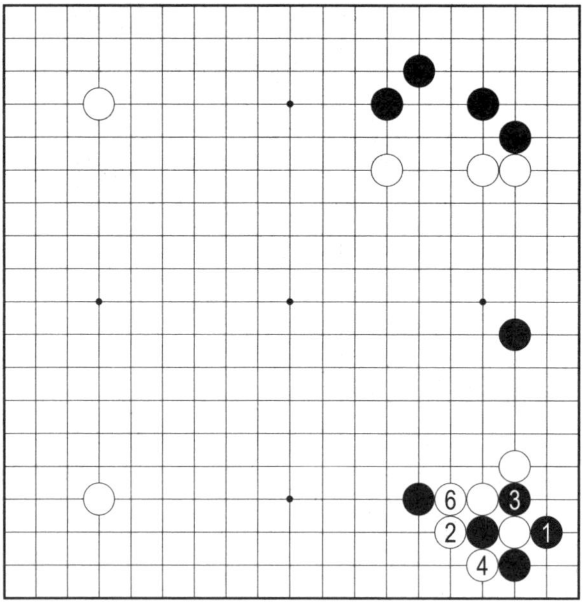

5（1的左侧）

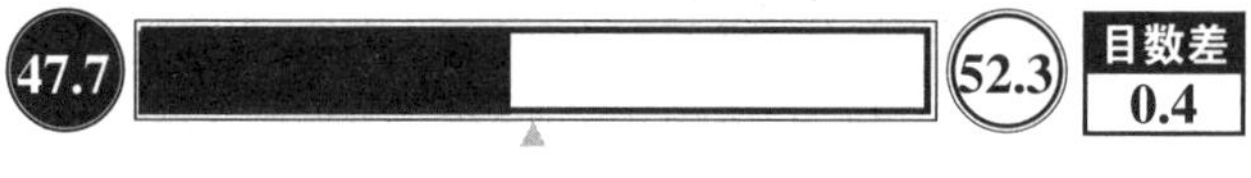

图5　气合的一手

难易度 ★★☆☆☆

黑1打吃是气合的一手。这种针锋相对的气势之手在所有局面几乎都能带来好的结果，所以一定要这么下。

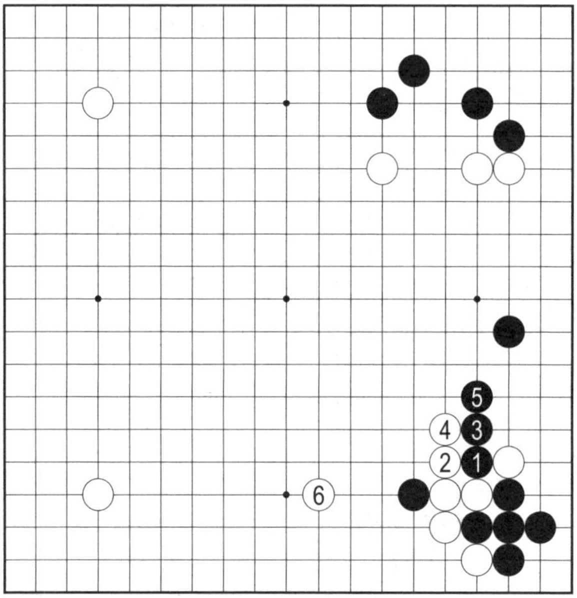

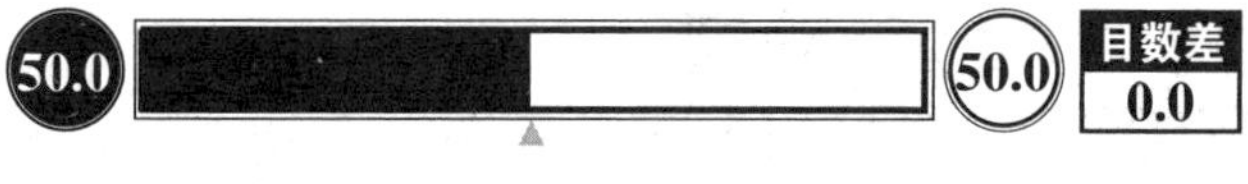

图6　两分

难易度 ★★☆☆☆

黑棋当然要在1位断，但是白棋也可以弃子在下边展开。

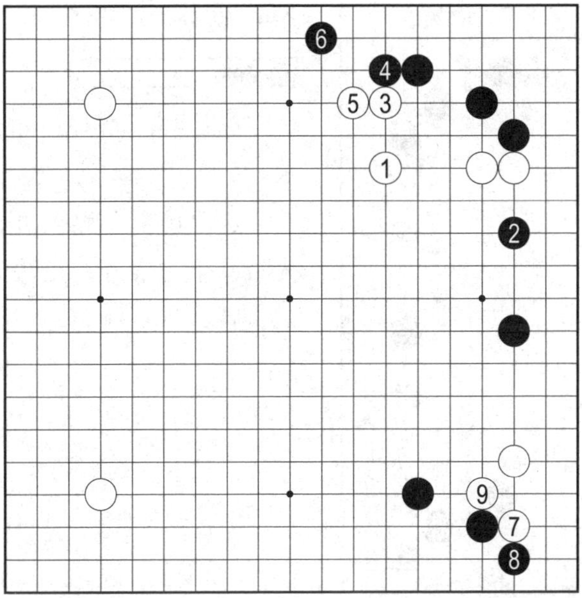

49.1　50.9　目数差 0.2

图7　两分

难易度 ★★☆☆☆

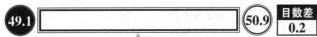

对于白1，即使黑2从另一边逼也能守住右上角。右上角定形后，白棋可以开始治理右下角。

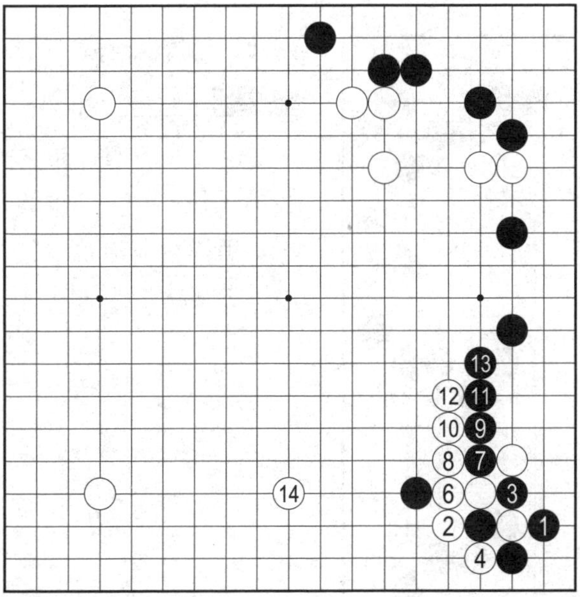

❺（1的左侧）

44.2　55.8　目数差 0.8

图8　两分

难易度 ★★☆☆☆

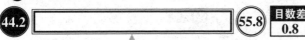

黑1打吃是夺取白棋根据地的严厉手法，白2开始变化，白棋向下边展开，双方两分。

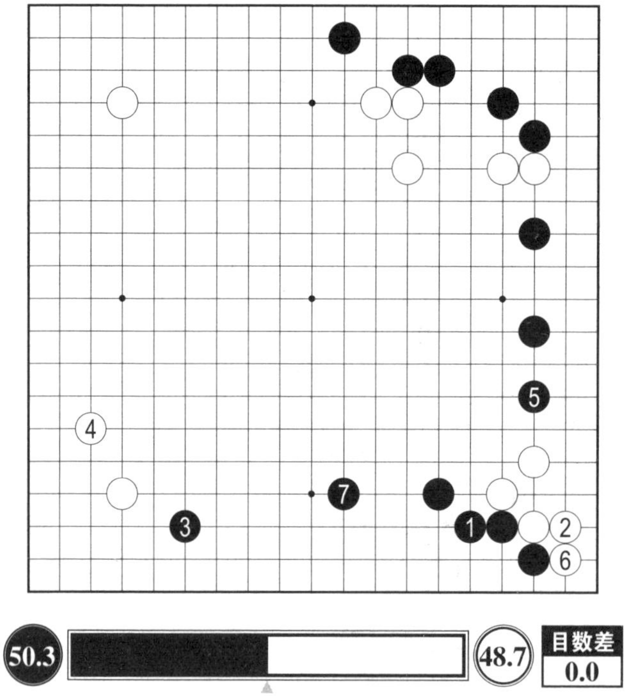

图9　两分

难易度 ★★☆☆☆

也有黑1稳妥地退的手法。

这个场合，黑棋可以先行在下边展开，是快速的布局。

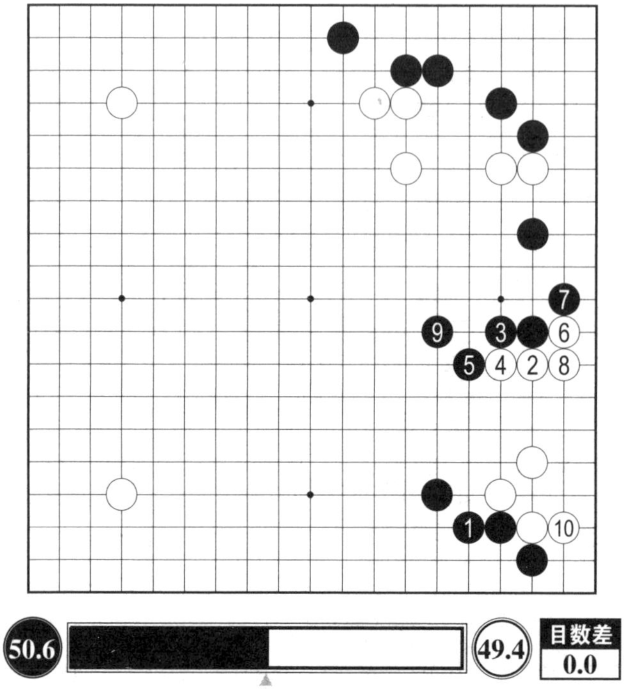

图10　AI流的治孤

难易度 ★★★☆☆

作为在右边活得大一些的手段，有白2碰的手法。黑棋相应地也变得很厚，所以双方两分。

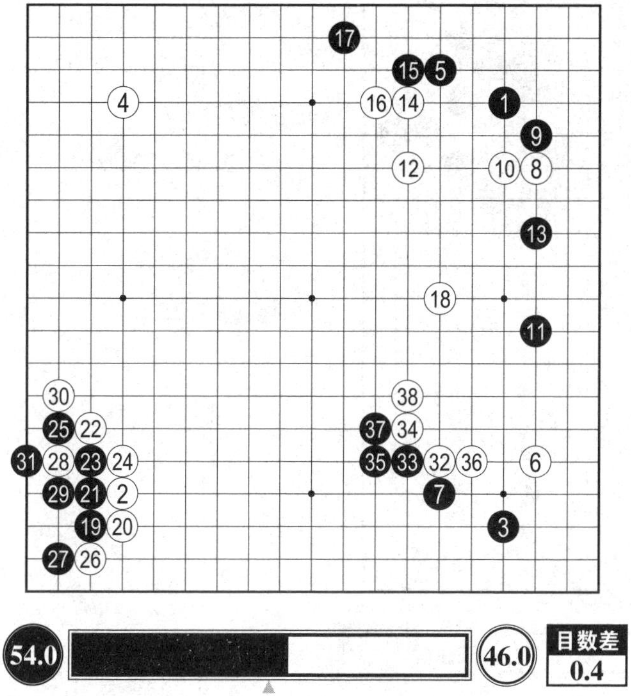

参考棋谱4

第27届阿含・桐山杯全日本快棋公开赛2回战

2020年8月13日

黑　井山裕太棋圣

白　濑户大树七段

第1谱（1～38）

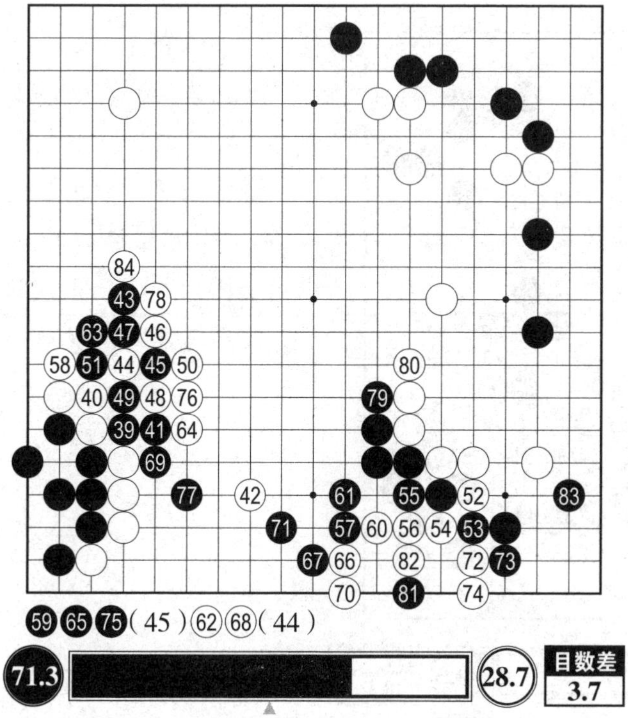

第2谱（39～85）

左下角是直接点三・3定式中的脱先定式。左边的劫争中，白70开始做活的手法并不太好。白70在45位粘更好一些，但是相当复杂。

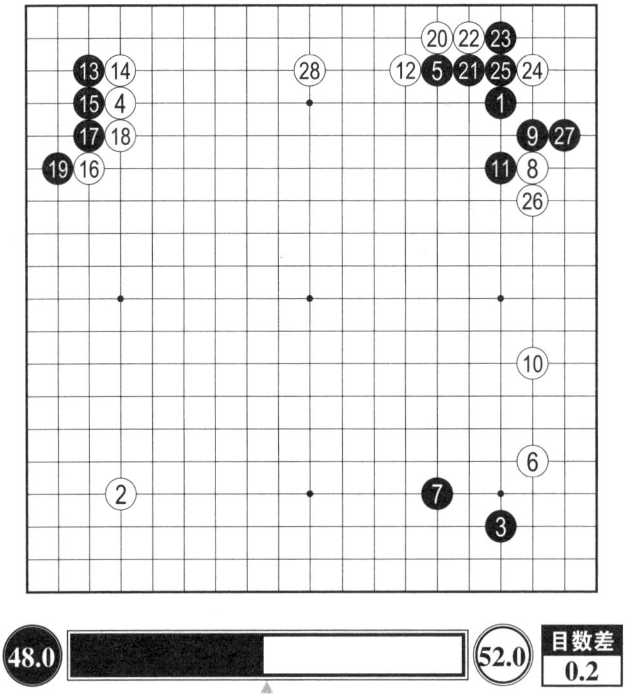

参考棋谱5

第22届中国围棋甲级联赛第1轮

2020年8月24日

黑　芈昱廷九段

白　杨鼎新九段

第1谱（1～28）

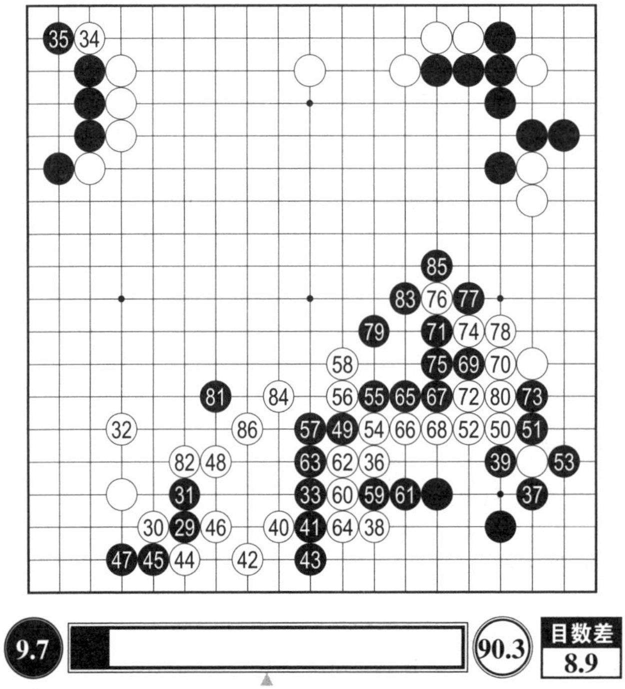

第2谱（29～86）

黑65后，形势向白棋倾斜。

黑65挡在55位之上比较好。虽然都是以攻击白棋全体为方针，但67以后，黑棋气紧的情况不一样。

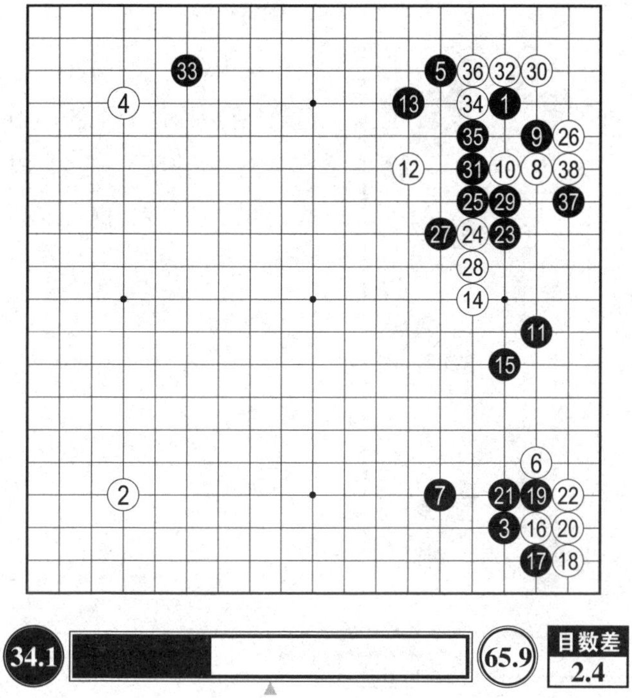

参考棋谱6

第9届应氏杯世界选手权1回战

2020年9月8日

黑　芈昱廷九段

白　一力辽八段

第1谱（1～38）

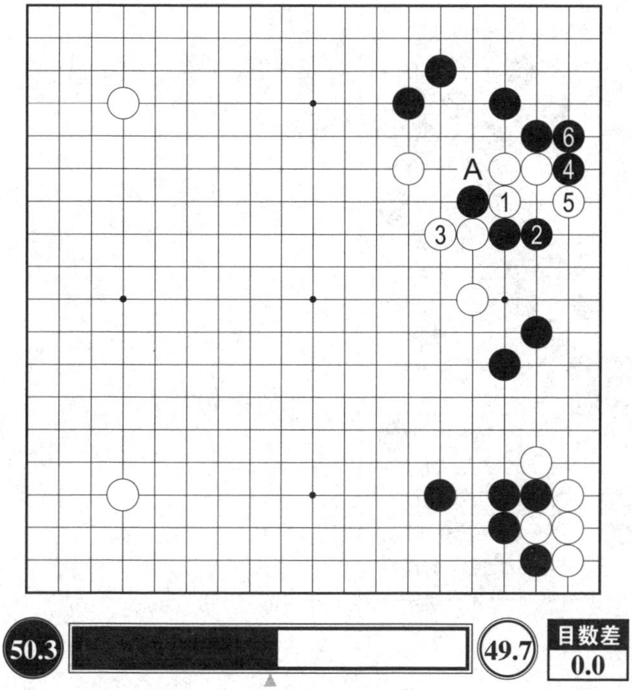

参考谱1

白1直接切断的棋形很差，是很难下出的手法。虽然制住了黑棋一子，但是黑4、6扳粘后，进一步破坏了白棋的棋形。如果白棋对其放置不理，黑A可以吃掉白四子。

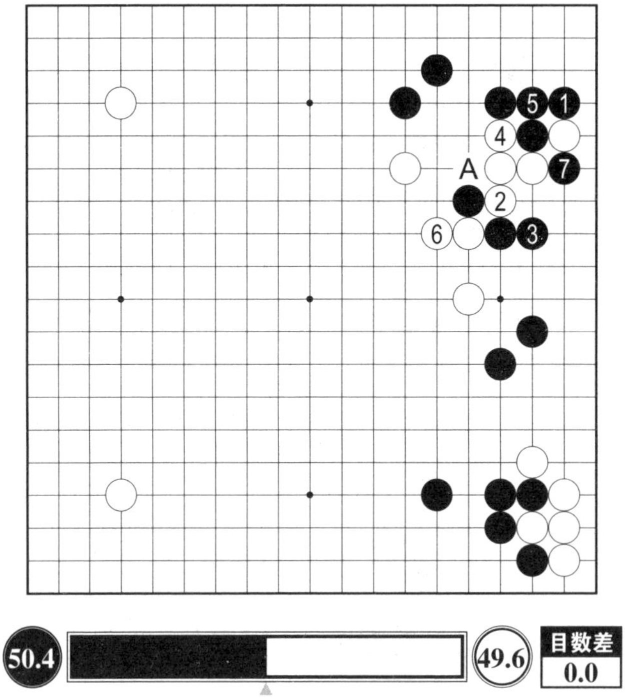

参考图2

对于第1谱的白26，也有黑1直接挡住的下法。白2、4先手交换后，白6长时就出现了差别。前图黑A的手段在本图白4下过之后就消失了。

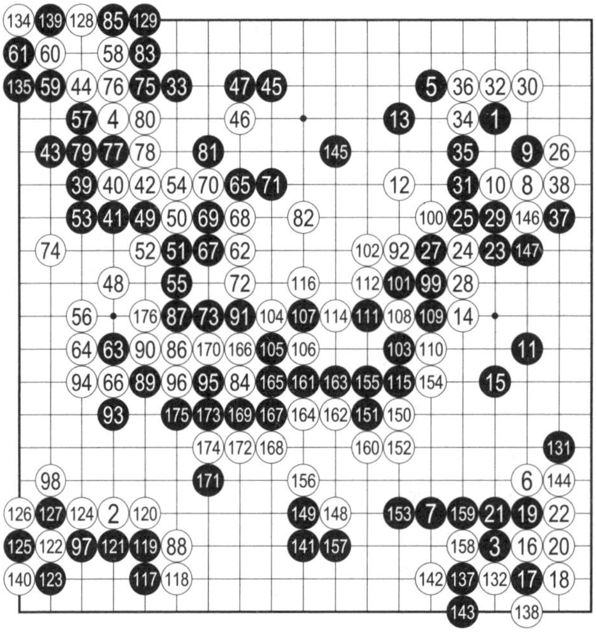

113(108) 130 136(122) 133(127)

总谱

176手完　白中盘胜

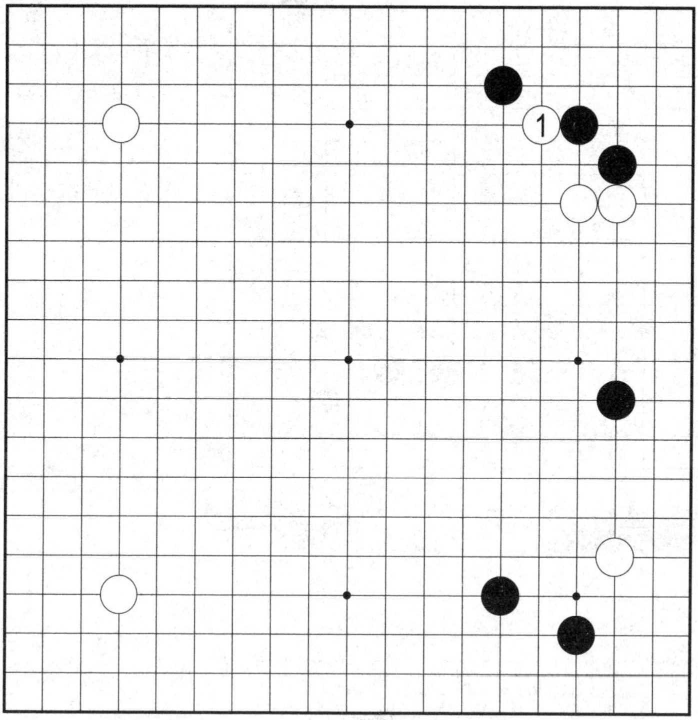

研究图3

白1直接靠开始定形的变化。

在右边展开大战。

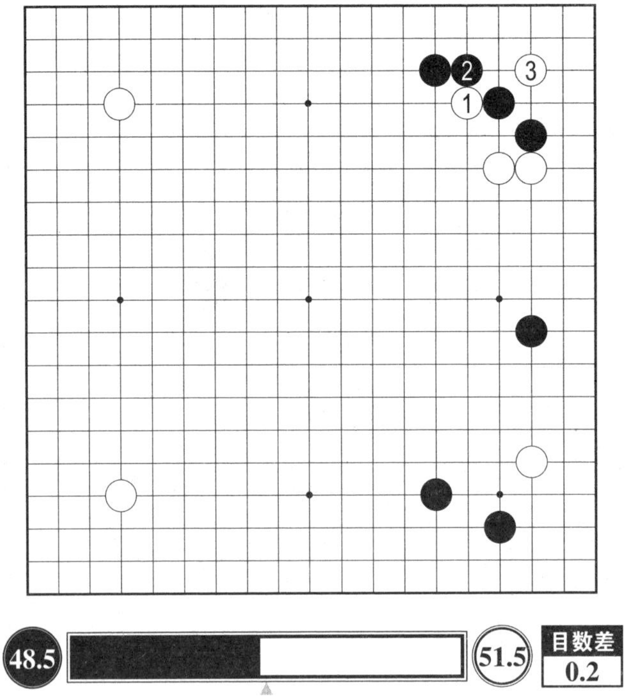

图1　手筋

难易度 ★★☆☆☆

白1之后点三·3是右上角棋形的弱点。

只要关注好后续的征子关系，就能成为可以随时使用的有力手段。

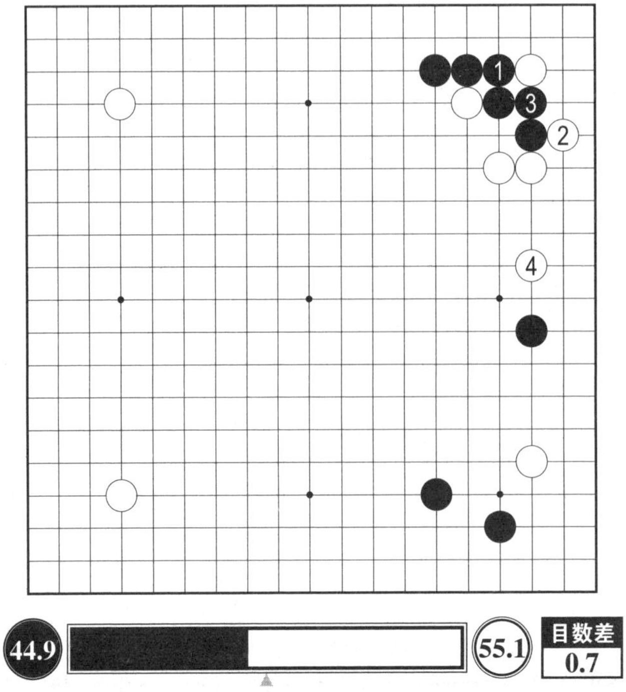

图2　黑棋失败

难易度 ★☆☆☆☆

黑1粘的手法虽然简单易懂，但却是白棋的打算。

白2时黑3太过痛苦，这是白棋很好的进行。

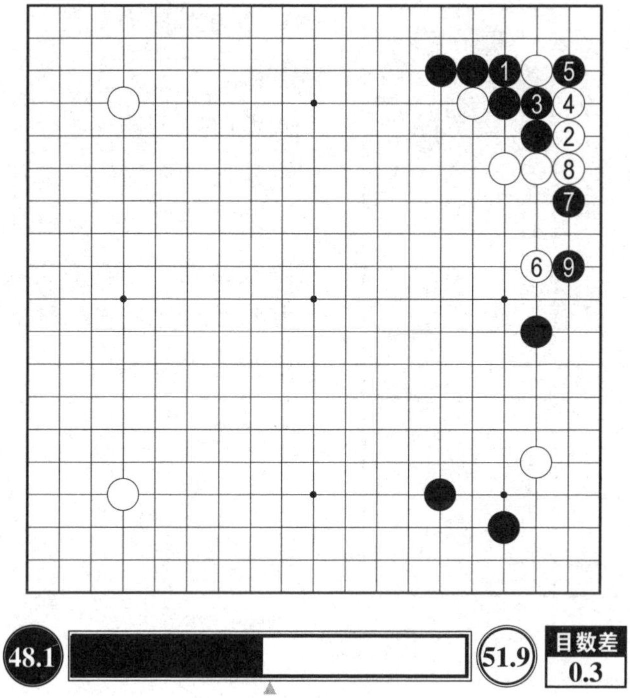

图3　白棋恶手

难易度 ★☆☆☆☆

白4很容易随手就爬，但根据局面状况可能会成为恶手。此局面被黑7先手点到，所以是恶手。

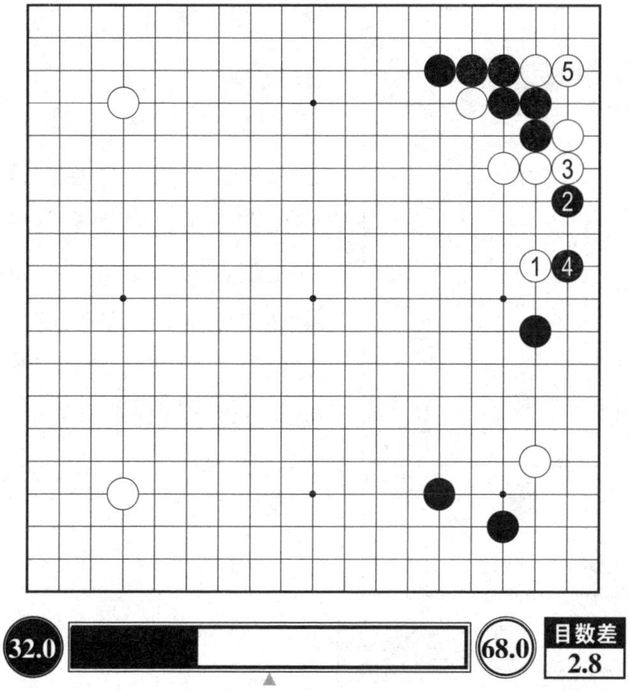

图4　白棋更好的追究

难易度 ★☆☆☆☆

前图白4爬若不交换，黑1点在急所时，白4立下后可以夺取黑棋角上的根据地。

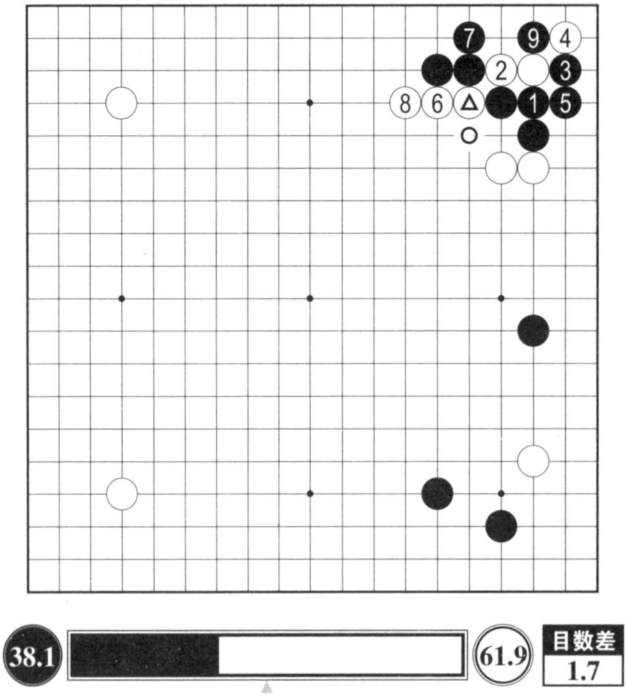

图5　黑棋的努力

难易度 ★★★☆☆

黑1的棋形虽然很差，但却是顽强的手法。白2切断虽然很严厉，但是成立的前提是此时白◬不能被黑◎征吃。此局面黑棋被白2切断后弃子利用。

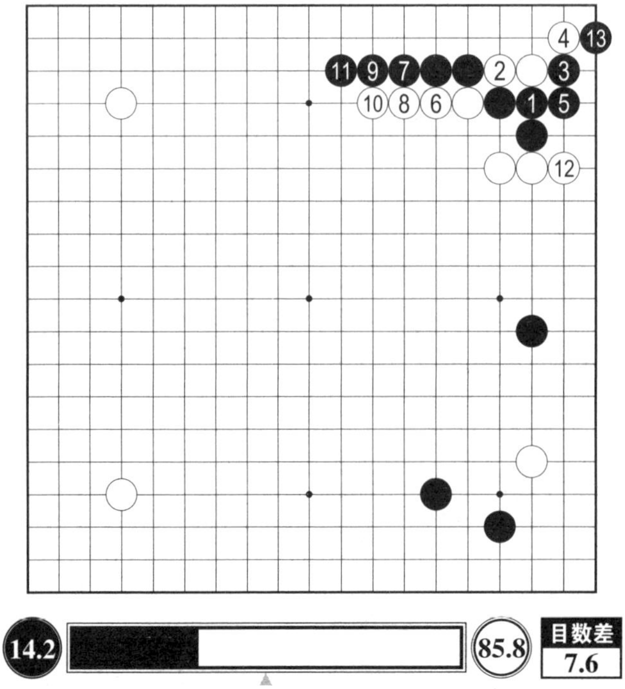

图6　仍然被利

难易度 ★★★☆☆

黑棋从黑7开始，即使连续跟着白棋行棋也可以吃到右上角，但是至白12为止被白棋先手取利。由于这里原本就是黑棋占据的角部，所以白棋即使被吃也可以在此先手取利。

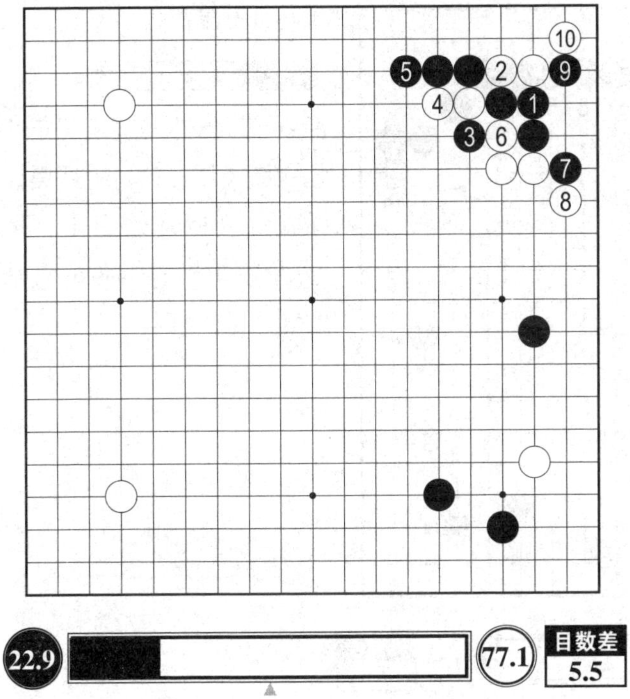

图7　不能反击

难易度 ★★★☆☆

即使黑3开始反击，由于上边必须黑5长，所以反击不成功。被白6切断时，为了对杀取胜，黑7、9还要使出两扳长气的技术。

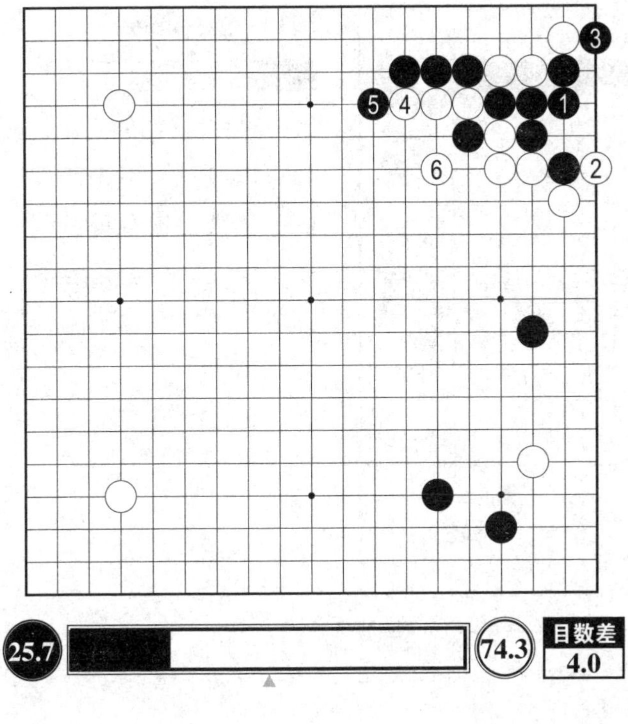

图8　白厚

难易度 ★★★☆☆

黑1粘后，虽然可以在和右上白棋的对杀中取胜，但是白棋的外势也变得很厚。

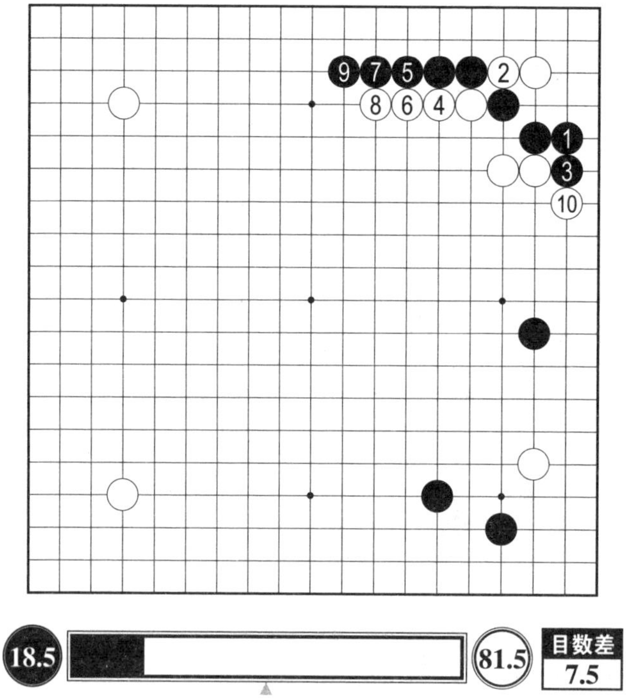

图9　黑棋危险

难易度★★★☆☆

黑1虽然是直接防守的手段，但是白2切断后黑棋危险。白4开始连压，把力量集中到右上角的对杀上。

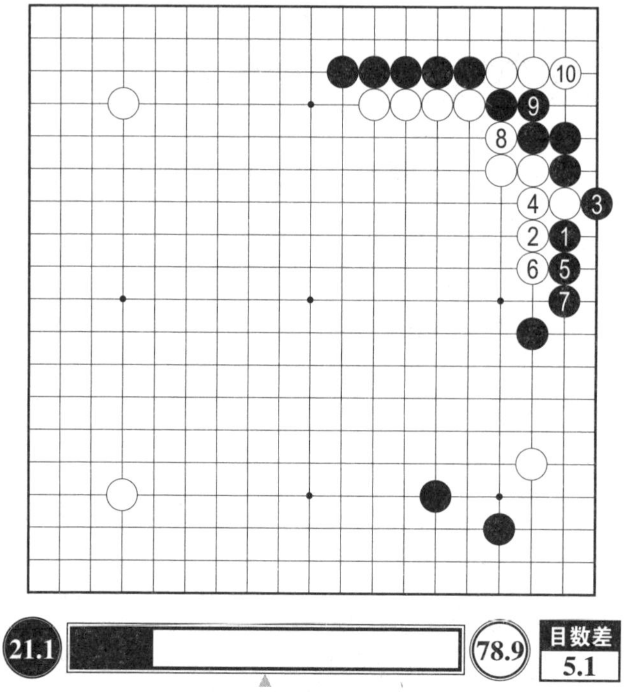

图10　留有余味

难易度★★★☆☆

黑1夹开始的变化，虽然可以渡过，但是渡过后的黑棋被白棋取得过多的先手便宜。右上角若能全部成为黑空倒也不错，但是白10可以立下。

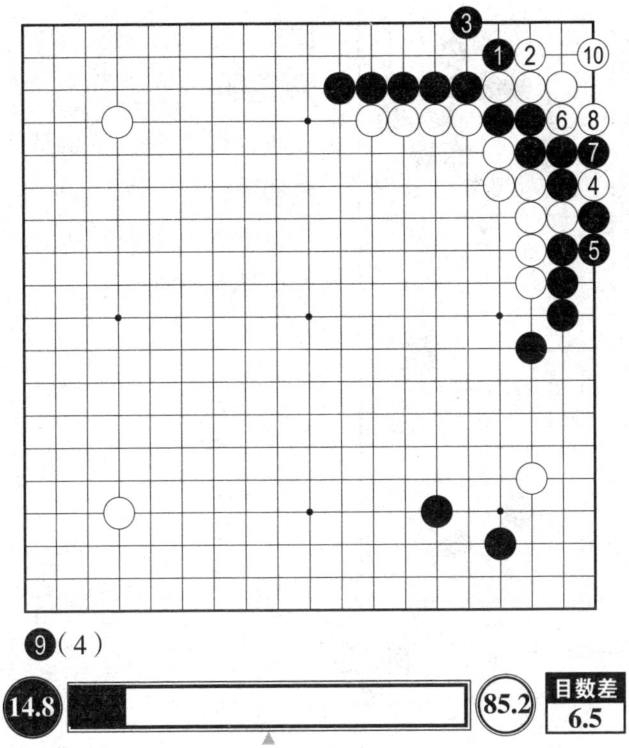

图11　角上白活

难易度 ★★★☆☆

黑1开始缩小白棋的眼位，白4扑后白6、8是先手，白棋可以做活。

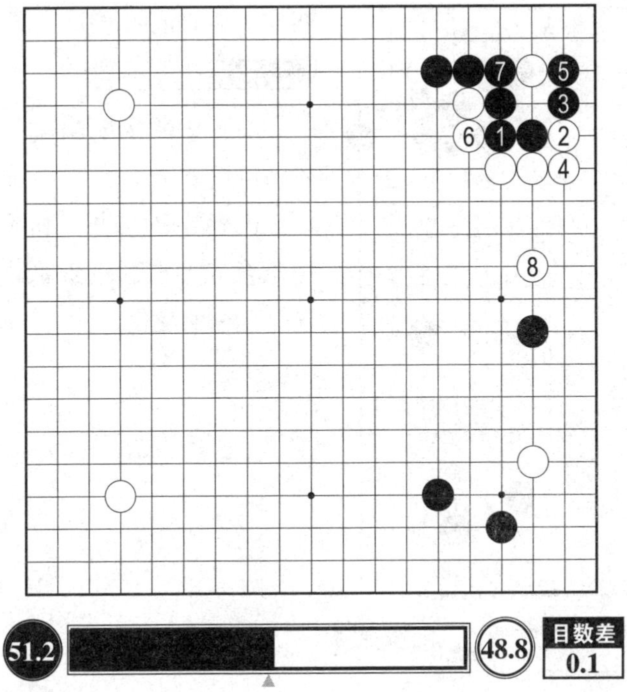

图12　黑棋的最佳

难易度 ★☆☆☆☆

黑1团在这里的棋形看起来虽然也很差，但却是最佳的应对方法。大致是至白8为止的变化，双方两分。

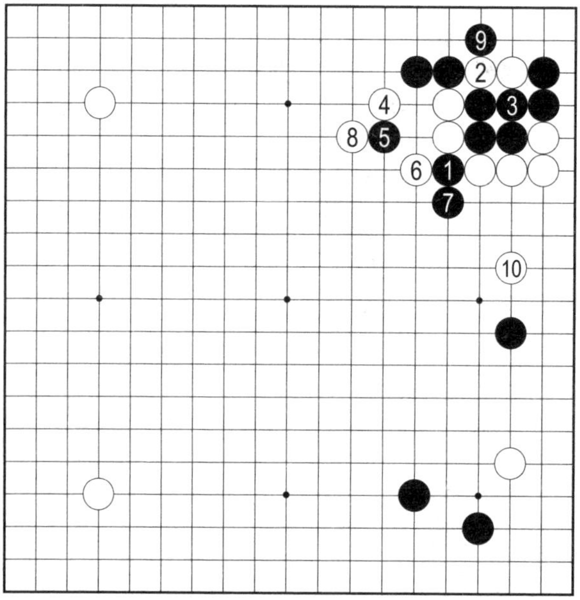

图13　黑棋的一招

难易度 ★★☆☆☆

也有黑1断一手制造味道的手法。

将白二子走重作战。这也是两分的进行。

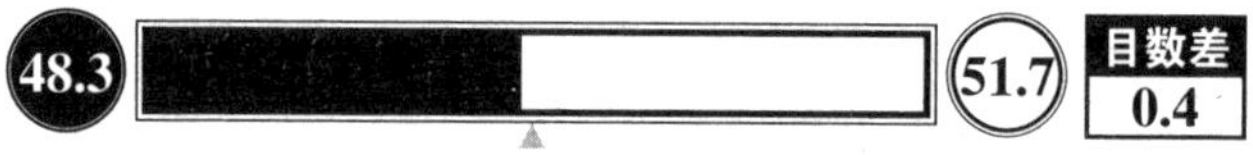

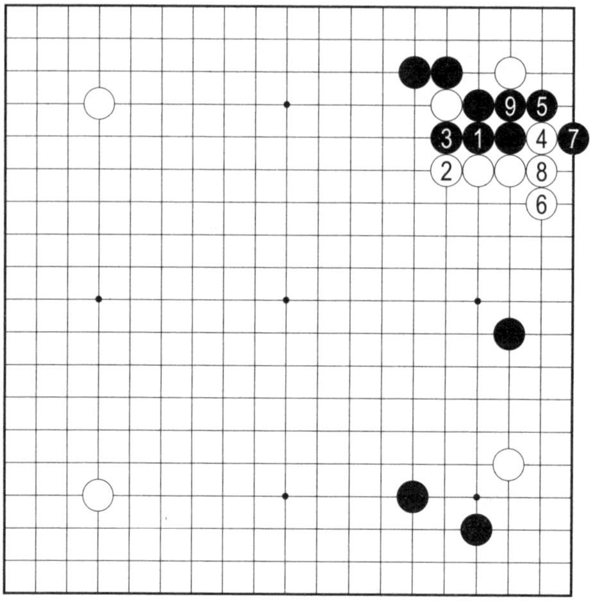

图14　新的定形方法

难易度 ★★★☆☆

AI现在推荐的是白2开始的定形下法。

比起救出白1子，长成一条直线的棋形更重要。这是两分的变化。

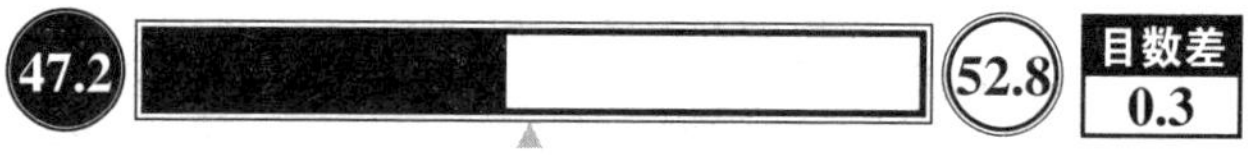

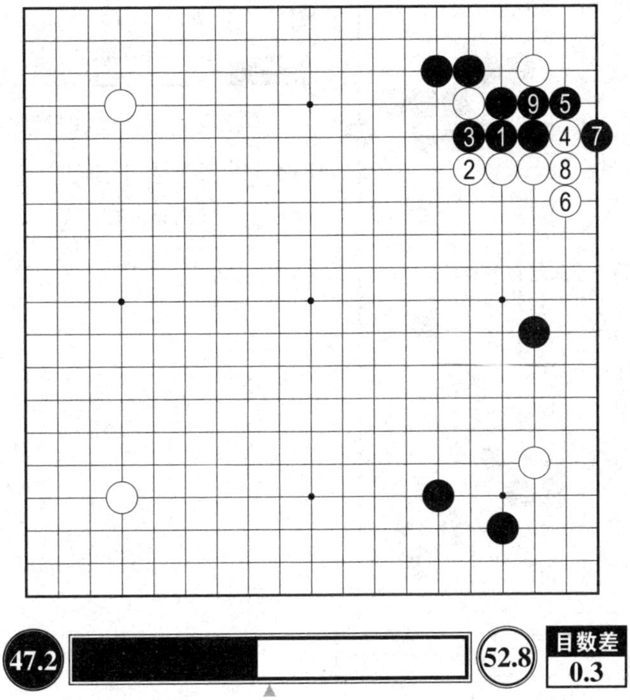

图15　两分

难易度 ★★★☆☆

也有黑3更加重视实地的下法。

这个场合白4轻轻跳起在中央作战。这是AI最喜欢的柔软的定形方法。

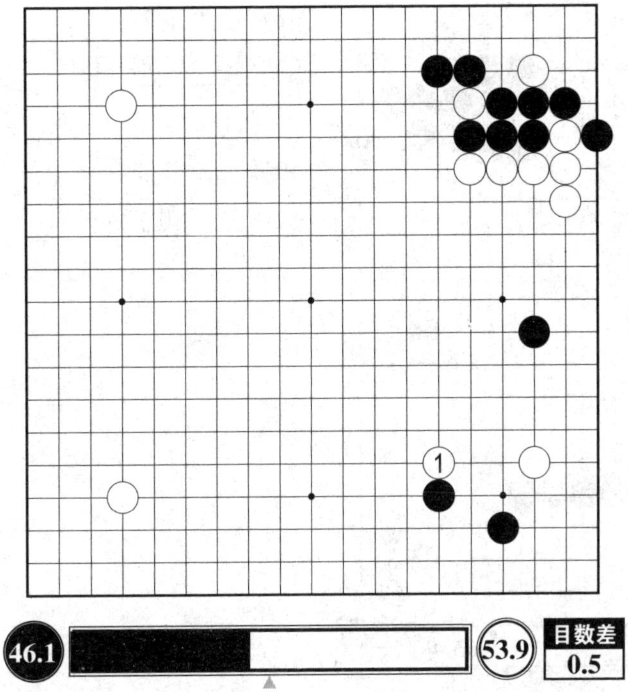

图16　腾挪的手筋

难易度 ★★★★☆

白1靠开始是腾挪的手筋。这和棋子的配置没有关系，针对右下角的棋形，这手白1是腾挪的一种手段。

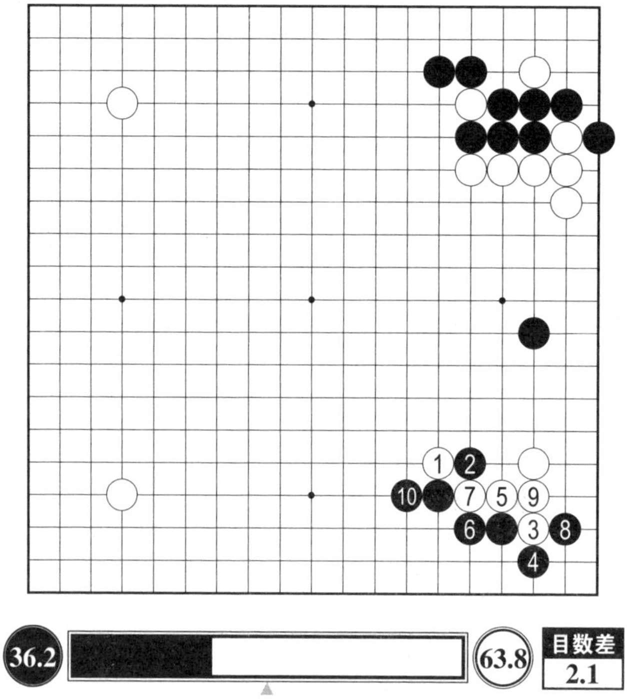

图17　白棋稍有利

难易度 ★★★☆☆

黑2扳企图分断白棋，白3开始打算吞下黑子，这样可以很好地断开黑2。

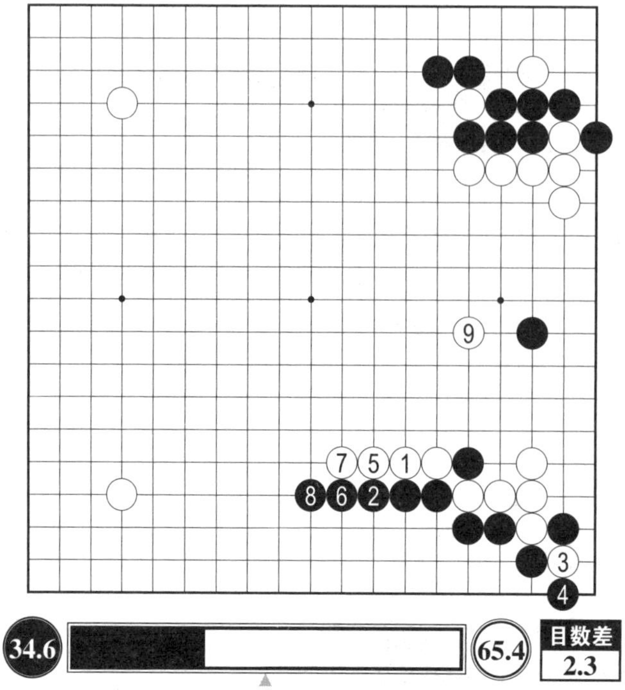

图18　白棋有利

难易度 ★★★☆☆

白1开始先手定形，至白9镇头，白棋有利。白3的断防止了黑棋的行动。

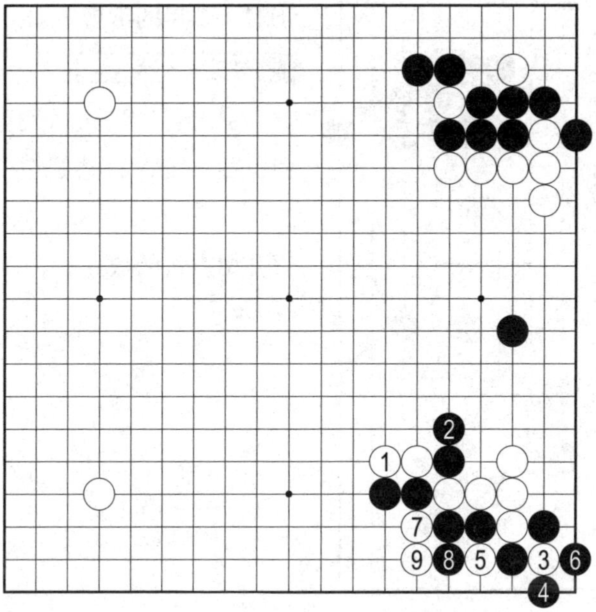

图19　反击则崩溃

难易度 ★★★☆☆

虽然很想在黑2长，但是从白3开始，如图的次序可以征吃黑子。

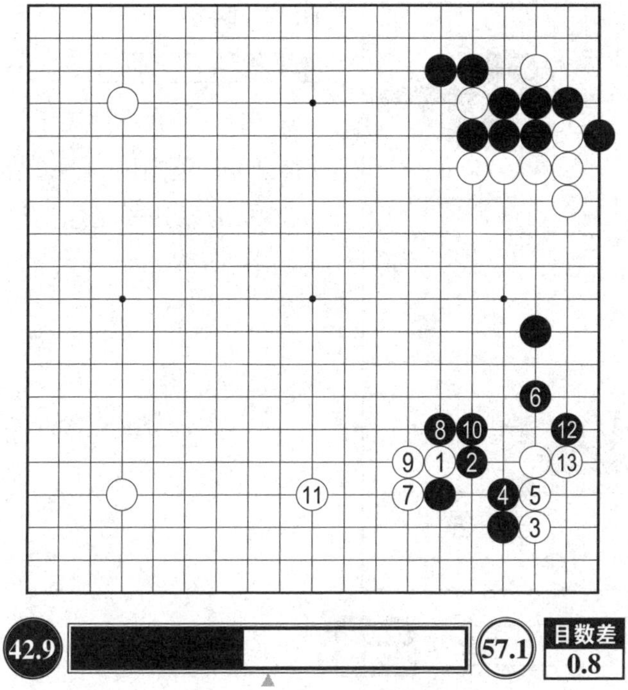

图20　白棋稍稍有利

难易度 ★★☆☆☆

黑4长的手法虽然是一般分寸，但是白棋右下角和下边都下到了，并没有什么不满。

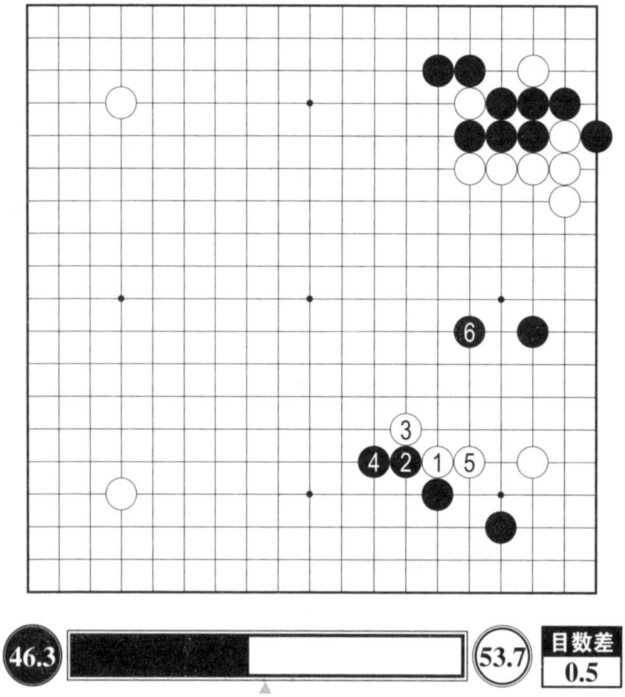

图21　黑棋的常规下法

难易度 ★★★★☆

黑2扳是常见的下法。白3跟着扳，一边压住下边，一边瞄着右边。从这里开始右边的战斗。

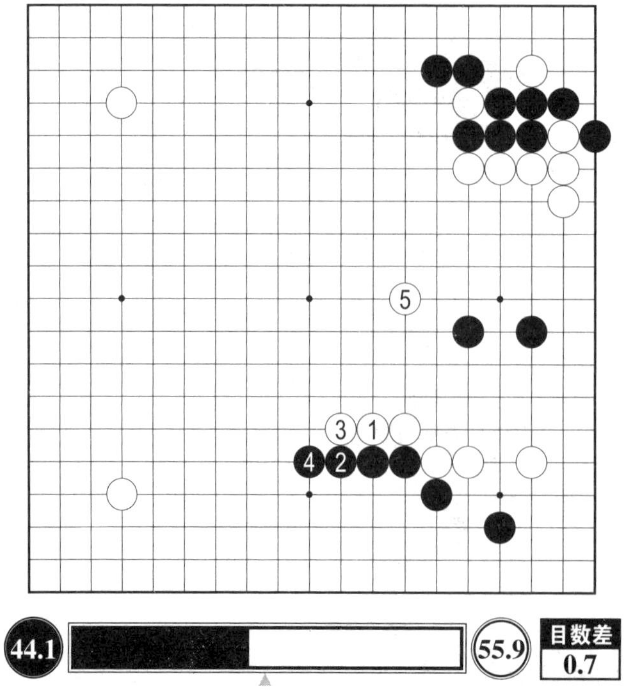

图22　两分

难易度 ★★★★☆

白1开始在下边连压，白5全力压迫黑棋。下边给予黑棋的好处要在这里得到弥补。

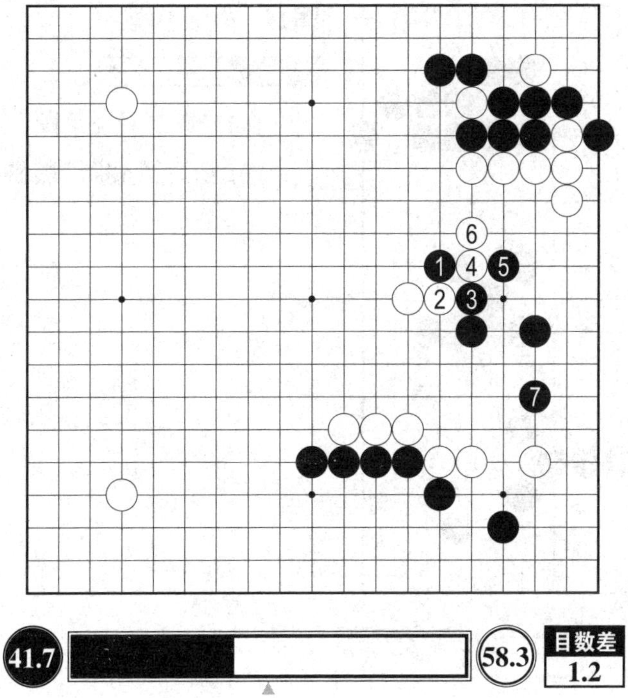

图23　超级乱战

难易度 ★★★★★

若黑1飞则立刻开始形成战斗。

黑棋为了做活，首先要整形。

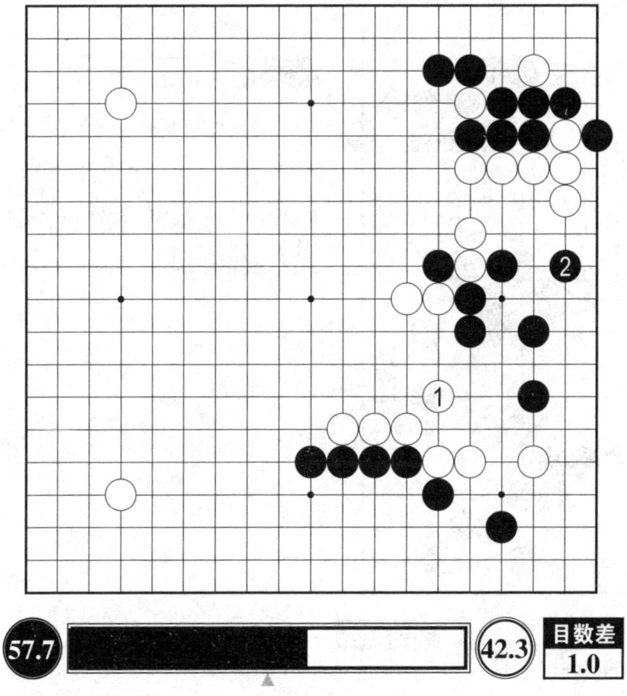

图24　虽然两分

难易度 ★★★★☆

若白1则太坚实，黑2跳下，形势两分。

但是，站在白棋的立场，应该有更严厉一些的手段。

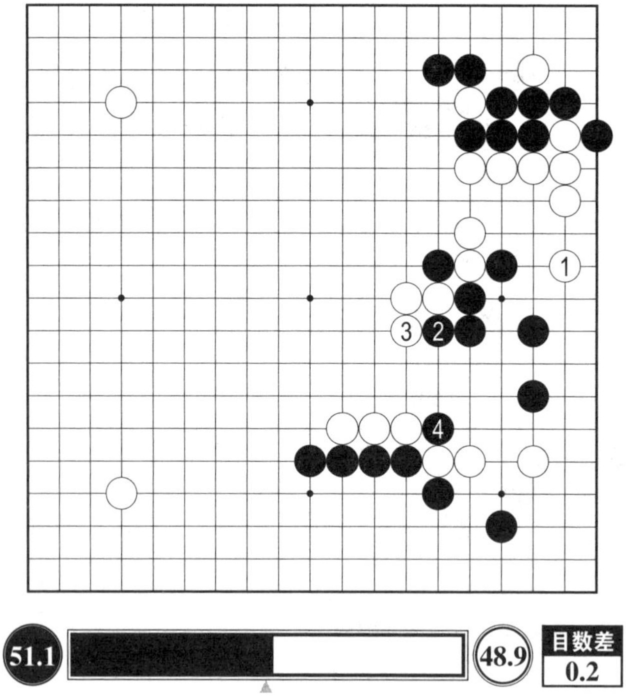

图25　最强手段

难易度 ★★★★★

白1破眼是最强手段。

黑2拐后黑4断是黑棋的反击。

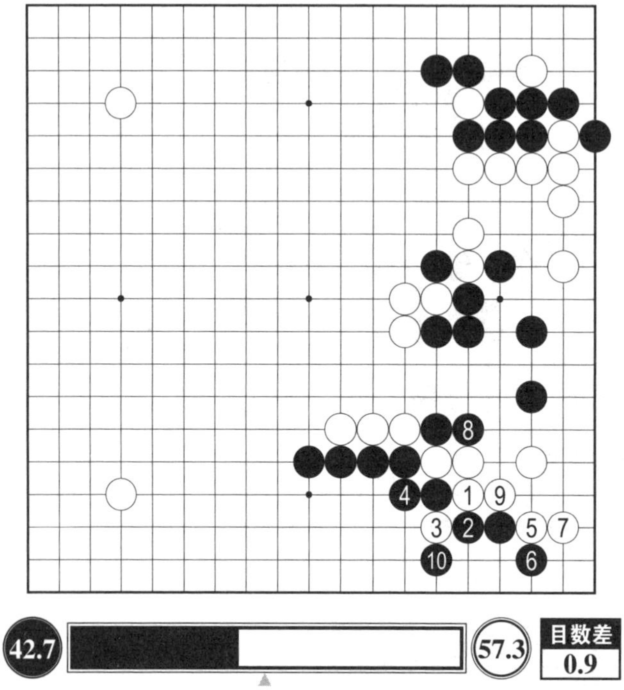

图26　两分

难易度 ★★★★★

右下角的一块白棋也没有活，所以开始做眼。白1看上去似乎是恶手，但和白5托的配合很好。

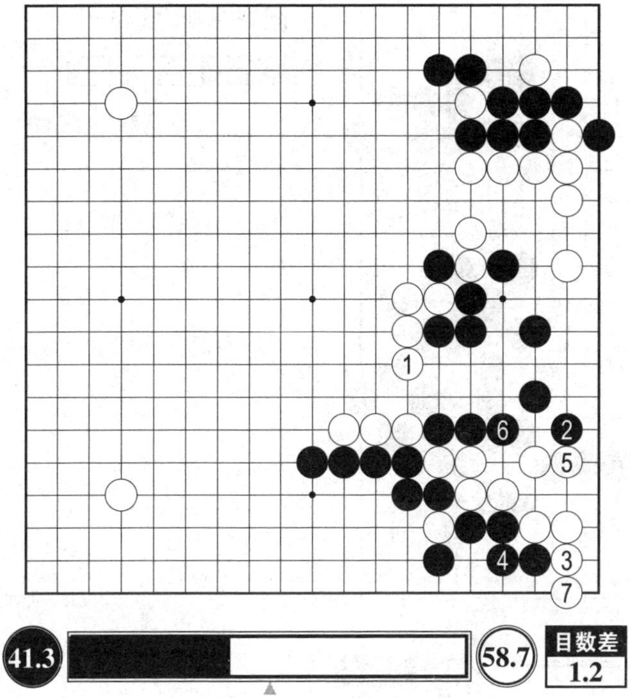

图27　两分

难易度 ★★★★★

白1坚实地守在外边，同时给黑棋的眼形施加压力。至白7双方各自做活，是两分的进行。

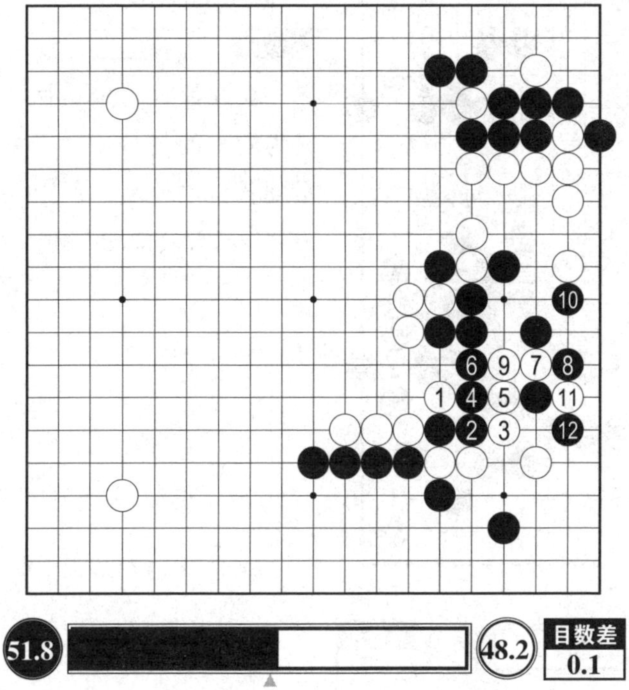

图28　白棋烦恼

难易度 ★★★★★

白1扳突然全面开战则稍稍有些苦。白11断后黑12是好手。

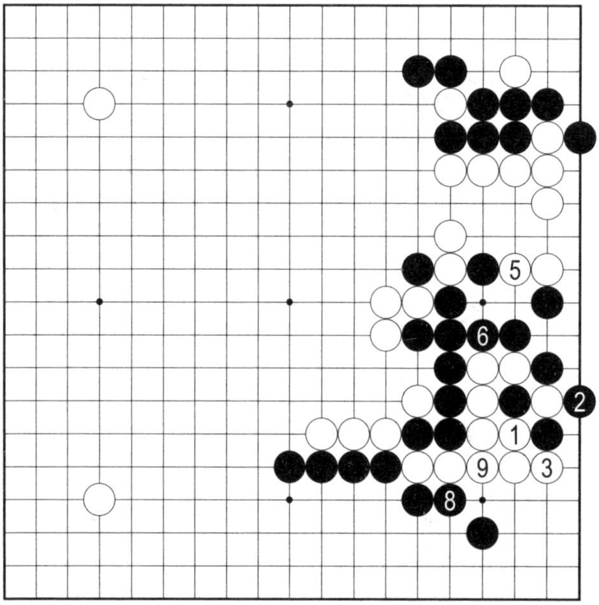

❹❿（1上方）⑦（2左侧）

58.8 41.2 目数差 2.1

图29　劫之战

难易度★★★★★

白1只得提，黑10开始争劫。

白棋的棋形也已经崩坏，必须拼命。

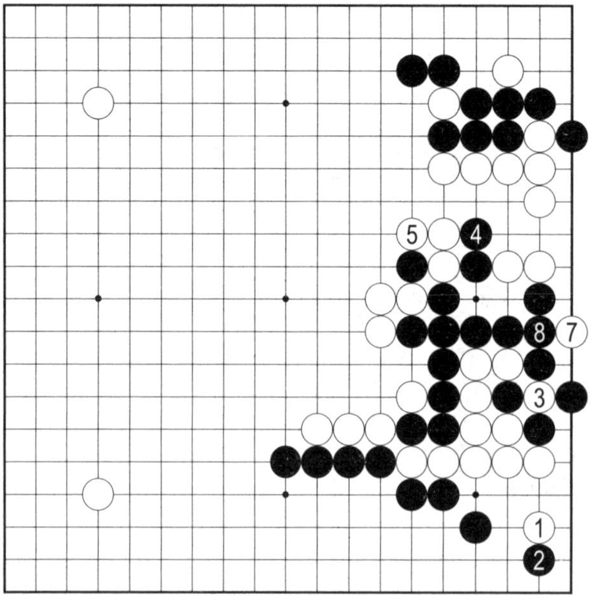

❻（3左侧）⑨（3）

60.8 39.2 目数差 1.7

图30　继续争劫

难易度★★★★★

双方都有不少劫材，成为漫长的劫争。由于关系到各自的死活，所以每一个劫材都要细细斟酌。

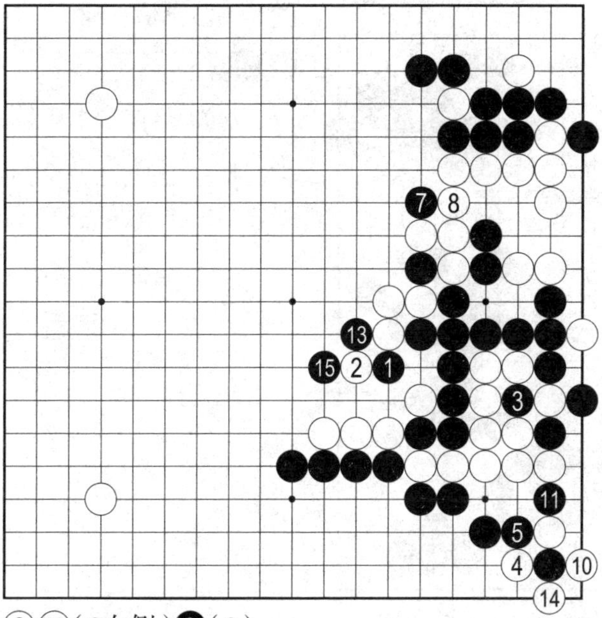

⑥⑫（3右侧）❾（3）

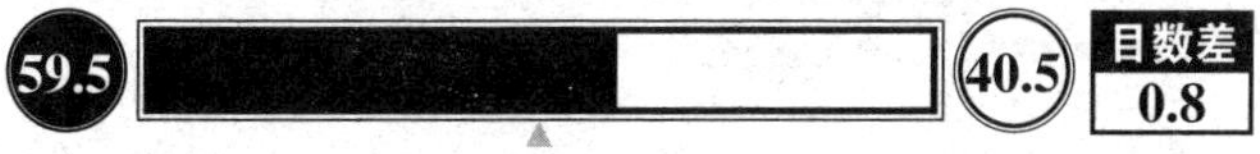

图31　一个结果

难易度 ★★★★★

由于白棋外侧的劫材太多，没有办法全部都应，所以白棋消劫。双方都是提子做活的进行，但怎么说黑棋都没有不满。

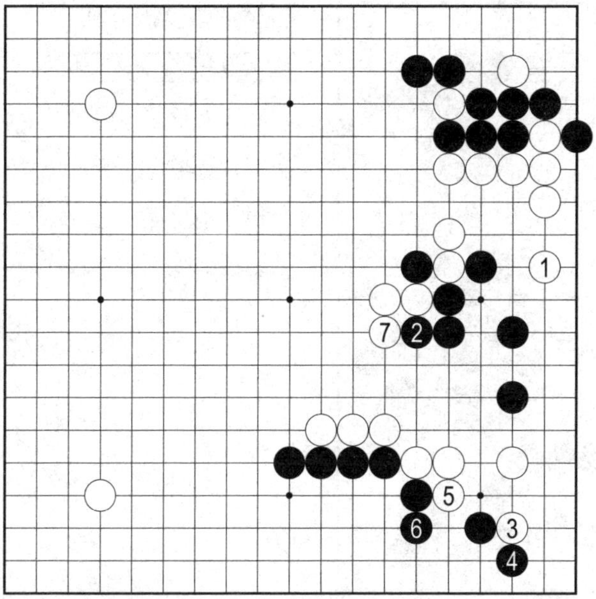

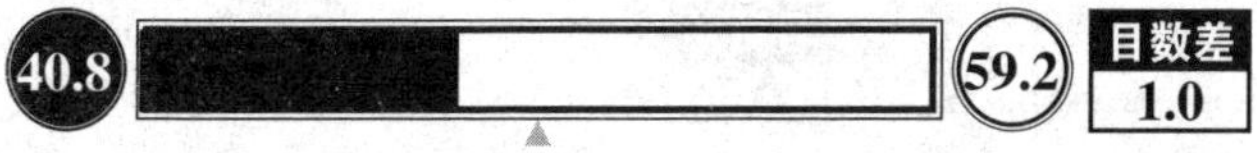

图32　准备工作

难易度 ★★★★★

为了应对前图的激战，黑2时白3开始在角上做准备工作。

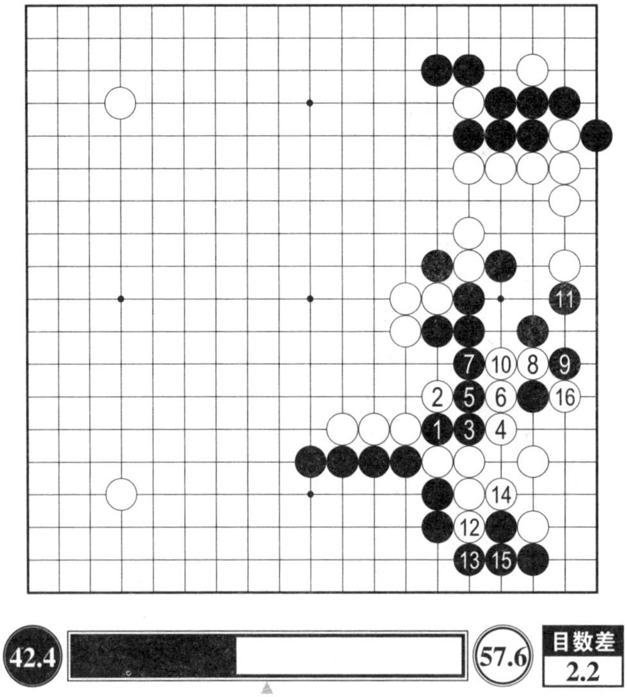

图33　白棋稍有利

难易度 ★★★★★

这次即使黑1开始动手，白12开始可以做眼。如此则白棋占据优势。

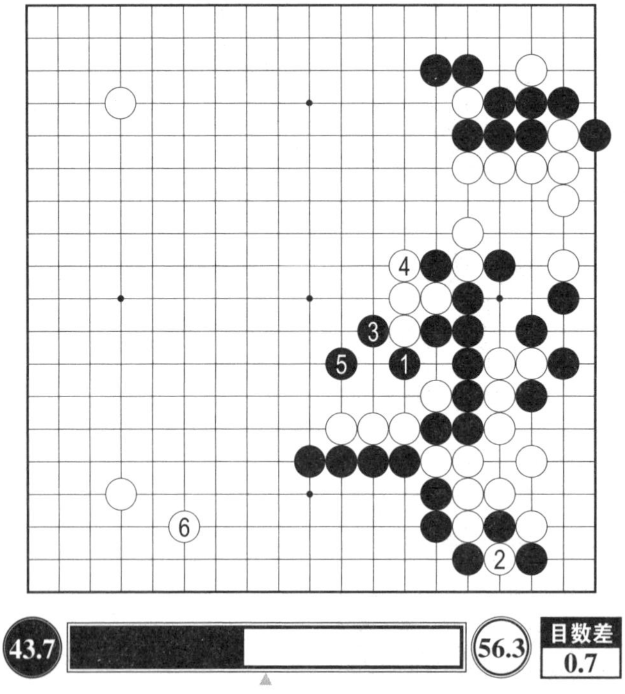

图34　白棋稍有利

难易度 ★★★★★

虽然也有黑1转换的手法，但是白2提子非常大，白棋没有不满。

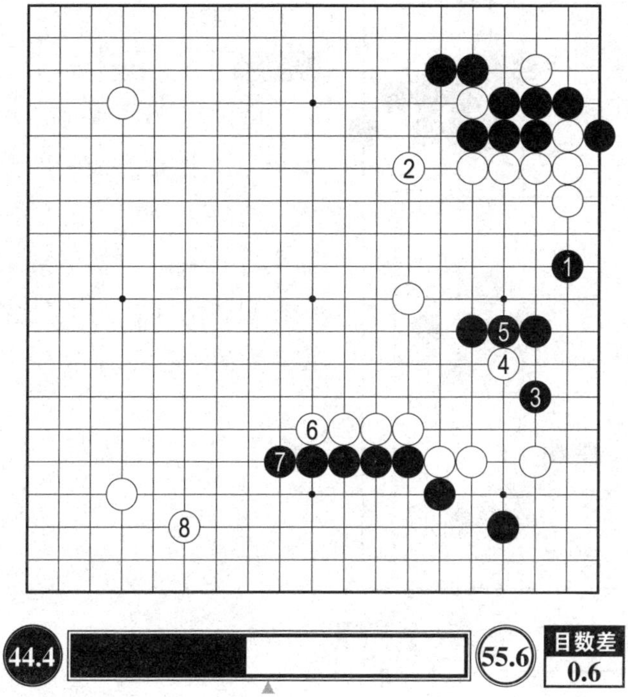

图35　黑棋也准备

难易度 ★★★★☆

立刻脱出的话会导致激战，所以黑1为了接下来的脱出而做准备工作。

白2的应对虽然也自然，但黑3开始可以做活，是两分的变化。

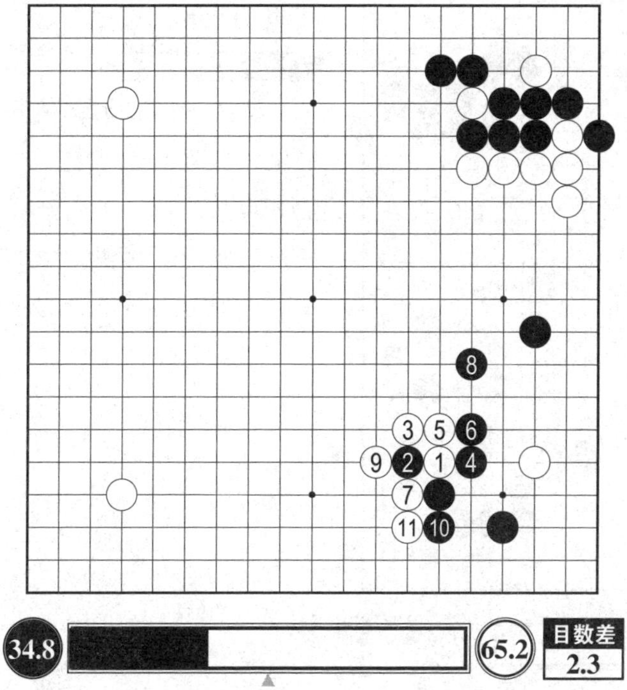

图36　白棋有利

难易度 ★★★☆☆

黑2扳后黑4反打的下法并不好。

黑2这一手造成了损失，是白棋有利的变化。

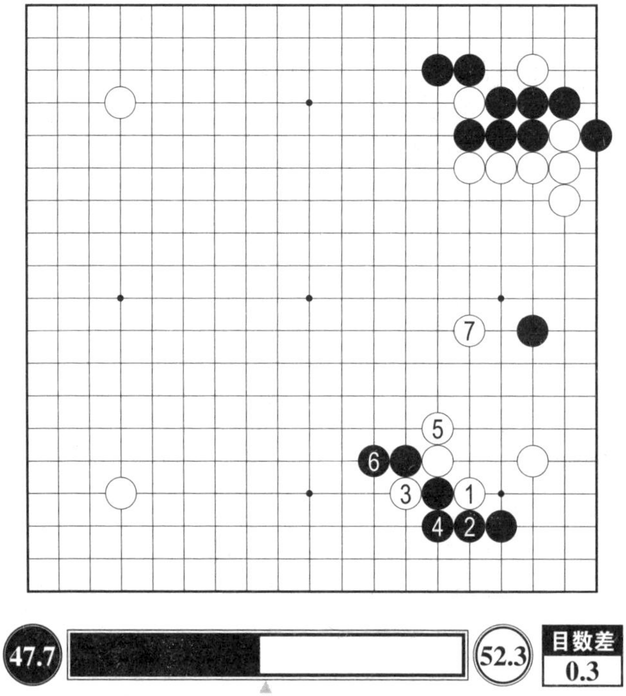

图37　两分

难易度★★★★★

白1扳在另一侧的下法也可以考虑。白5先手是形，白7开始动手袭击右边的黑子。右边全部变成白空则黑棋大坏，而黑棋也留着做活的手段。

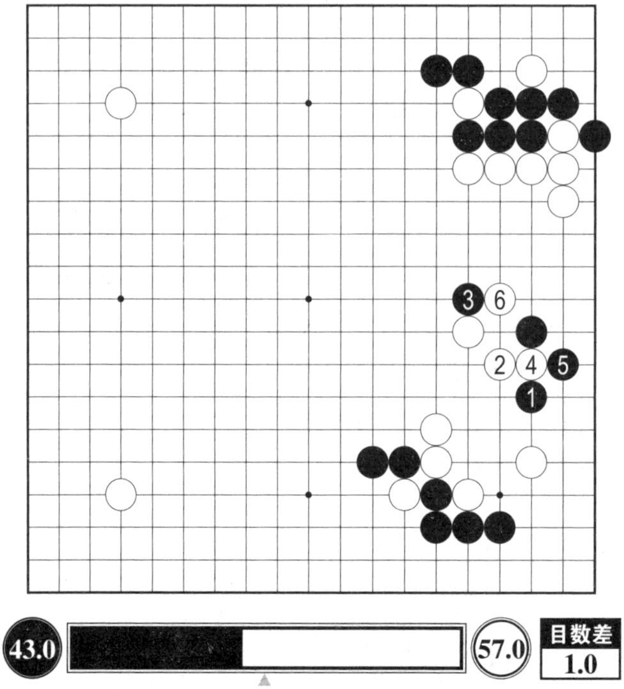

图38　两分

难易度★★★★★

黑1一间跳，顽强地开辟生存空间。白2尖，一边防守自身的薄味一边破坏黑棋的眼形。黑棋为了做活，也使出了黑3靠的手段。

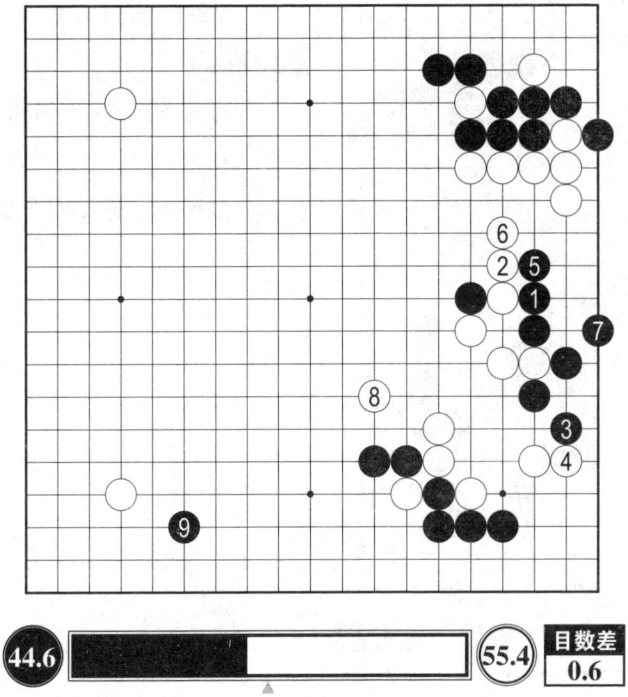

图39　需要算力的治孤

难易度 ★★★★★

黑棋牺牲一子，黑1至5扩大做眼空间。

黑7这一手是关键，是右边黑棋做活的急所。

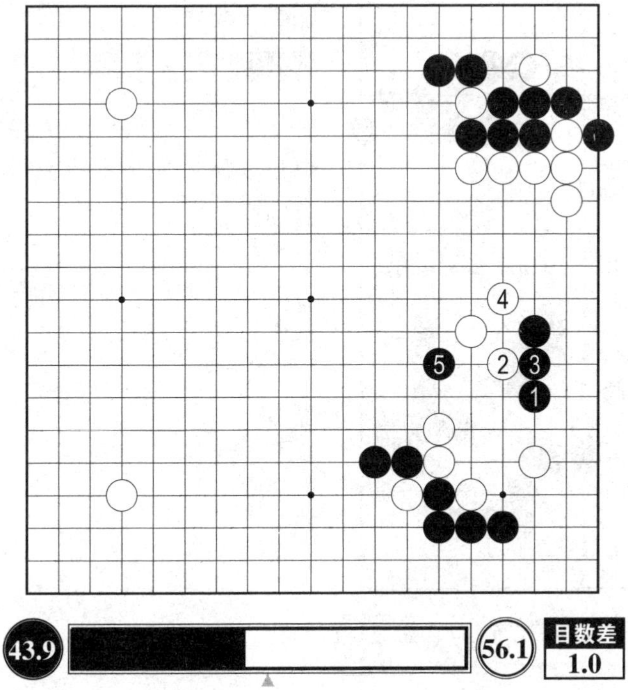

图40　整形的急所

难易度 ★★★★★

白2尖时黑3坚实地粘上会如何？白4补住白棋的空隙。此时黑棋在外侧追究的手法很有趣，是难解的手段。

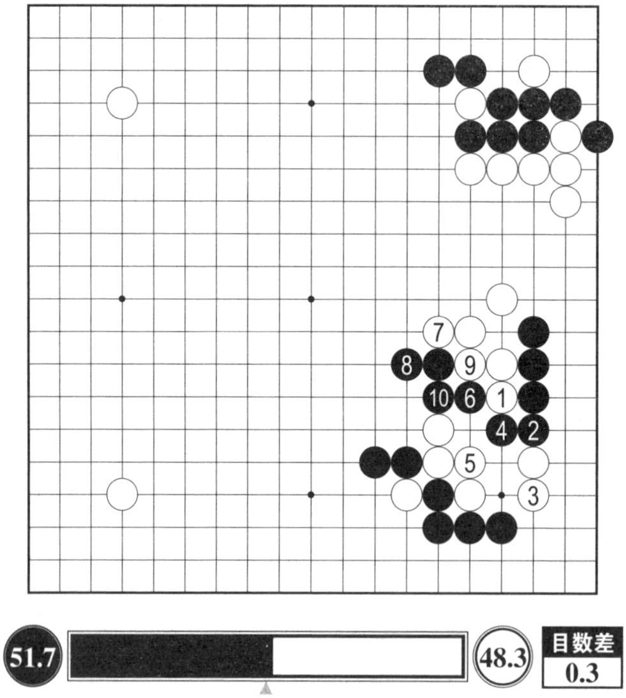

图41　难解的治孤

难易度 ★★★★★

为何前图黑5突然过来尖冲？这和黑2的先手利有关系。黑6时，前图的黑5正好发挥作用。

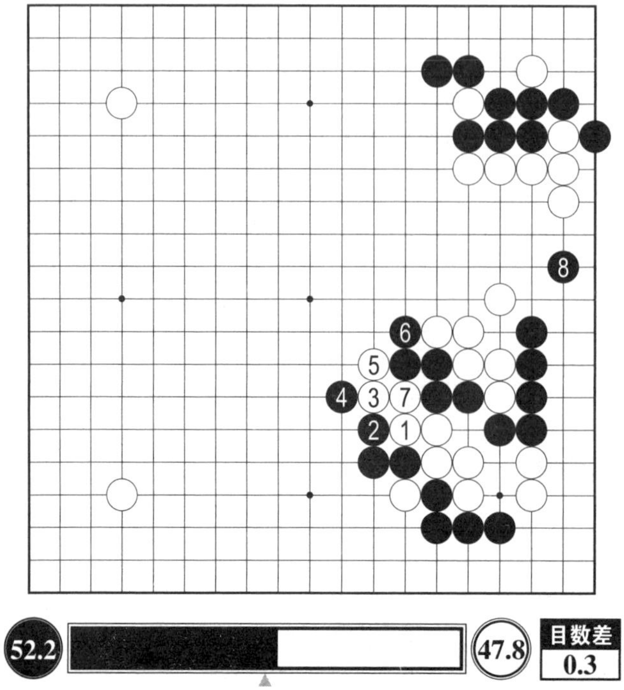

图42　两分

难易度 ★★★★★

双方都以类似征子的棋形脱出，似乎都没有被封锁。

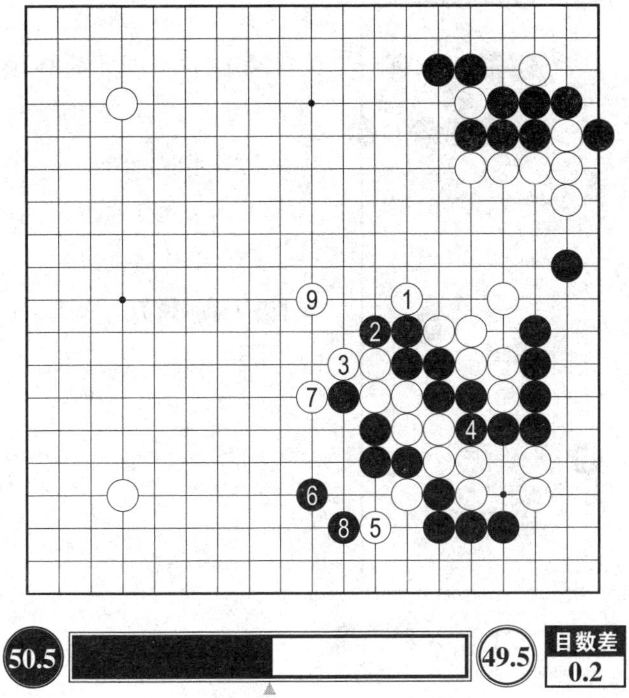

图43　互相妥协

难易度 ★★★★★

黑4趁机粘上一直没有守住的断点。此后白棋再也无法切断黑棋，也就威胁不到和棋了。

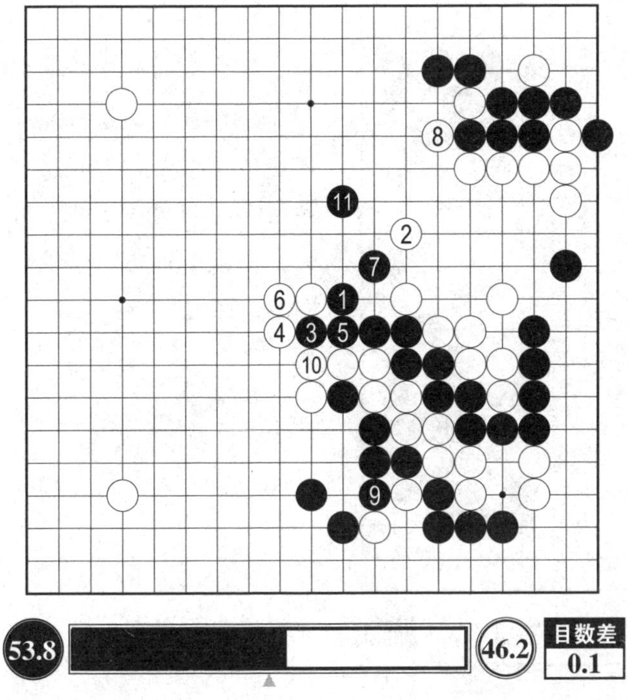

图44　两分

难易度 ★★★★★

这是之后变化的一例。从第一手开始到现在的手数很长，但也是两分的进行。中途会有无数变化，所以请爱好研究的读者一定要尝试一下。

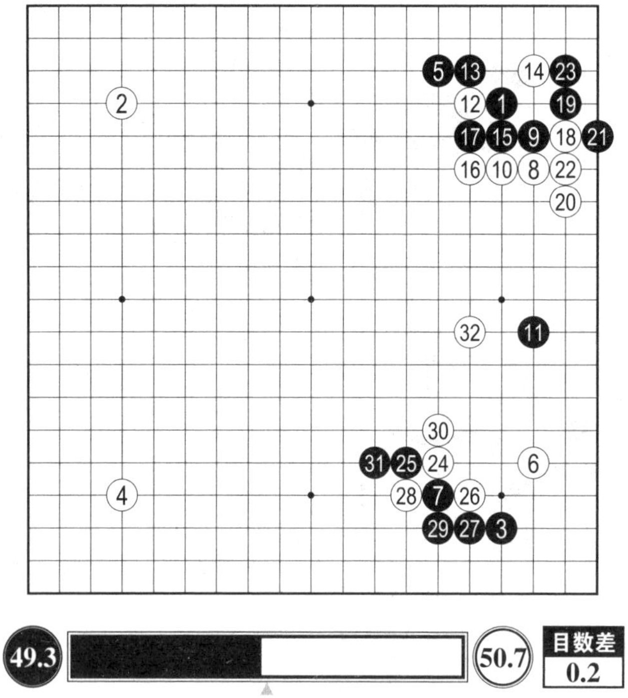

参考棋谱

第12届中国龙星杯预选赛

2021年8月26日

黑　廖元赫八段

白　李钦诚九段

第1谱（1～32）

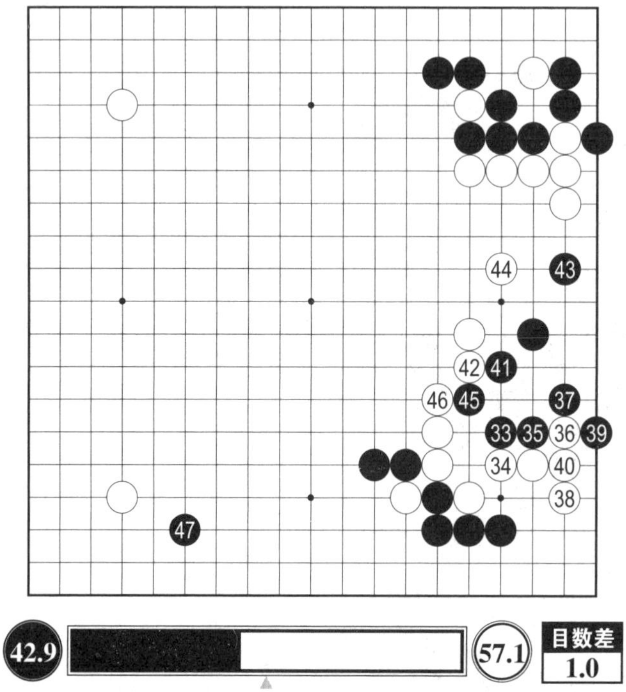

第2谱（33～47）

对于本局面来说，黑33是黑棋在右边治孤的形之急所。但是，黑棋为了做活，在41位尖寻求先手时，白棋的追击手法有不同的选择。

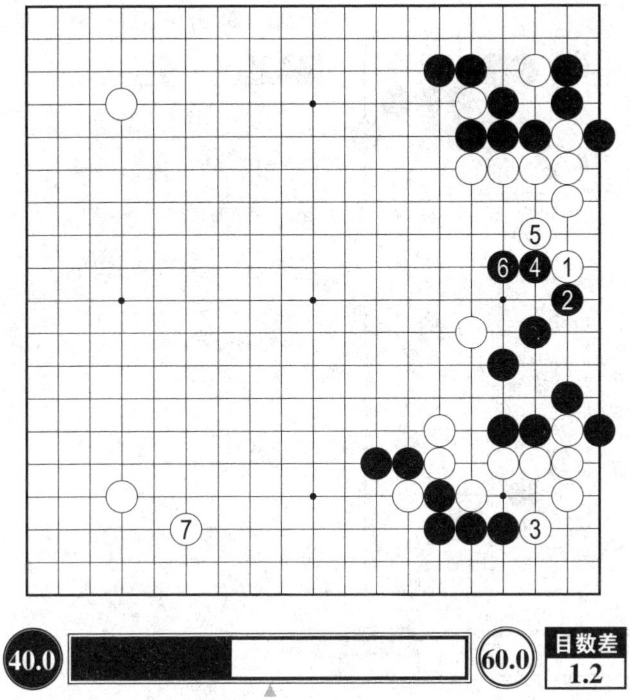

参考图

白1跳的下法更好。看上去虽然像夺取黑棋根据地的手法，但实际却不是这样。白棋的大块并不能作为厚势，而是上面归上面、下面归下面分别作战。白3、7是占据实地的手法。

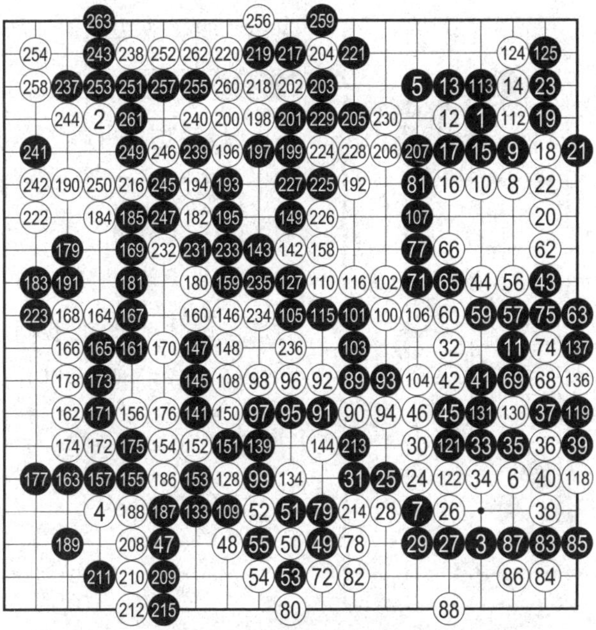

58 64 70 76 (50) 61 67 73 111 117 123 129 135 140 (55)
114 120 126 132 138 (52) 248 (239)

总谱

263手完　黑中盘胜

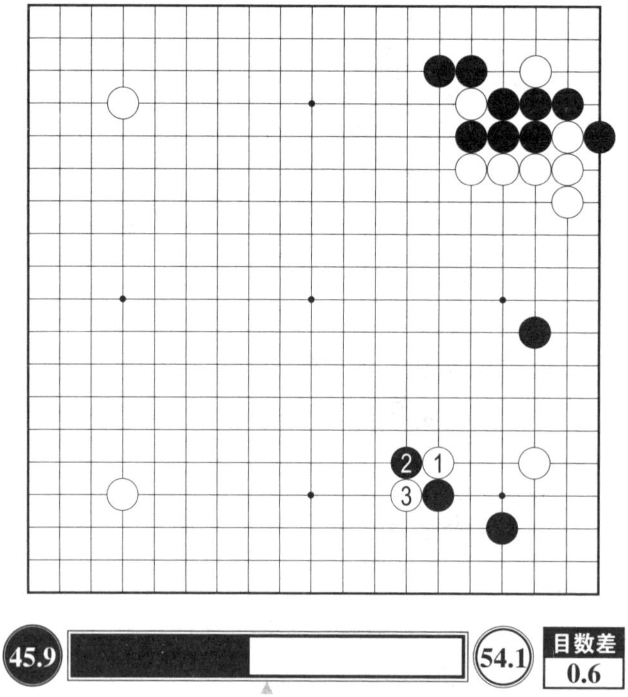

图45　最近的流行

难易度 ★★★☆☆

对于黑2，最近也有在白3扭断的下法。这种下法并不是为了压制黑棋，而是要在右边向有利的方向推进。

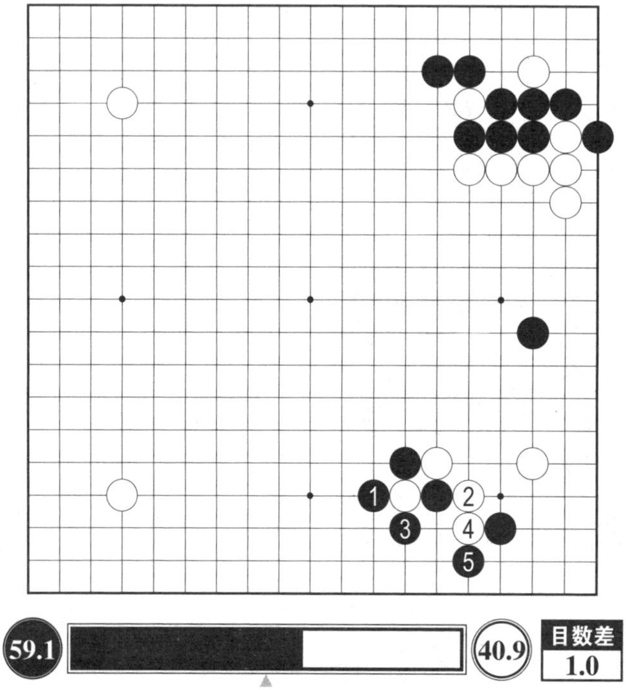

图46　厚实的拔花

难易度 ★★★☆☆

黑1打吃是可以考虑的一个应手。白2立刻反打似乎可以分断黑棋，但是黑3拔花构成厚形，所以白棋的这个战术不能被推荐。黑5扳后，角上的黑棋并没有死定。

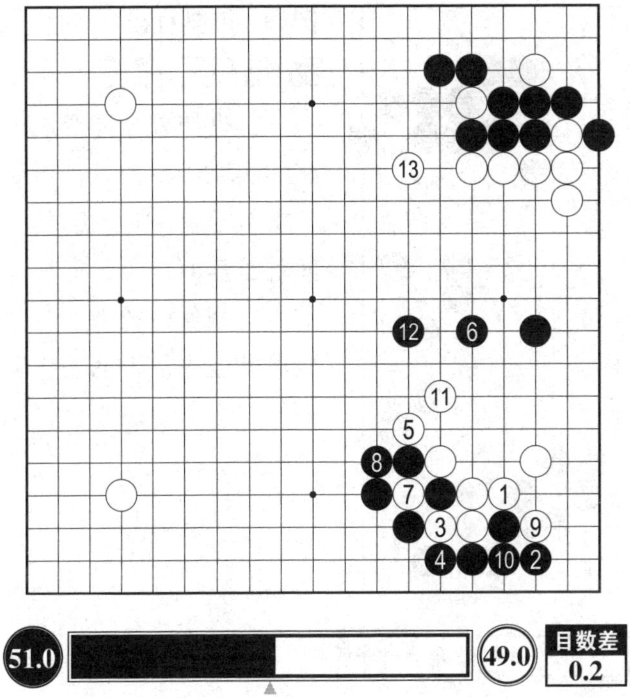

图47　战术调整

难易度 ★★★☆☆

白1老老实实地让黑棋渡过，白棋也将作战计划调整为进入中腹，成为两分的变化。评估值虽然提高了，但是要注意让前图黑棋拔花是不合理的。

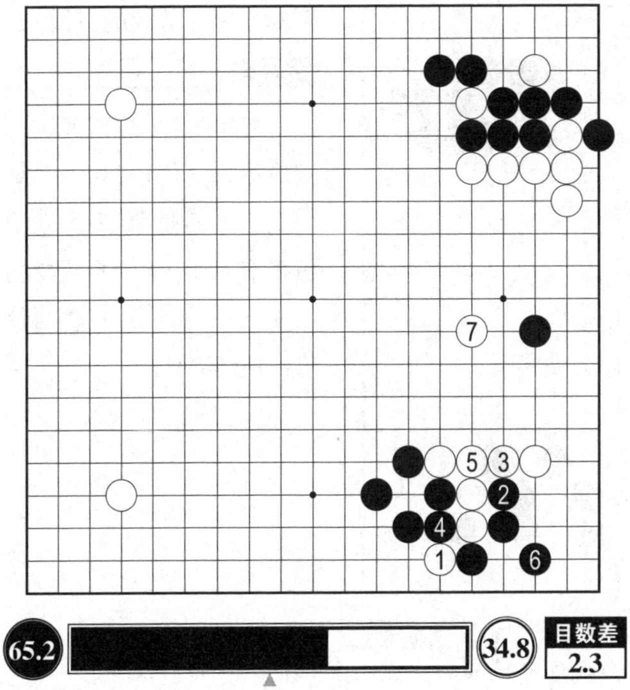

图48　黑棋有利

难易度 ★★★☆☆

白1若扳下分断会如何？如果允许黑棋拔花的话，白1扳下分断是理所当然的考虑方法。黑2先冲一下之后，黑4的断打成为了先手。这里黑棋的副作用是白5有子，后白7可以镇头。

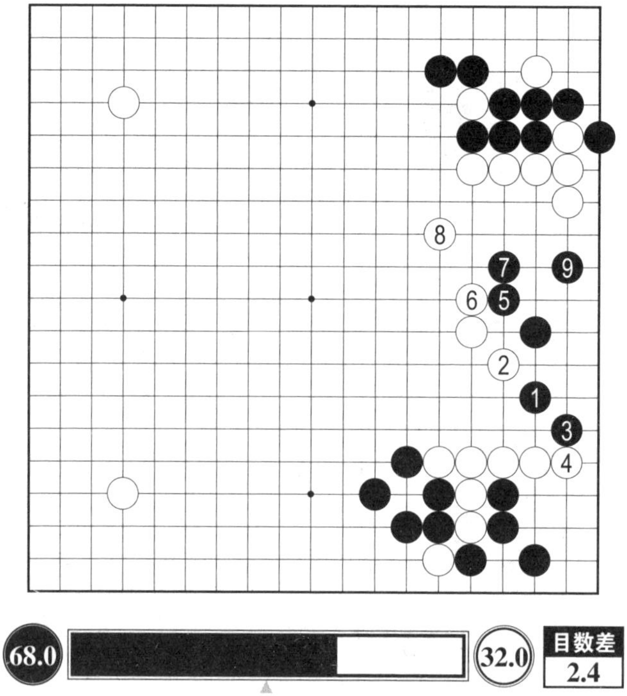

图49　黑棋有利

难易度 ★★★☆☆

右边如果全部变成白棋的实空当然很好，但是黑棋不可能答应。黑1的一间跳虽然有点苦，但却是扩大空间做眼的手法。白棋虽然也想从上面盖住黑棋，但由于空隙很大，所以很费劲。

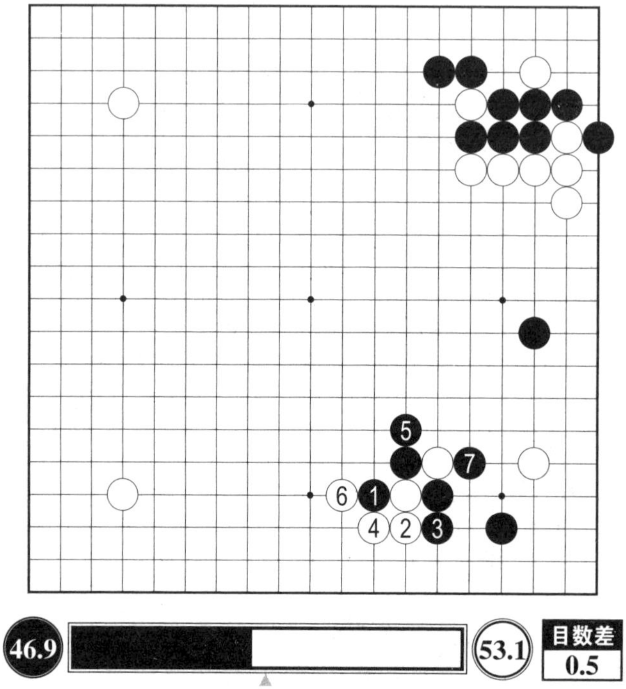

图50　无可非议的进行

难易度 ★★★★☆

对于黑1，白棋要避免被拔花，所以白2长一手是手筋。黑5是瞄着下边的白棋和征吃白一子见合的手法。白棋看重下边的价值，白6防守。

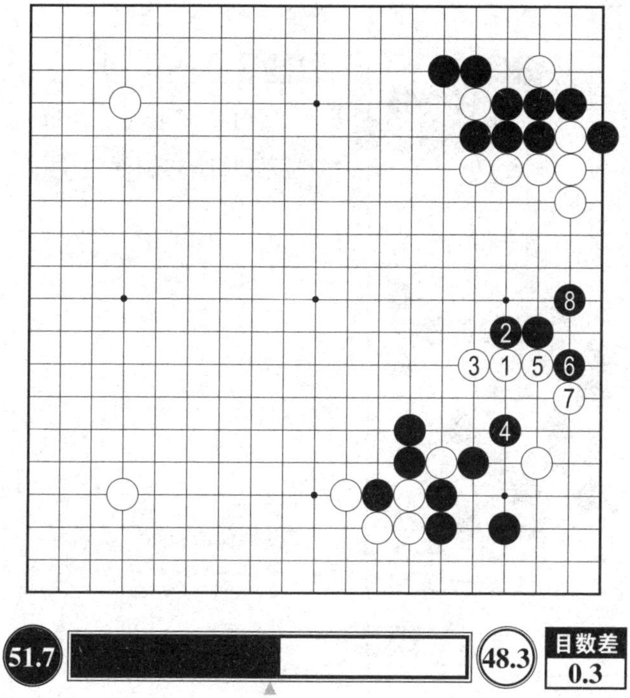

图51　急所

难易度 ★★★★☆

白1一边瞄着逃出征子，一边准备治孤。黑4防住引征，同时追究白棋的眼形。黑4、6是配套的攻击手法。

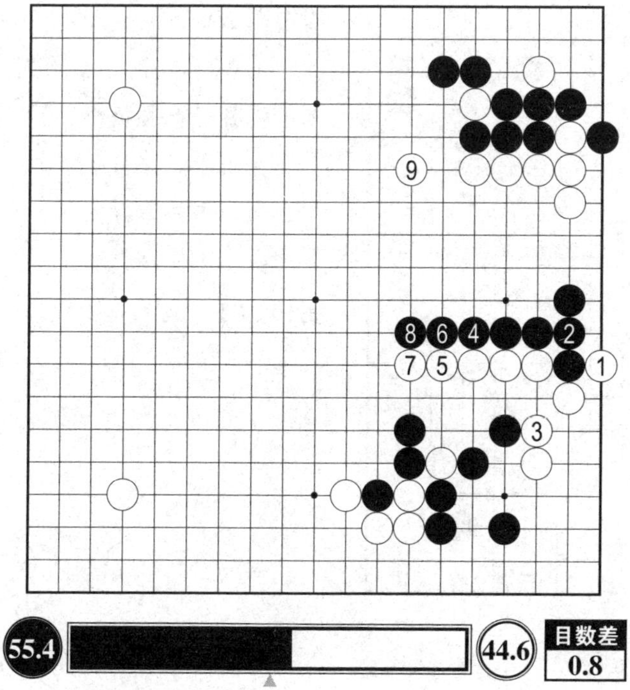

图52　惊险的治孤

难易度 ★★★★☆

白棋上下两块弱棋被分开，分别都要治孤。虽然看起来很苦，但是勉强可以解决。

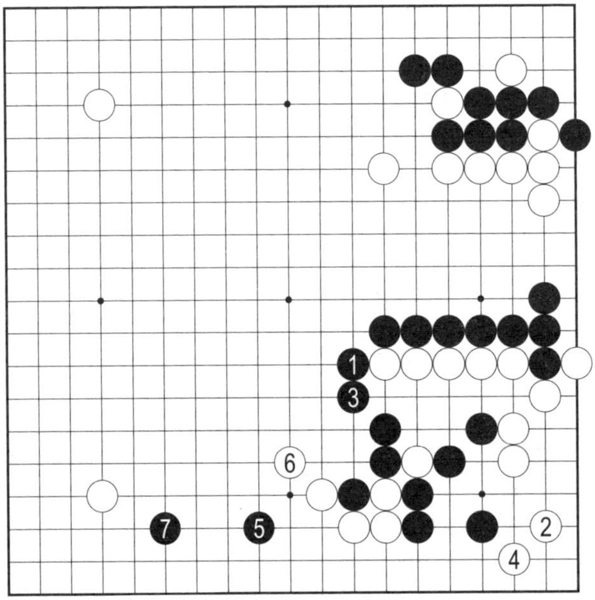

图53　两分

难易度 ★★★★☆

黑1虽然扳头，但白2飞后总算能够确保眼位。

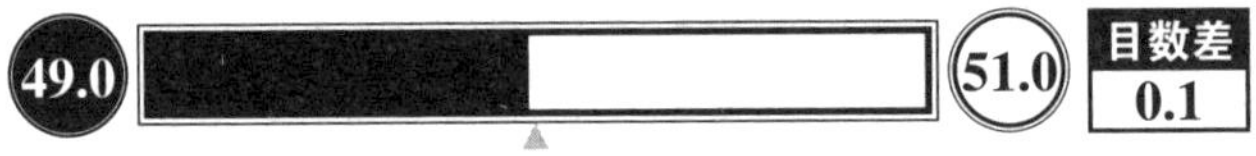

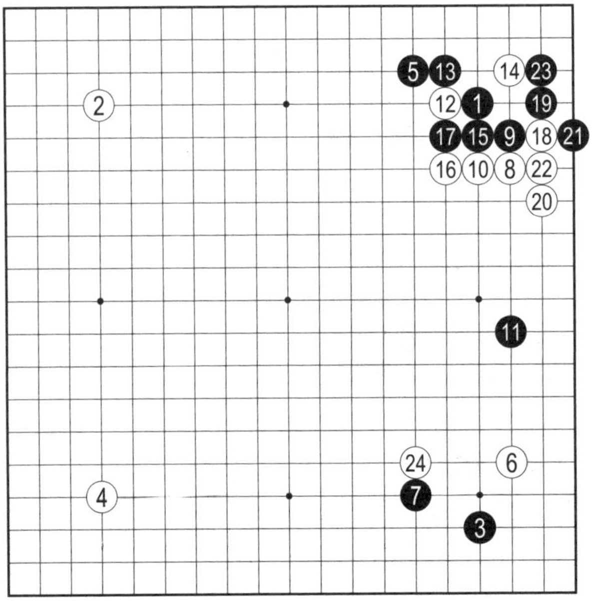

参考棋谱1

第44期名人战（韩国）决胜三番胜负第2局

2021年8月6日

黑　卞相壹九段

白　申真谞九段

第1谱（1～24）

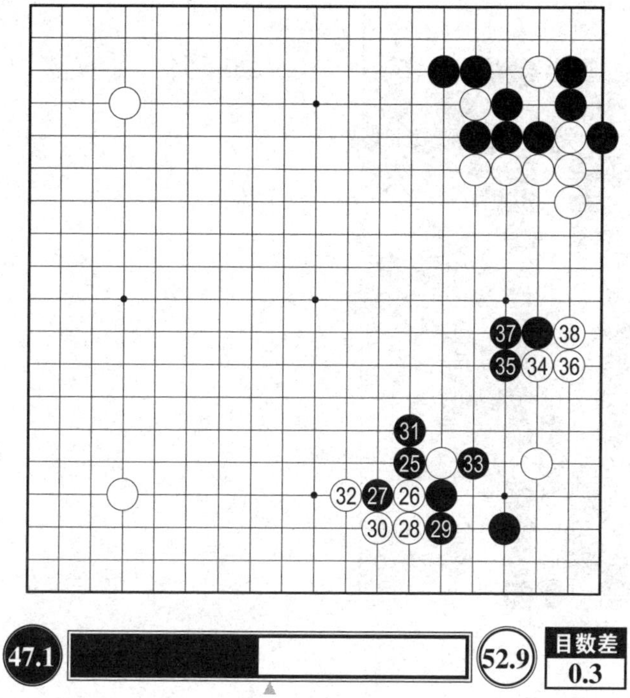

第2谱（25～38）

本局中，从白34碰开始腾挪。碰是腾挪的基本。

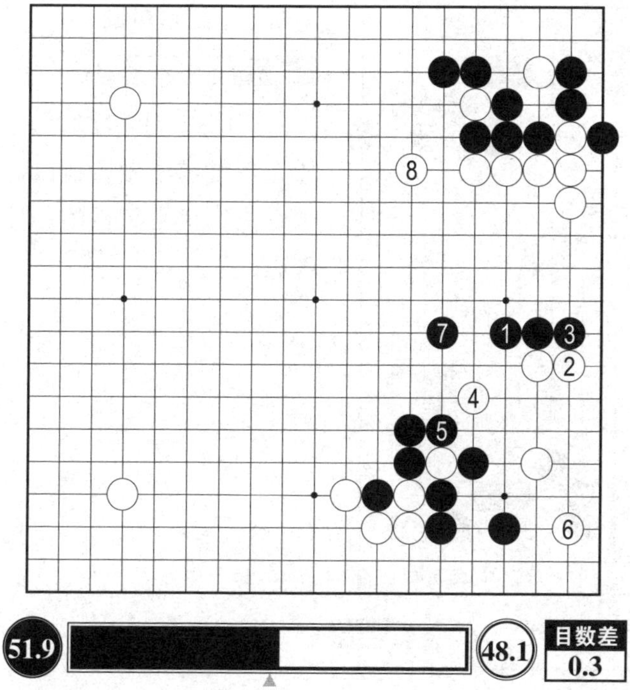

参考图

黑1长，不给白棋调子的下法也是攻击的基本。白棋也有白2立后白4飞的先手利用，所以至白6飞可以安定。右上的白棋还没有活，所以黑棋的焦点是要攻击到什么程度。

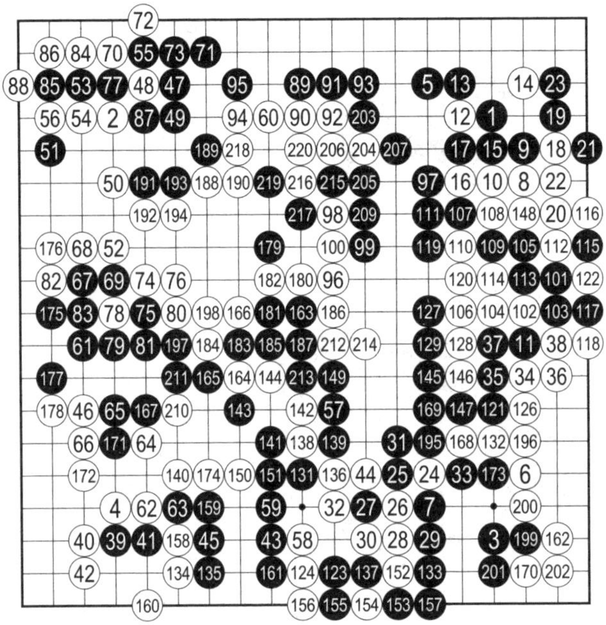

125(115) 130(122) 208(48)

总谱

220手完　白中盘胜

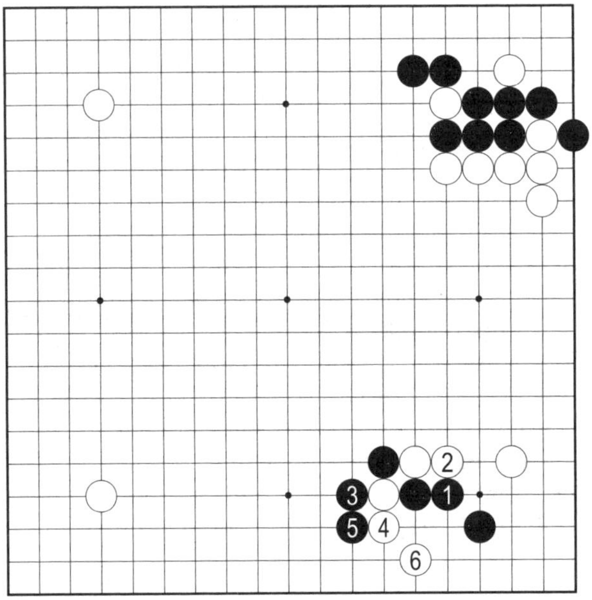

图54　不给白棋调子

难易度 ★★★★☆

黑1退，对切断的白子什么事情都不做，让白棋难以抉择也是黑棋的一种考虑。

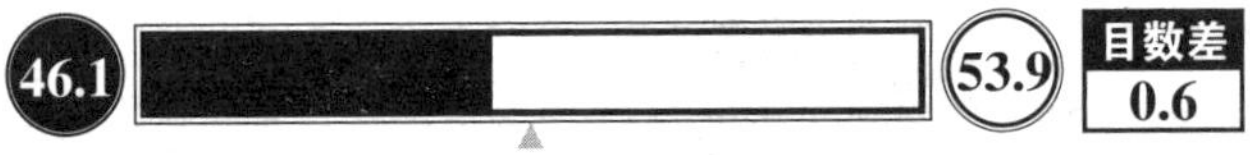

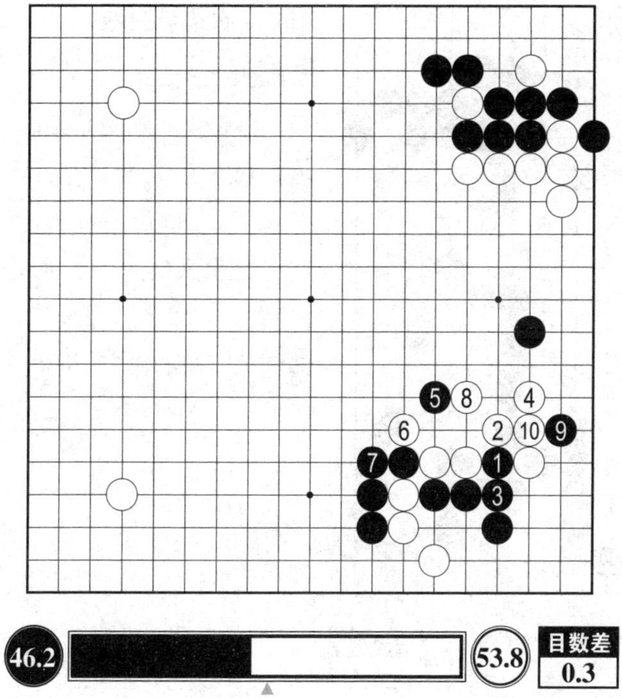

图55　可以整形

难易度 ★★★★☆

黑1若挖，白4虽然可以整形，但是黑棋也可以吃掉下边的白三子。右边该如何整理成为重点。

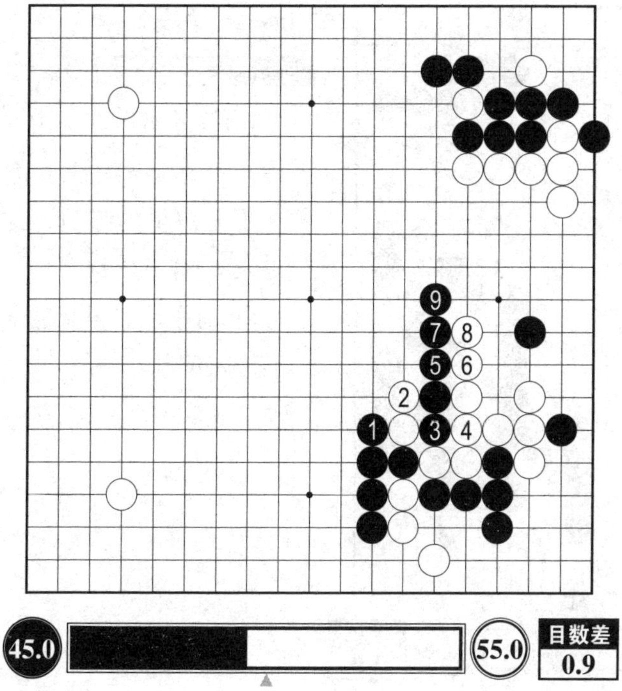

图56　两分

难易度 ★★★★☆

下边的白三子虽然被吃，但是味道稍微有些坏，所以黑1坚实地下厚，让下边变得坚如磐石。

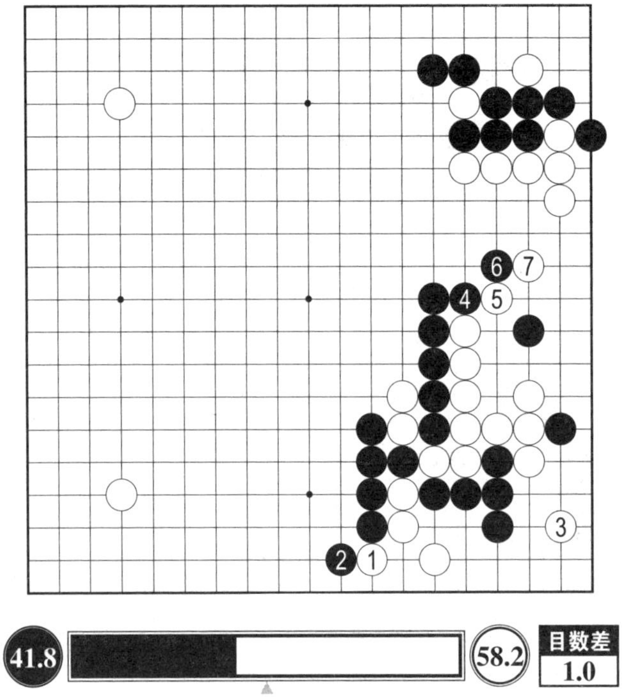

图57　右边是白地?

难易度 ★★★★☆

白3小飞瞄着攻击下边，在实空上也是非常大的一手。白1若下4位，虽然也是很大的一手，但是白3更大。那么右边难道全部都是白棋的实空了吗?

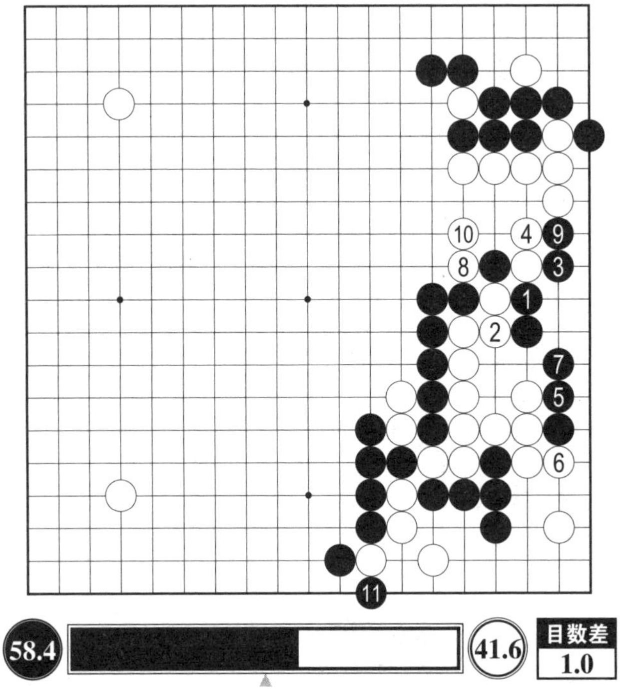

图58　有手段

难易度 ★★★★☆

黑1开始可以在右边施展手段。直到刚才为止看着还都是白棋的阵地，这是出人意料的进行。

白6有子后，黑11老老实实地防备着。

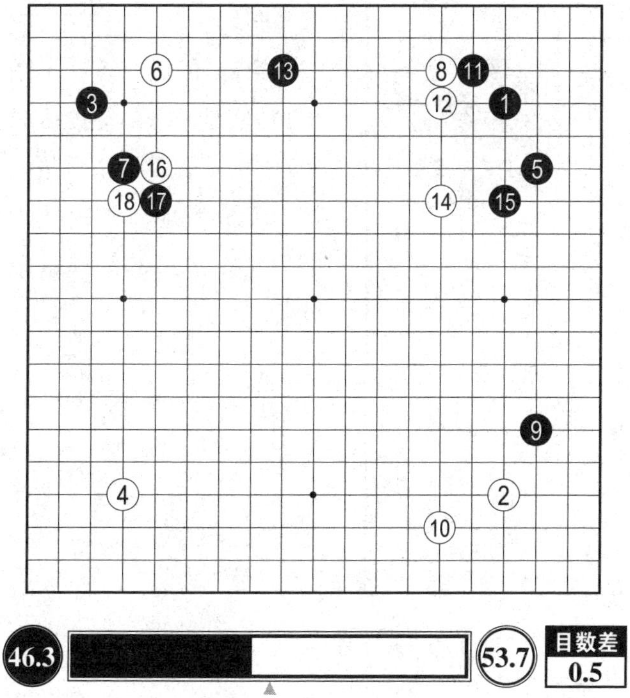

参考棋谱2

第26届三星火灾杯中国预选赛

2021年8月16日

黑　时越九段

白　连笑九段

第1谱（1～18）

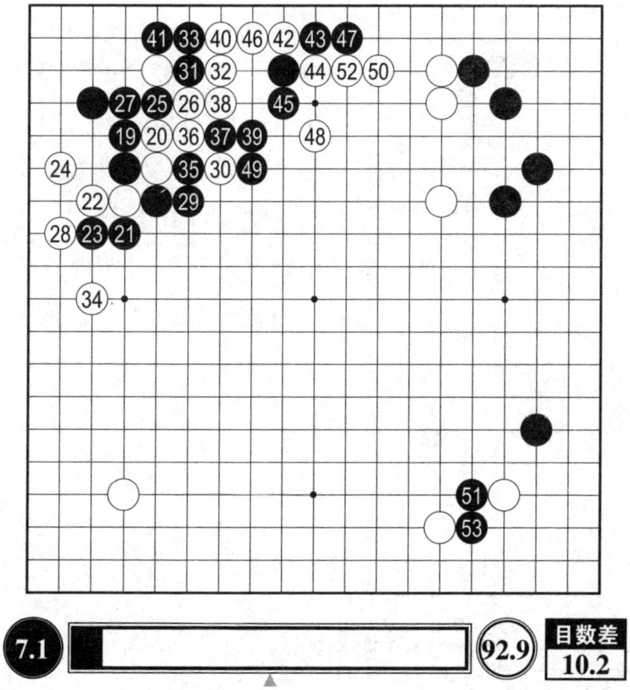

第2谱（19～53）

本谱黑27时，白28优先逃出左边白三子。白28下32位是已经介绍过的定式，由于白棋在这里脱先，所以黑29、31的追究是气合。

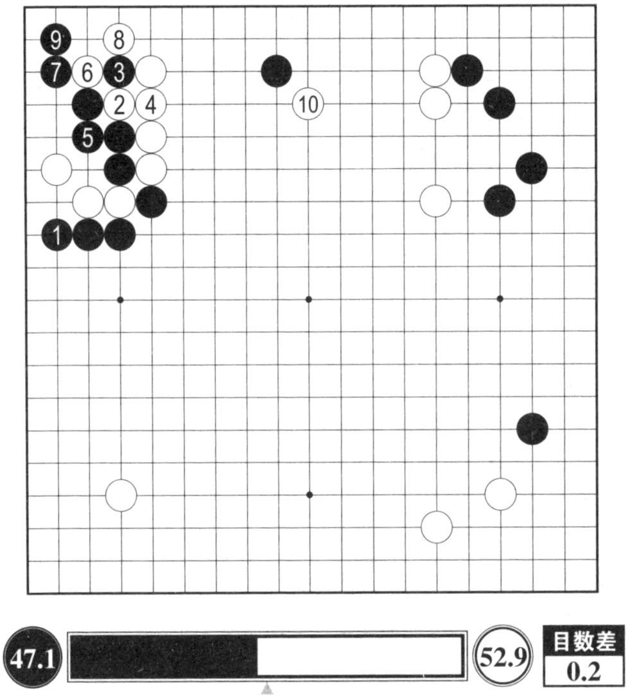

参考图1

第2谱的黑25若在本图1位朴实地立下。白2挤时黑3送吃一子后将左上角痛快地变成黑地。被白10尖冲后，以上边的治孤来争胜负。

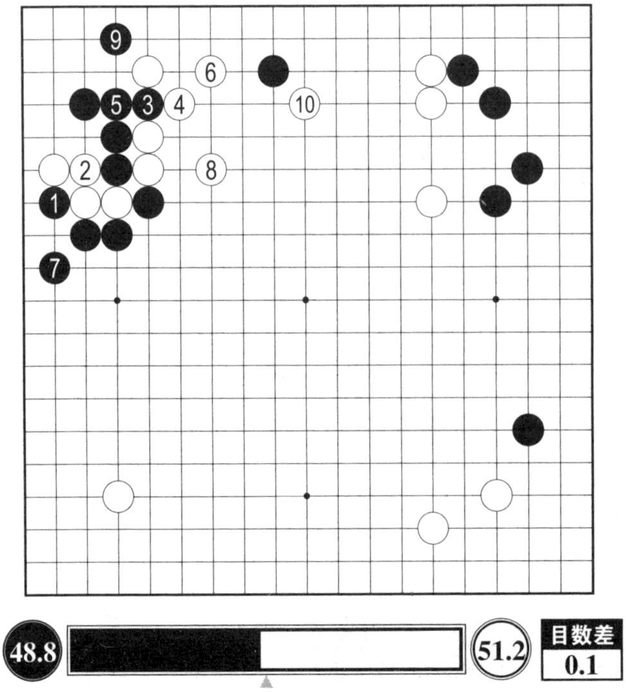

参考图2

另外，第2谱的黑25若在本图1、3和白棋交换，左上角成为黑棋更为厚实的实地。而作为补偿，上边白棋的实空也变厚，现在白棋没有治孤的余地。这是转换。

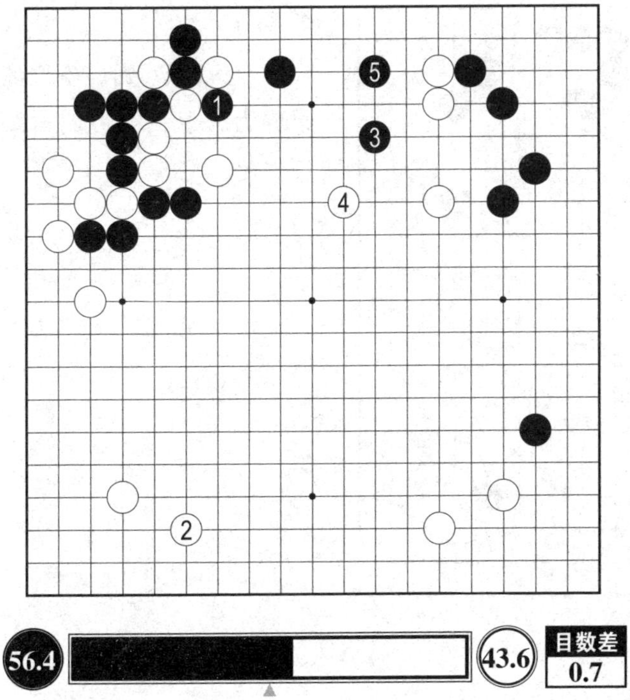

参考图3

第2谱的黑35若在本图1位断打，虽然不能让白棋变重然后去吃棋，但也是稳妥的进行。

黑3开始攻击上边白棋的浮子，是两分的战斗。

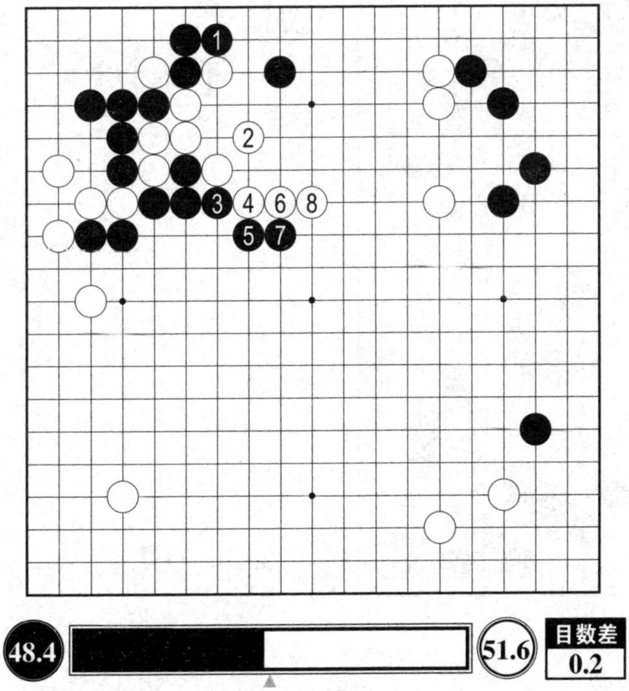

参考图4

第2谱的黑37也有在本图1位拐的下法。如此的话，虽然也是两分的进行，但是第2谱既然已经35冲了，还是应该像实战这样切断。

实战第2谱的白48是好手。

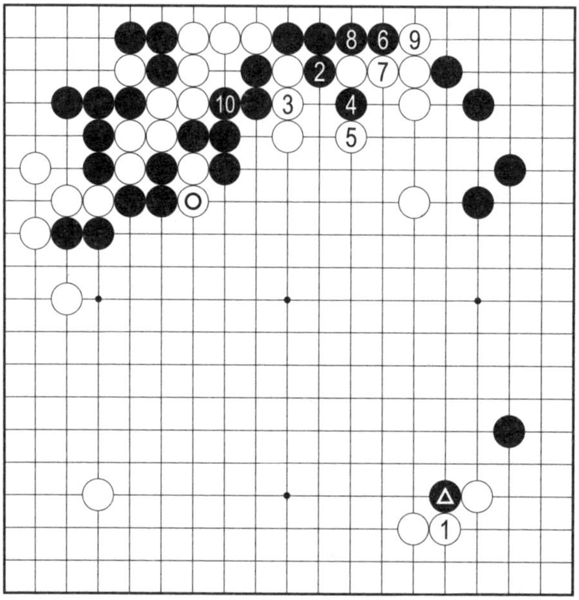

参考图5

若白1应，则白◎逃征子成为恶手，上边的对杀会失败。

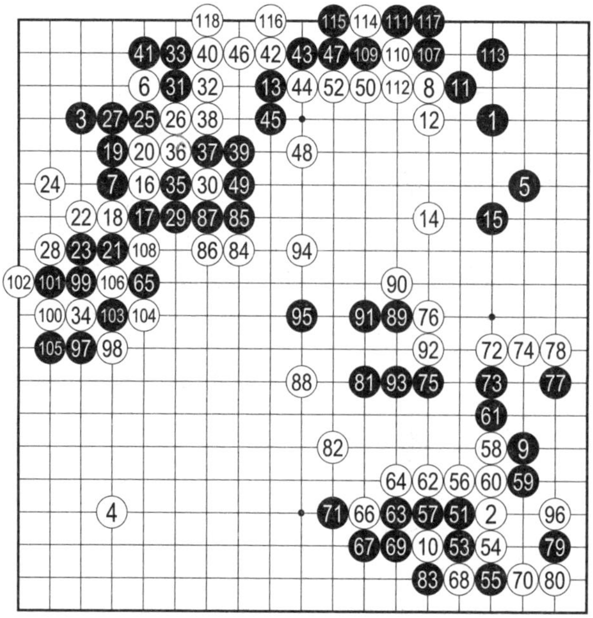

总谱

118手完　白中盘胜

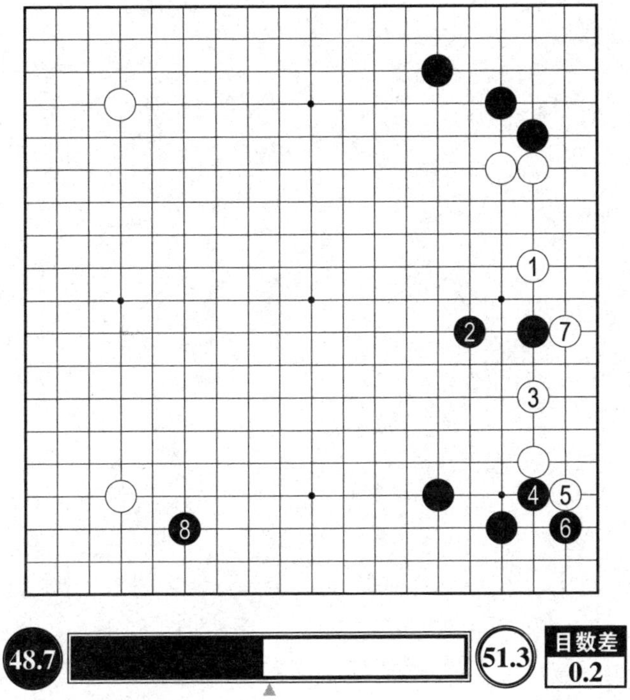

图59　两分

也有白1拆开始分割右边的下法。这是非常稳妥且简明的进行。

第五章 曾经的定式

本章将人类之间下过的定式以"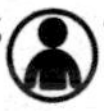"标记，而AI提出过改善方案的以"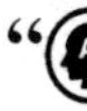"标记。

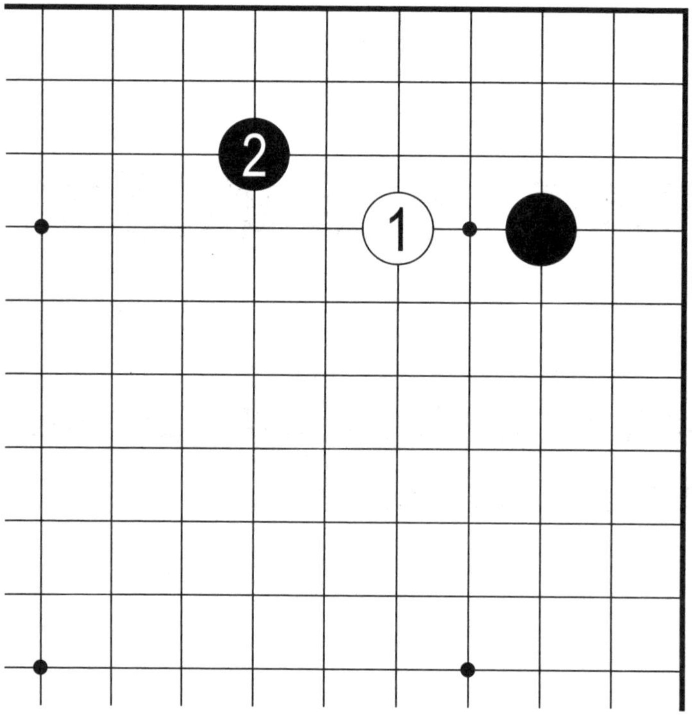

主题图1

现在对于白1的高挂，采用托退定式是压倒性的流行，所以黑2的夹已经见不到了。这个定式是怎么回事呢?

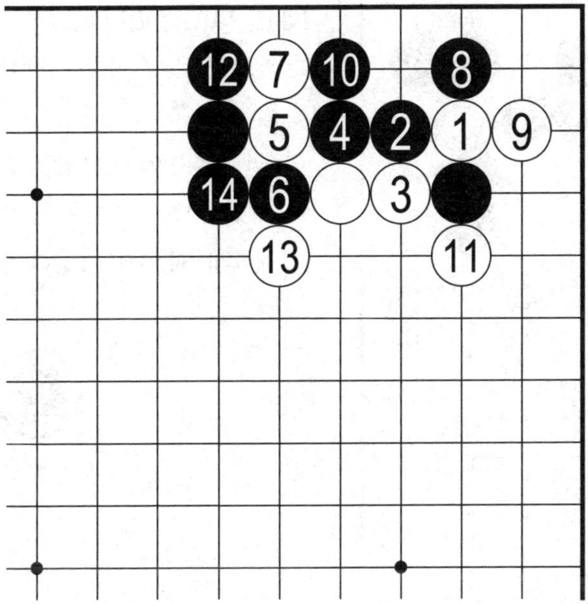

图1　旧定式1

白1托开始的手法是定式，AI出现之前经常被使用。黑2至白14是简单易懂的定式。局部是两分。

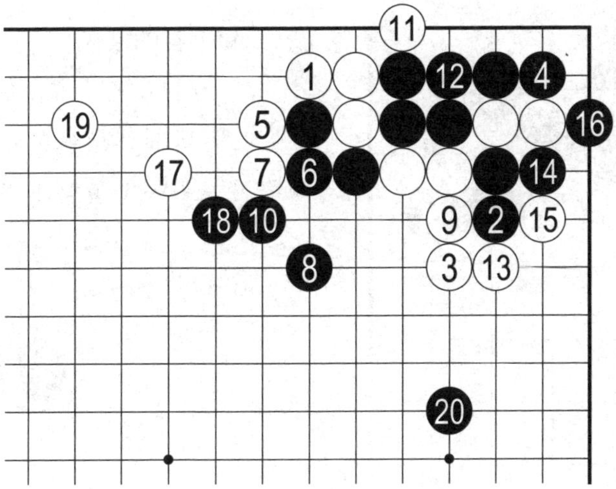

图2　征子有利的定式

白棋征子有利时，也有白1拐开始的激烈行棋的定式。但是，AI发现白棋有一些更好的下法。

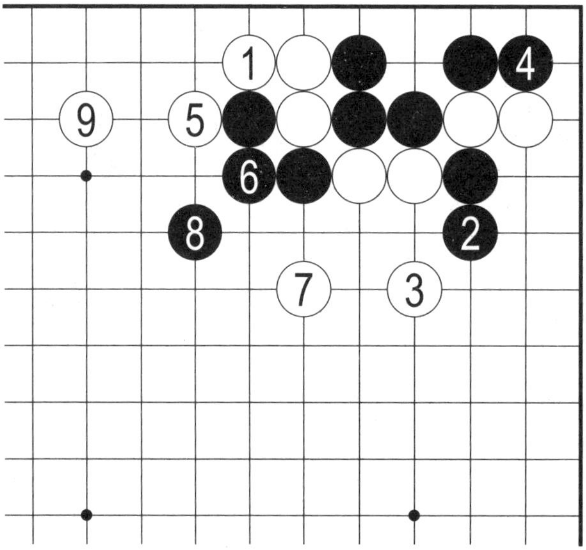

图3　AI的修正白棋有利

白7跳定形的手法简单易懂。

比起把黑棋封死在右边，不让中央的黑棋下出虎的棋形对白棋而言更胜一筹。

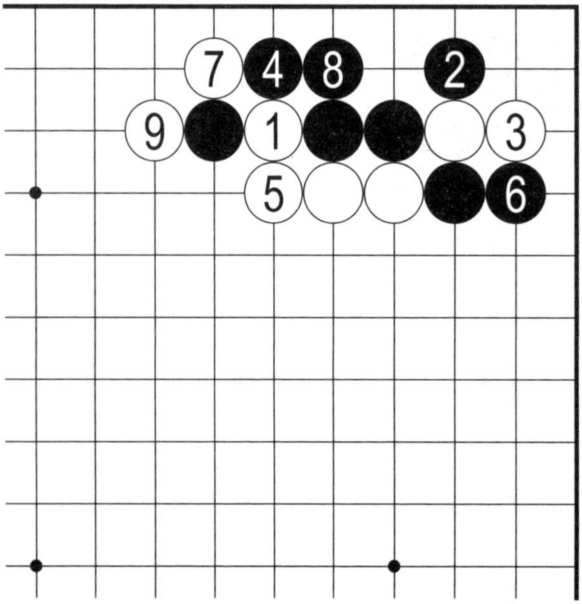

图4　AI推荐的定式

对于白1的挖，黑2在人类的围棋时代被认为是骗招，但实际上是AI推荐的定式。

至白9双方两分。

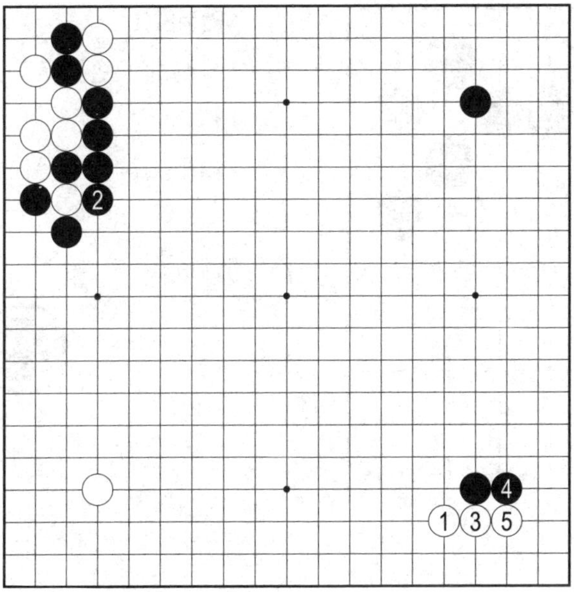

图5　定式后的目标两分

若是二连星布局，白1引征的下法有力。

至白5，白棋得到右下角的实地，全局是两分的进行。左上角局部是黑棋有利的变化。

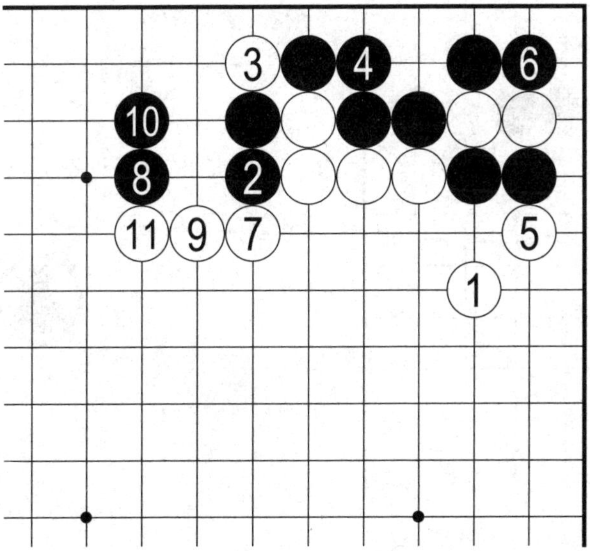

图6　两分

白棋也有不征吃而重视右边的下法。这也是两分的进行。

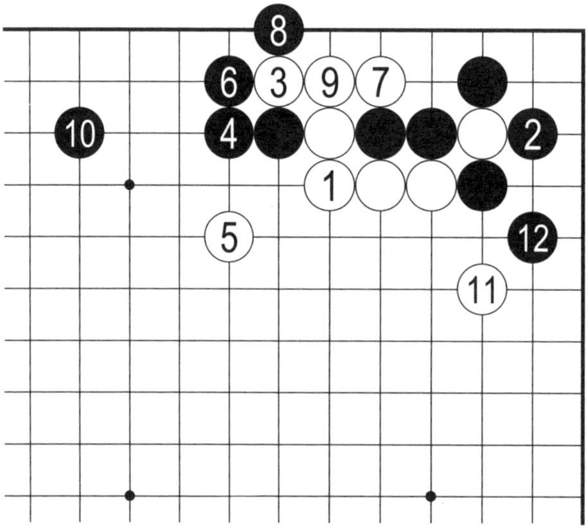

图7　破骗招1

白1粘的下法被认为是破骗招。

白3虽然被认为是白棋有利的变化，但实际上是两分的进行。

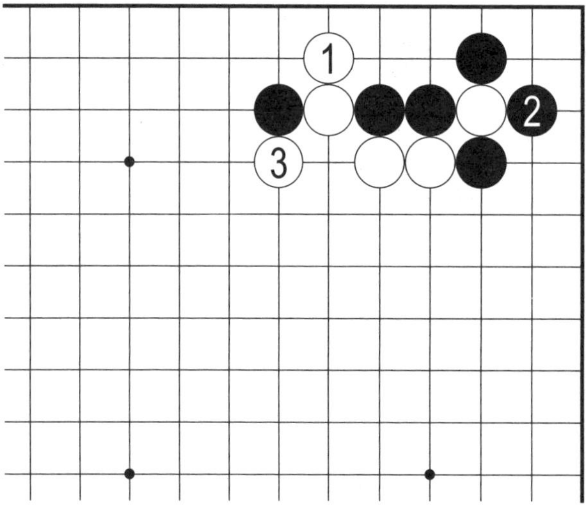

图8　破骗招2

白1立下后白3虎的手法也是破骗招。

但是这也是两分的变化。

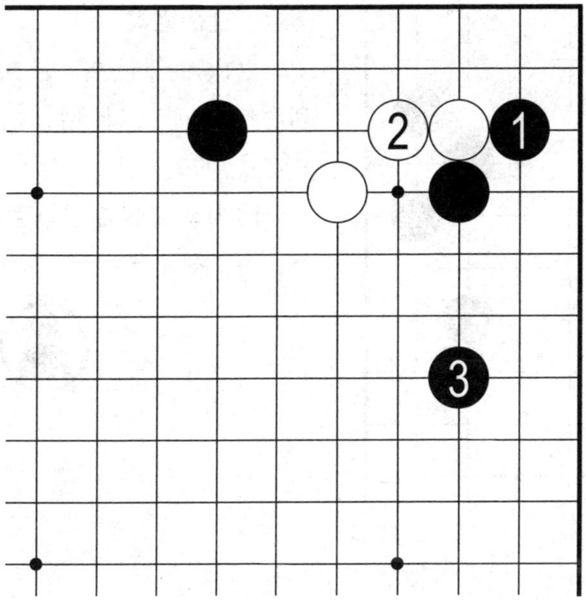

图9　旧定式2

黑1扳后黑3拆二也是定式。

虽然有着各种各样的定式，但是被废弃的人类定式也很多。

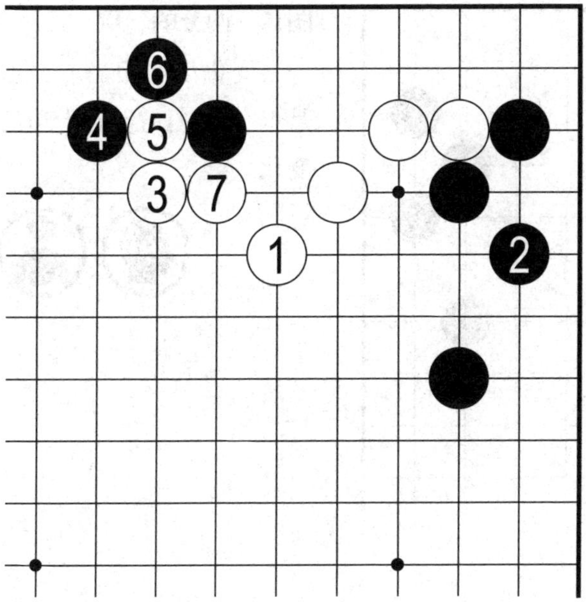

图10　简明定式

白1尖后白3飞，压迫上边的下法也是定式。

白7拐则是简明的变化，双方两分。

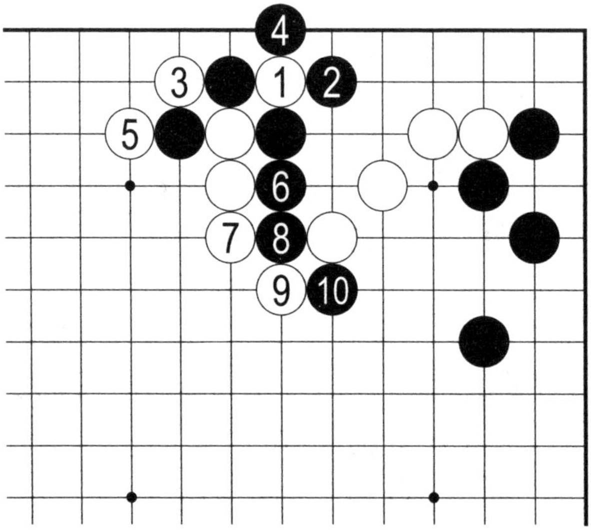

图11　复杂定式

白1断的手法在征子有利的情况下可以使用，这是定式。

因为该定式需要计算力，所以很复杂。

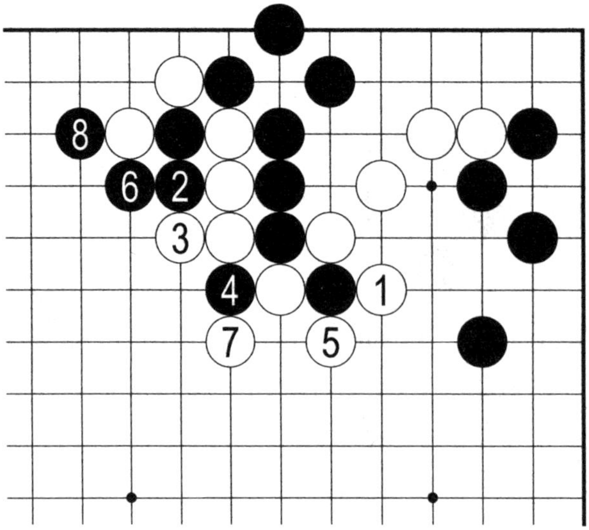

图12　两分的一例

变化虽然相当多，但是也有白1打吃弃掉上边的变化。

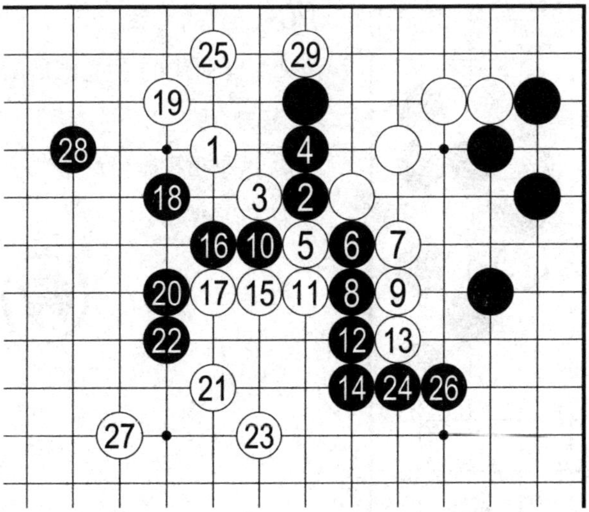

图13　AI流　两分

白1大飞压是AI流。虽然是两分的进行，但由于很复杂，还没有得出结论。不太推荐在比赛等场合使用。

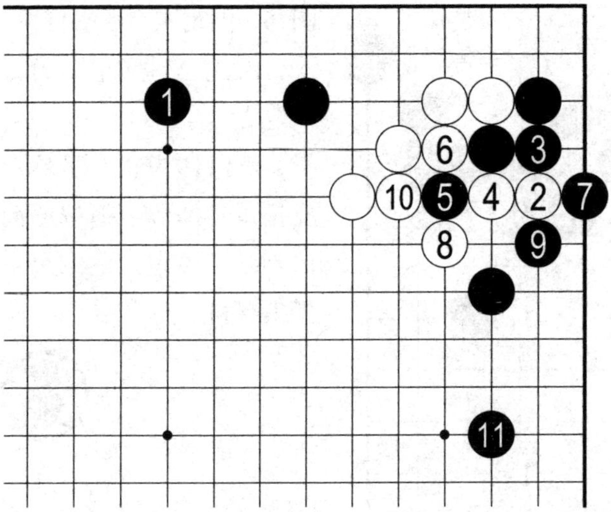

图14　定式变化

也有黑1在上边拆的手法。

至黑11虽然是人类的定式，但AI也认可，这是两分的变化。

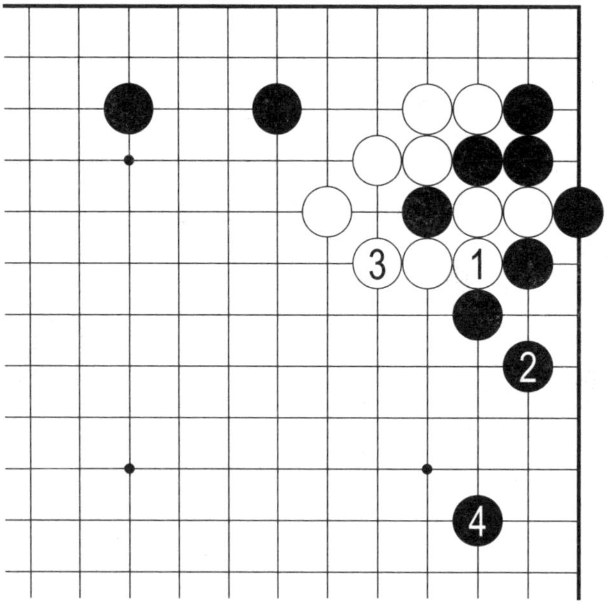

图15　AI的方案

白1粘住的手法也是AI考虑的方案。

这是重视眼位的下法。当然也是两分。

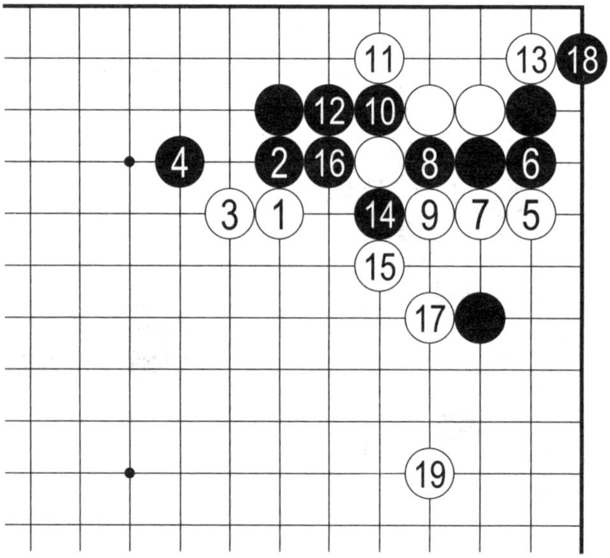

图16　旧定式　黑棋有利

白1小飞也是昔日就有的定式。

至白19为止，虽然白棋构筑了厚势，但按照AI的判定，该定式的结果是黑棋有利。

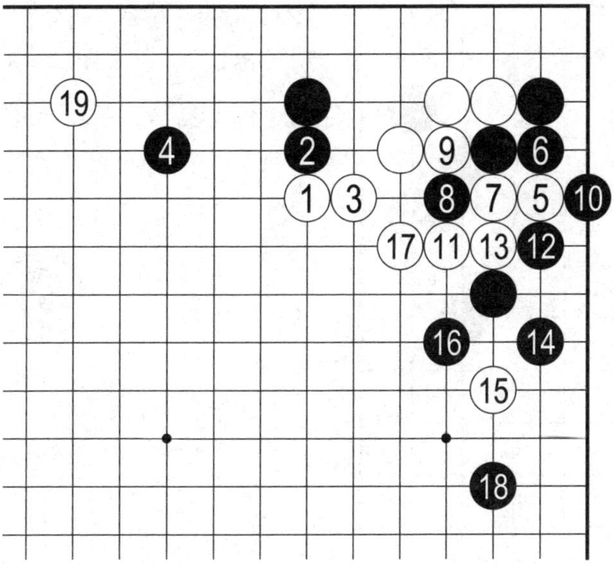

图17　AI的修正1

白3退的下法是简明方案。

白19逼后，是白棋稍稍易下的进行。

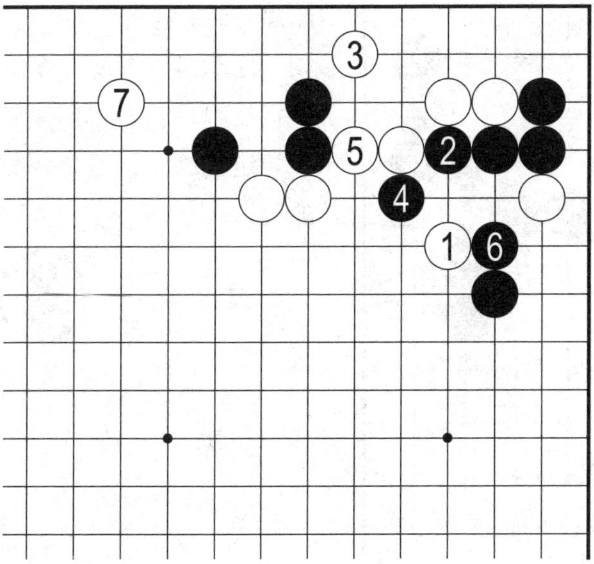

图18　AI的修正2

也有白1飞的手筋。黑2开始虽然白子被吃，但白3是非常好的一手。白7逼后是白棋有利的进行。

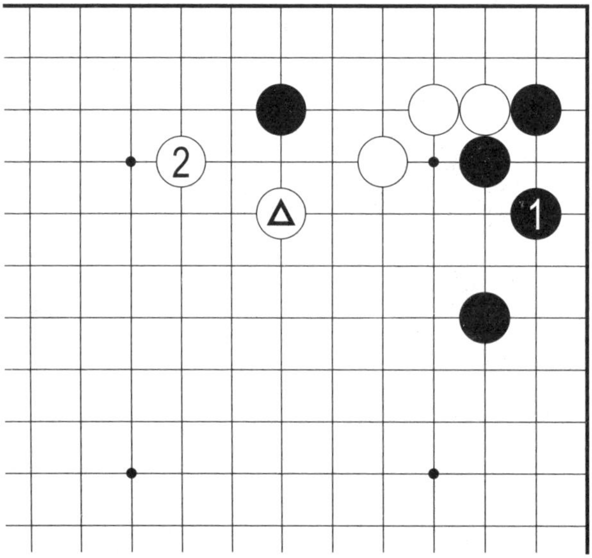

图19　简明方案　两分

黑1虎的手法是AI的推荐，白2飞后告一段落。白△这一手的评价值提高了5%，是很好的定式选择。

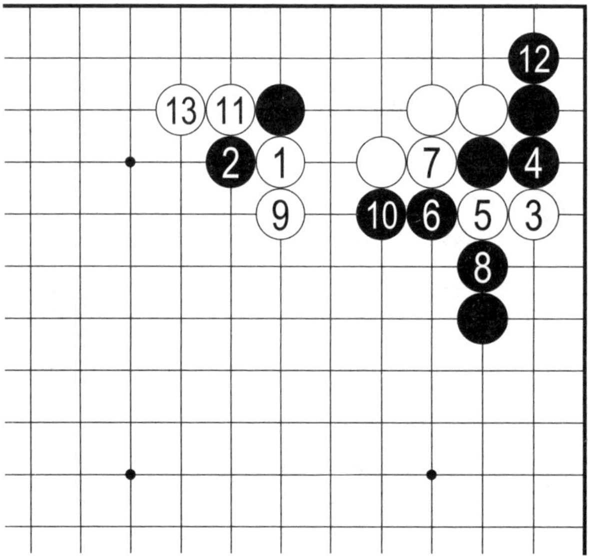

图20　平成定式

日本平成年间，定式也在持续进化。本图是其中的定式之一，这是两分的变化。

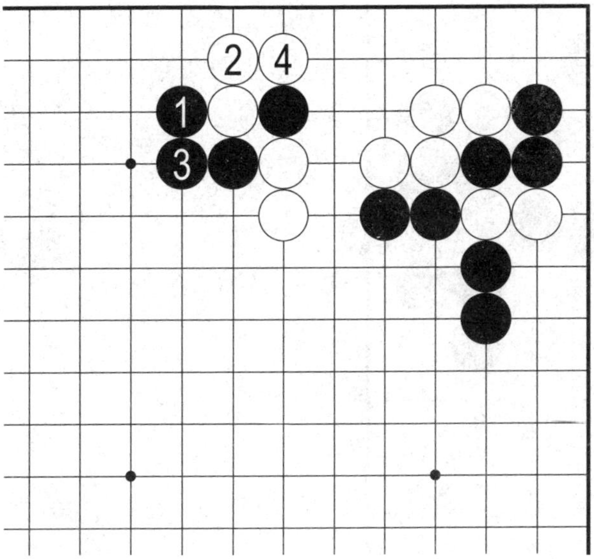

图21　AI的修正　黑棋有利

AI认为前图的黑12立并不好，而应该按照本图黑1从外面打吃定形，这是黑棋稍稍易下的局面。

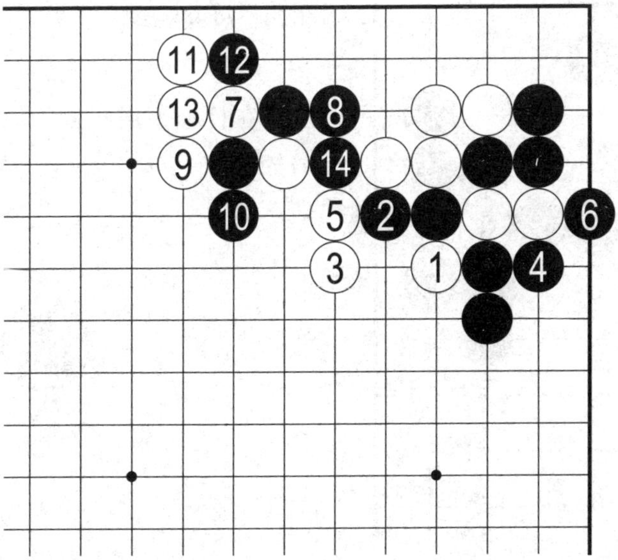

图22　定式变化

也有白1断打开始构筑外势的定式。

由于是稍微有些复杂的定式，所以也进行了各种研究。

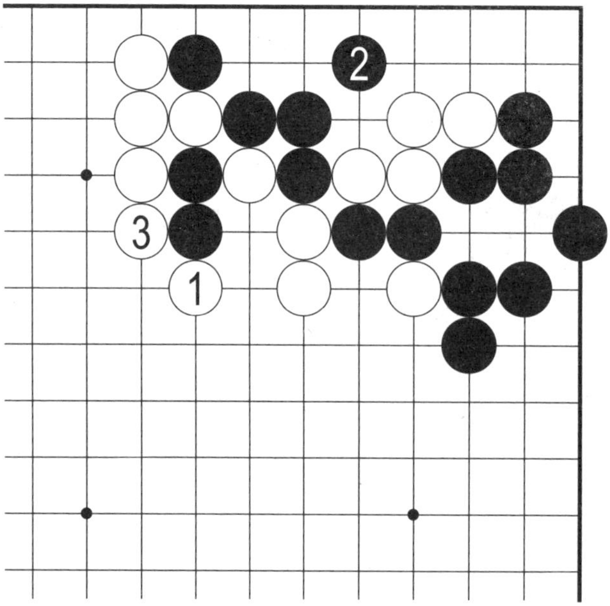

图23　定式　两分

如图则是基本的进行。角上的白子虽然被吃，但也是两分的变化。

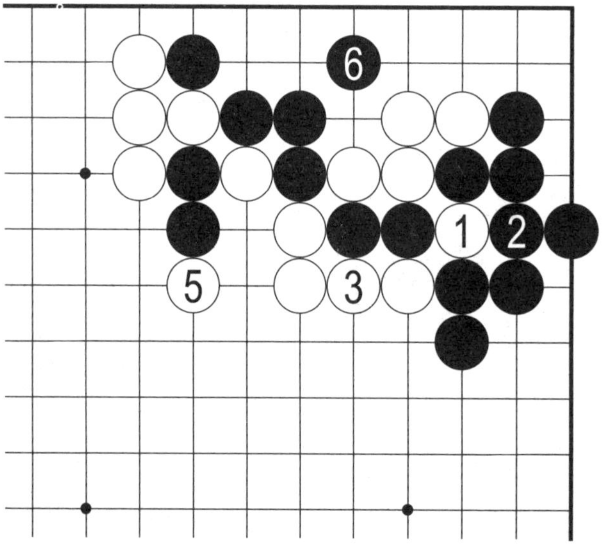

❹（1）⑦（脱先）

图24　研究定式

滚打定形后脱先的下法，在日本平成年代的后半期就开始研究了。但是，根据AI的分析，这种下法并不好。

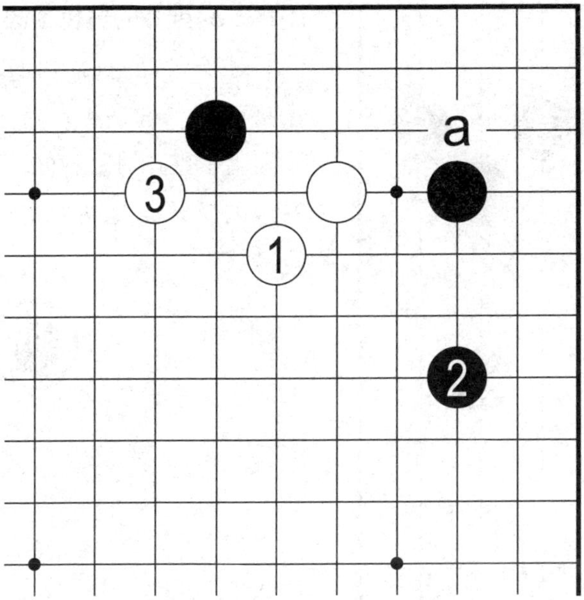

图25　以往的定式

白1尖的下法是以往就有的定式之一。

白3若在a位托，就回到了10图的进行。

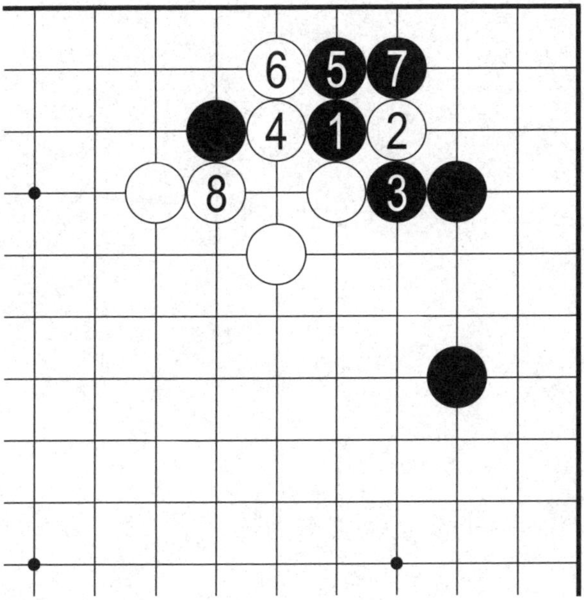

图26　AI的修正

黑1托开始的下法是AI推荐的进行。

白2扳后白4打吃白6立下，这种下法到目前为止还不常见，但却是新的尝试。

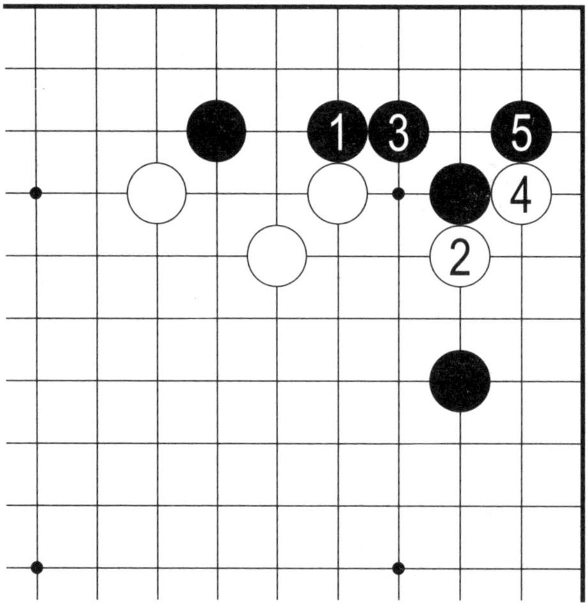

图27　AI推荐的白棋手法

对于黑1的托，白2反靠是AI推荐的一手。这一手限制了黑1的托，并断开右边的黑子，是两分的进行。

主题图2

以前虽然经常下高目、目外之类，但是自从AI出现以来，这些下法的人气急剧下降。

也许是因为评价值上比星位和小目稍差，也许是AI不太下的原因，所以不怎么受欢迎。

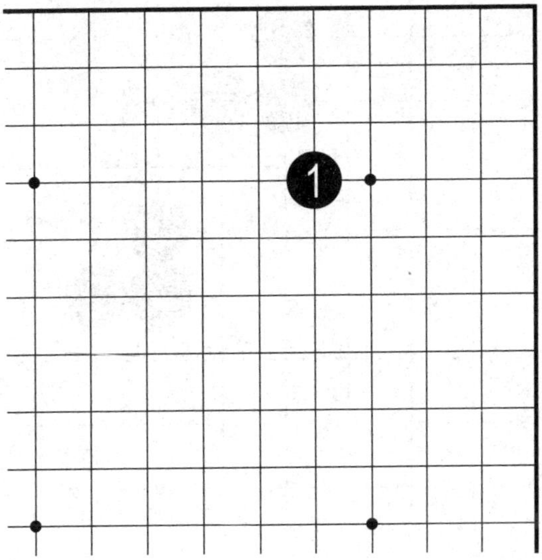

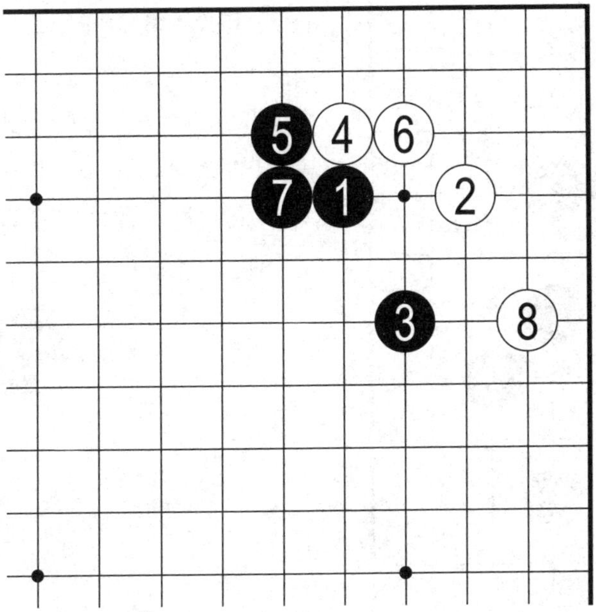

图1　基本定式

说起高目定式，这个棋形可以说很有名。

黑5在6位扳下，利用难解的变化来欺骗对手的下法也很受一部分人的欢迎。

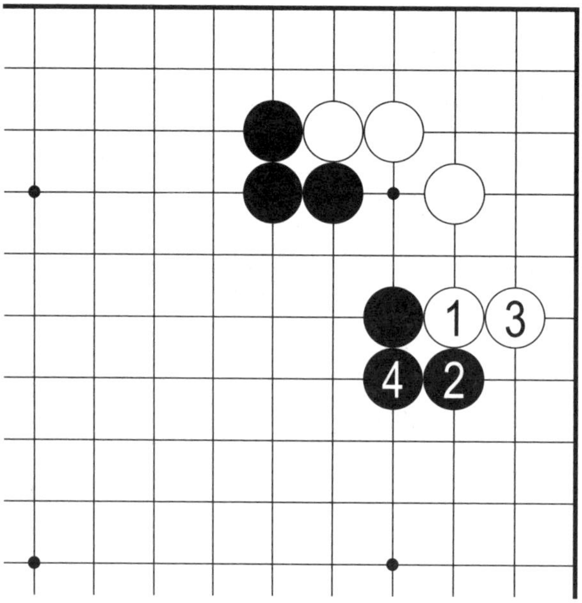

图2　快速定式

由于白1托后可以强迫黑棋在4位粘，白棋可以快速展开。

但是黑棋的外势也变得很厚，所以这个下法也有优势。

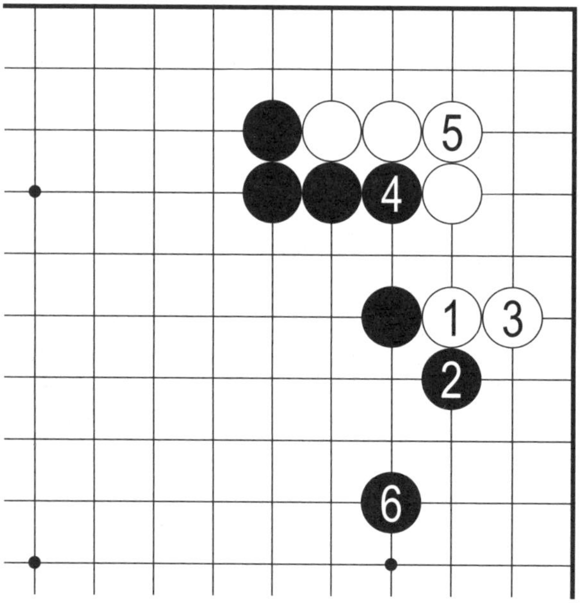

图3　根据AI的修正

前图黑4的粘改在本图黑4挤后再黑6整形的下法是AI的提示。和前图相比评价值并没有改变，所以选择哪一个都可以。

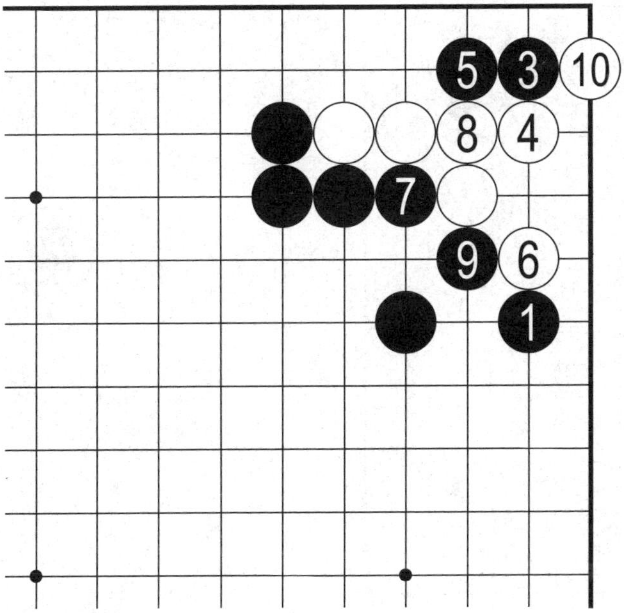

②（脱先）

图4　脱先定式

图1的白8或图2的白1，如果白棋选择脱先的话，黑1开始的追究很严厉。但是，白棋还能继续脱先。黑3开始，白棋的棋形虽然被破坏，但也并没有死。

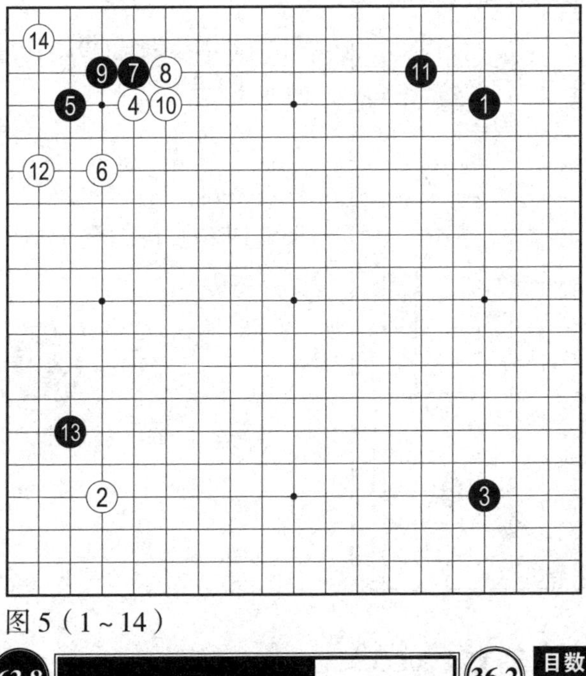

图 5（1 ~ 14）

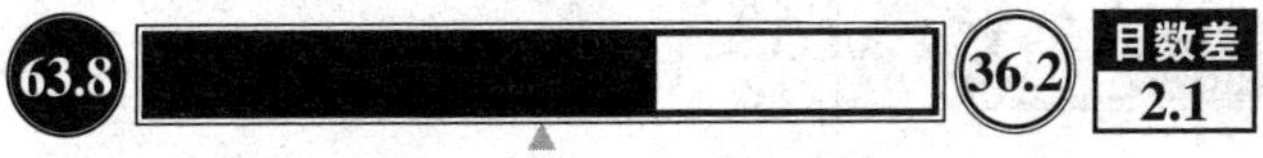

图5　AI的判断

左上的定式黑棋脱先时，白12、14连下两手被认为很严厉。

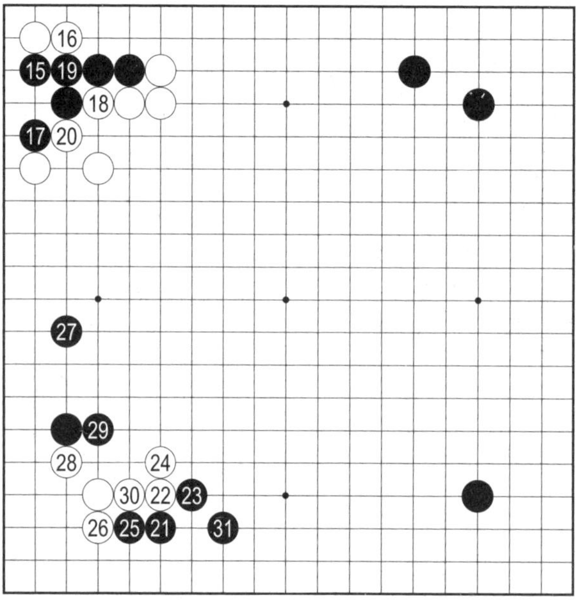

图 6（15 ~ 31）

图6　并不做活

白20为止定形时，黑棋不在左上继续行棋，而是继续脱先。

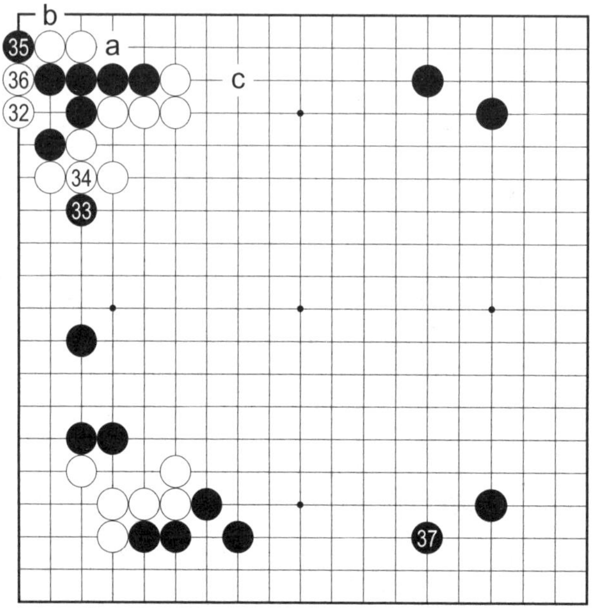

图 7（32 ~ 37）

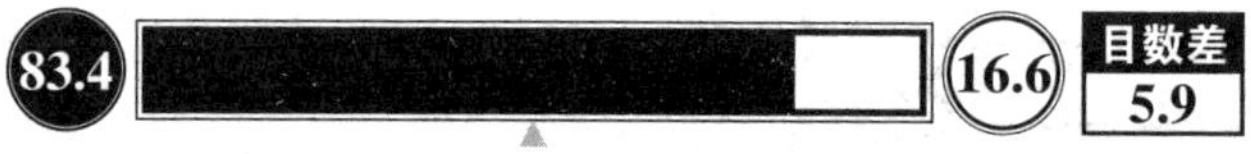

图7　即使被吃也可以在外面先手利用

黑棋a位或者b位是瞄着打劫的先手，黑c也是先手利用。黑棋的评价值明显高得多。

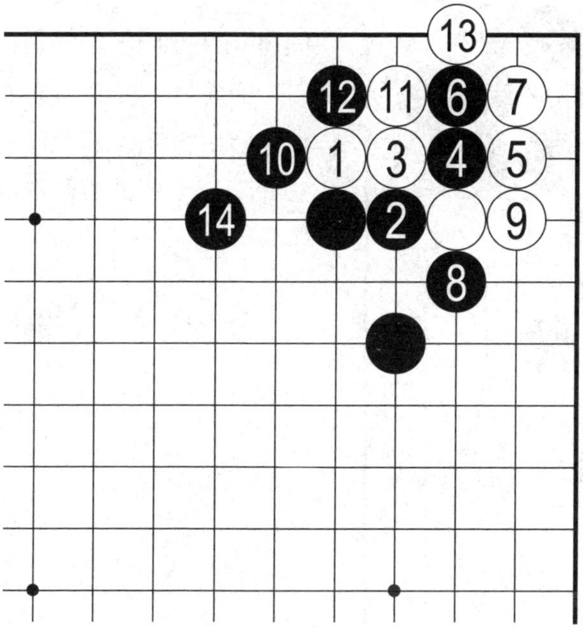

图8　AI也认可的定式

对于白1，也有黑2顶后黑4断来定形的定式。角上的白棋虽然很厚，但却基本被封住，是简单易懂的定式。这也是AI推荐的定式。

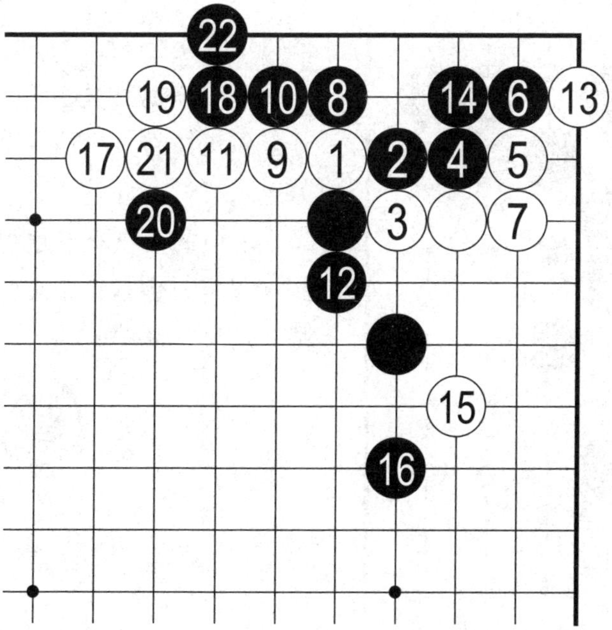

图9　人类定式　复杂

白1托时，黑2扳下进入复杂的定式。这是喜欢欺招的人所喜爱的定式。

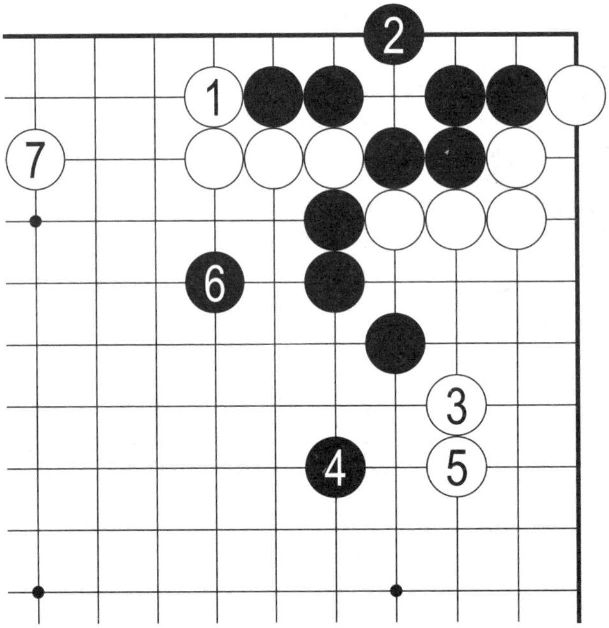

图10　AI的评价

根据AI的判断，白1立即定形，然后白3拆出的下法并不坏。评价为白棋更容易下。

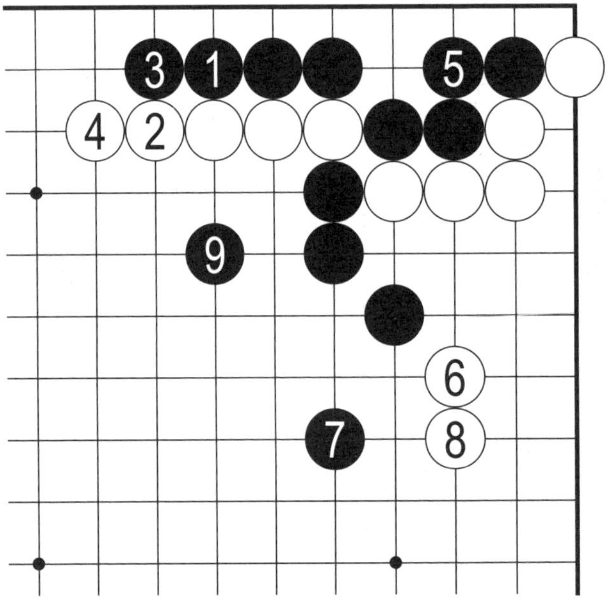

图11　推荐的进行

黑1开始连续先手爬，让黑棋无法在上边挡住是好手。

上边的白棋虽然也得到了强化，但是在中腹的战斗是两分的进行。

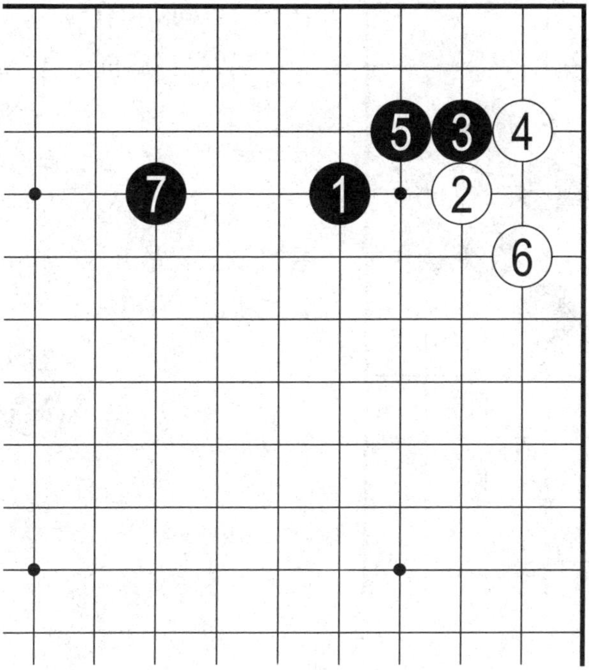

图12　以往的定式

白1挂角时，黑3托坚实获取实利的手法是简单易懂的定式。黑7稳妥地拆。这是两分的进行。

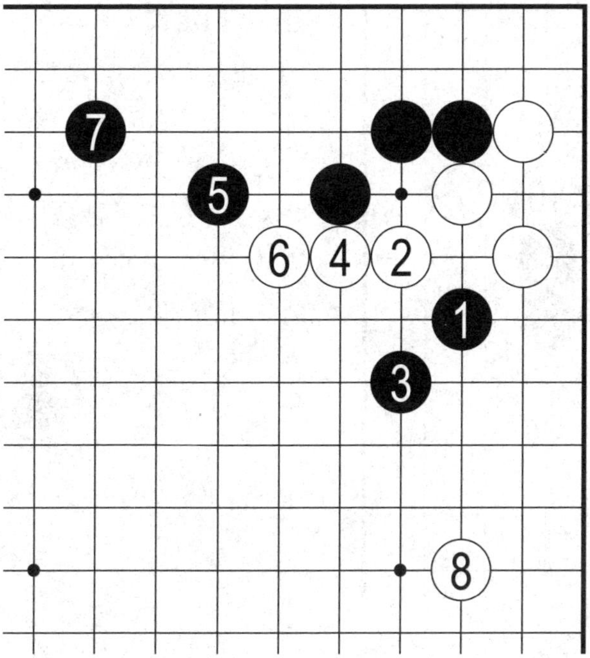

图13　积极方案

黑1开始积极针对白棋棋形急所的下法也是定式。黑棋要在左边和上边同时行棋时可以使用这个定式。即使由AI来判断，这也是两分的进行。

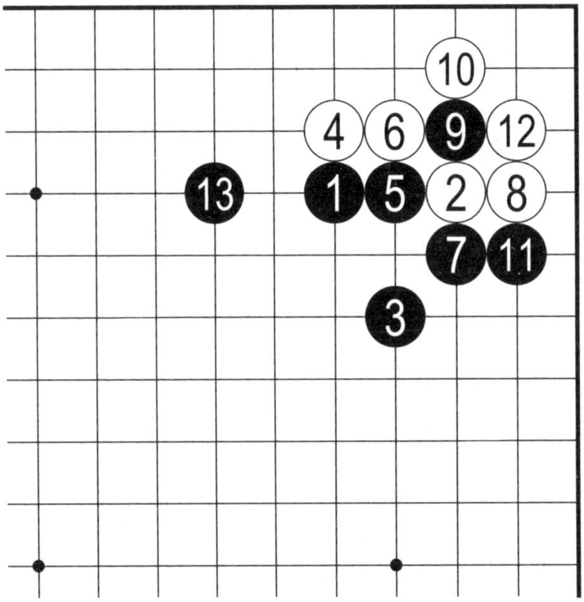

图14　白棋稍稍有利

黑7先挡后再黑9切断会如何？白8若在9位粘则回到雪崩定式，所以白8立下是气合。白10打吃似乎在等待黑棋的开战，但如此白棋也没有不满。

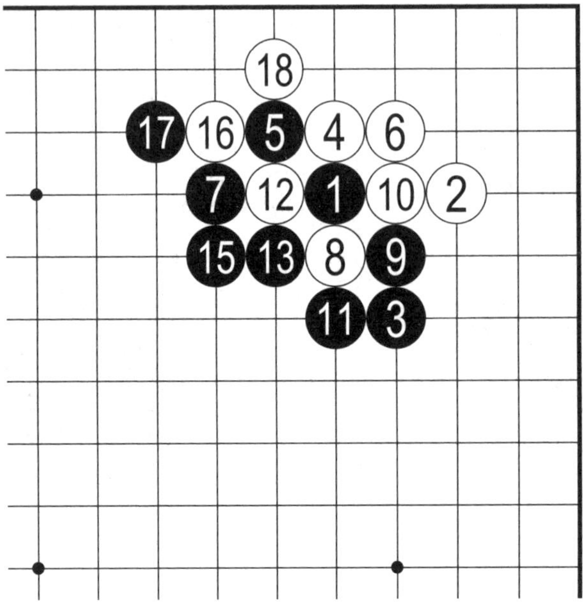

⑭（1）

图15　旧定式

也有白4、6托退时黑7虎的下法。白8开始定形的手法是定式之一，而黑棋也为了让棋形不被破坏而从黑11开始整形。这是白棋有利的变化。

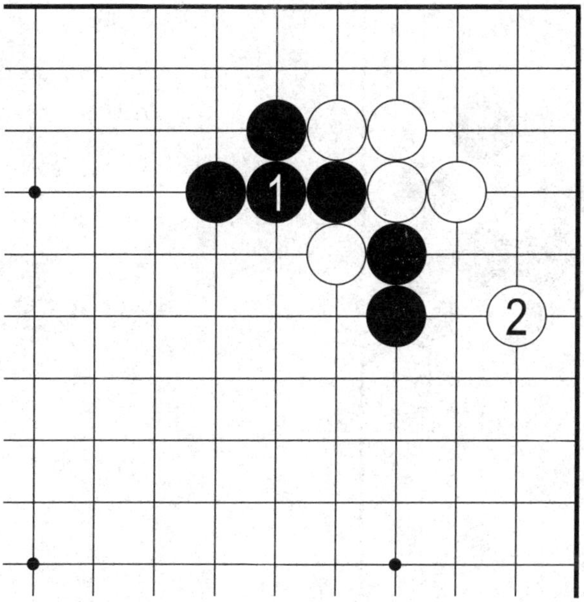

图16　AI的判断

黑棋虽然是空三角（丁四）的恶形，但黑1紧紧粘上的下法很厚。白2大致要飞边，白棋也没有不满。这是两分的进行。

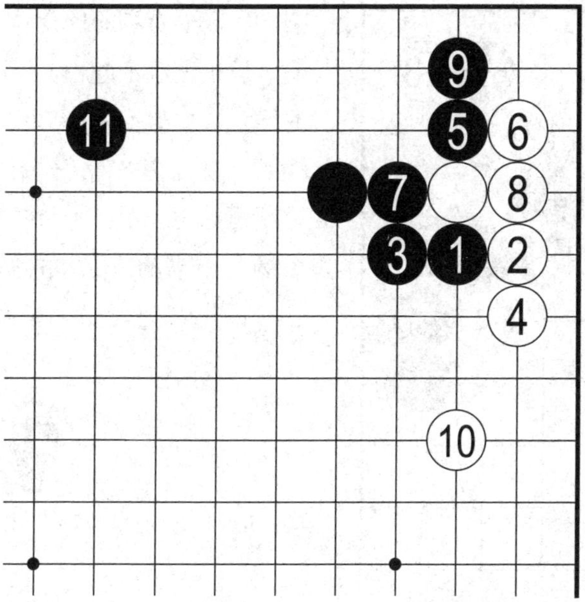

图17　昔日的下法　两分

黑1靠在外面也是定式。

白4长出是相当稳妥的进行，至黑11两分。这是简明的定式。

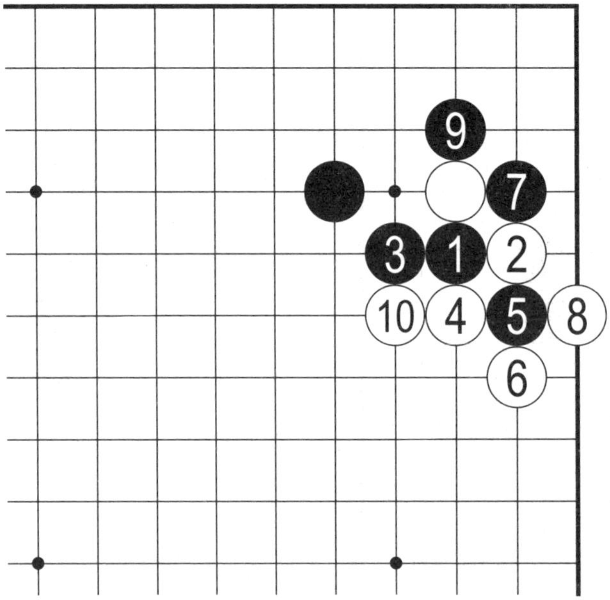

图18　旧定式　两分

也有白4在高一路扳的下法。至白10为止也是AI认可的旧定式。这是两分的变化。

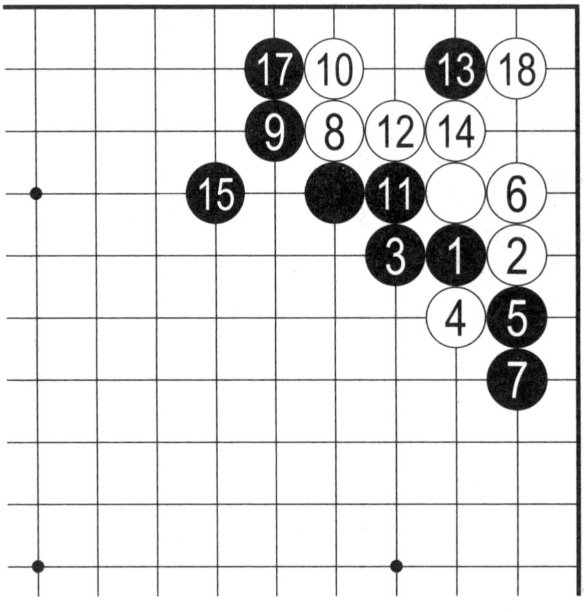

⑯（脱先）

图19　征子有利的场合

黑棋无法征吃白4一子的场合，白棋有白6粘上的强硬下法。基本格言虽然是断哪边吃哪边，但在这个场合白棋的下法也能成立。白棋快速行棋，是两分的变化。

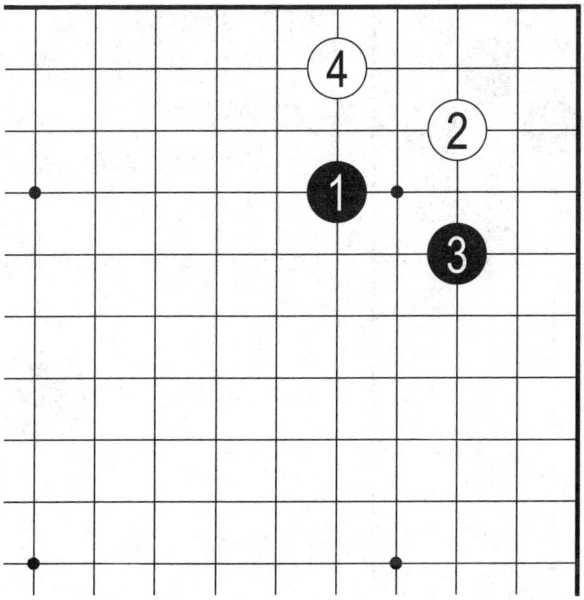

图20　点三・3的定式

也有白2点三・3的定式。

黑3时，也有不和对手的棋子接触而白4小飞的下法。

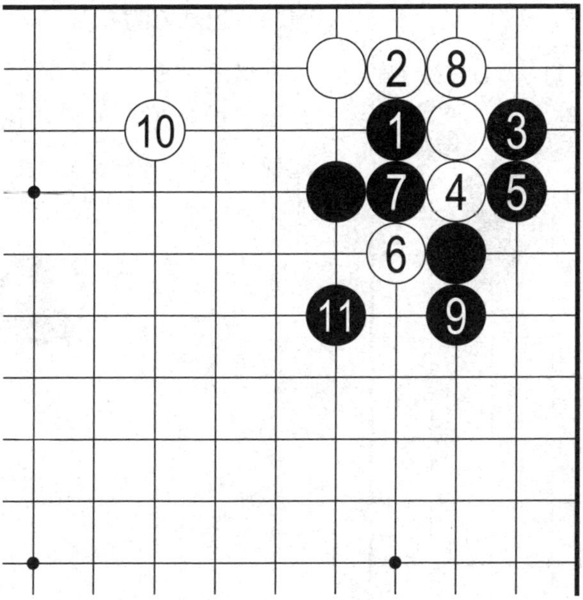

图21　定形

黑1开始是打算将白棋压在低位的定形方法。白4顶的强硬手法是定式。

白10在边上出头，是两分的变化。

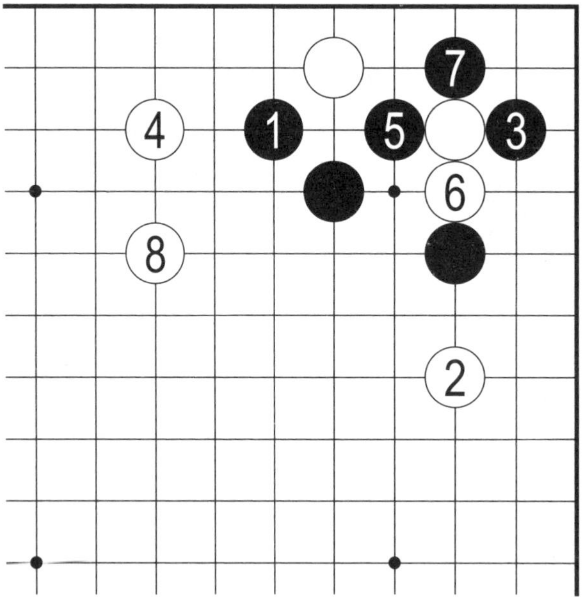

图22　回避先手

黑1开始封住白棋的手法很严厉。

白2冲击黑棋的薄味，同时避免被先手定形，但这对于人类来说似乎是复杂的变化。

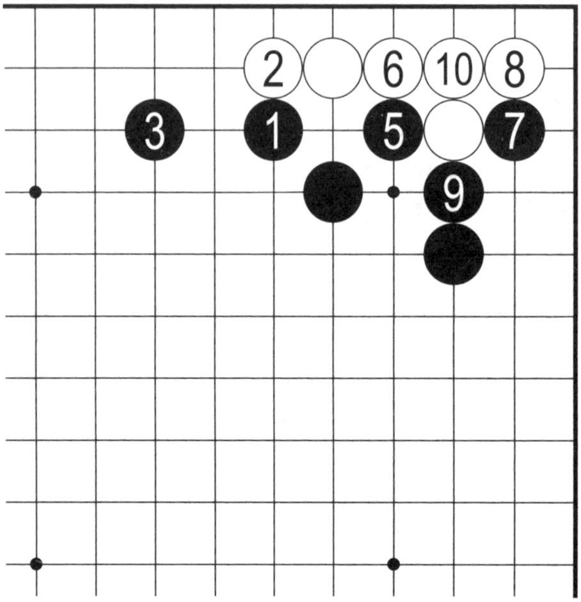

④（脱先）

图23　想避免的棋形

白棋要避免下成角上2路做活的棋形。所以前图选择了可以反击黑5、7的变化。

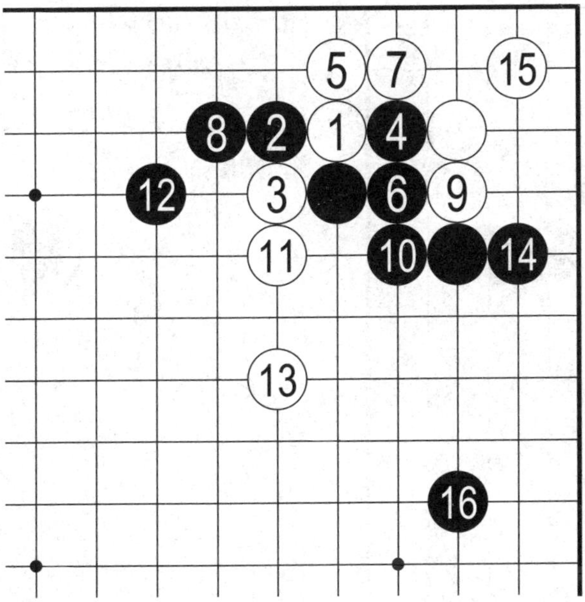

图24　白棋的其他方案

也有白1在下边托的定式。这是战斗时变化很多的定式。

AI对这个变化的评价也是两分。

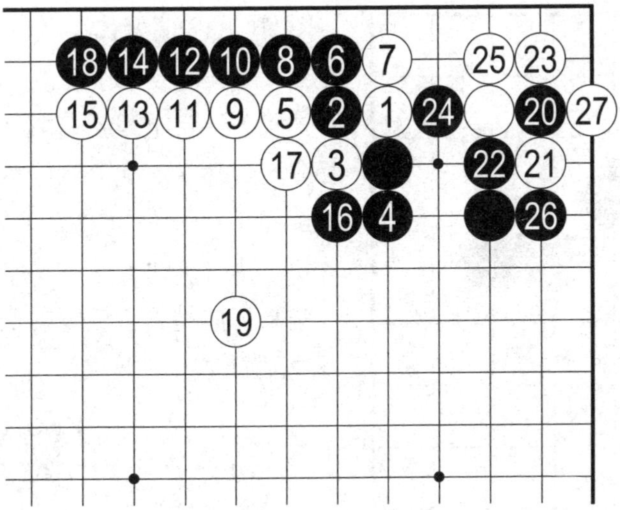

图25　征子关系的定式

白3断时，也有黑4长的手法。白棋的征子不利时，黑10在17位断打，白棋崩溃。

这虽然也是相当复杂的变化，但双方大致也是两分。

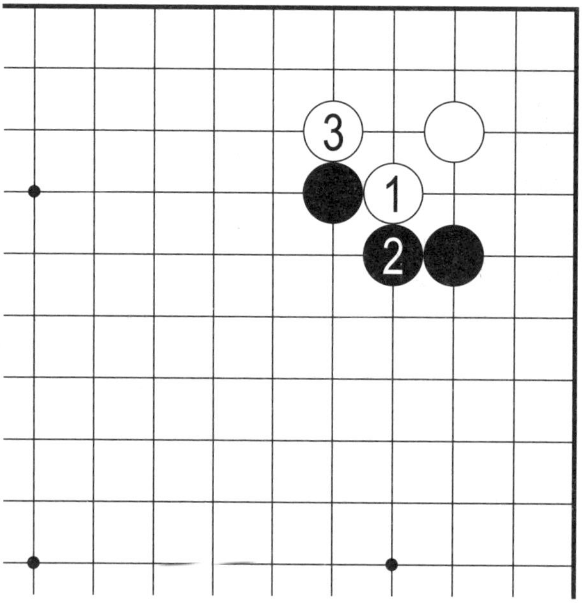

图26　有力的变化

白1开始的尖顶虽然棋形不太好，但却成为了AI创造出的有利手法。

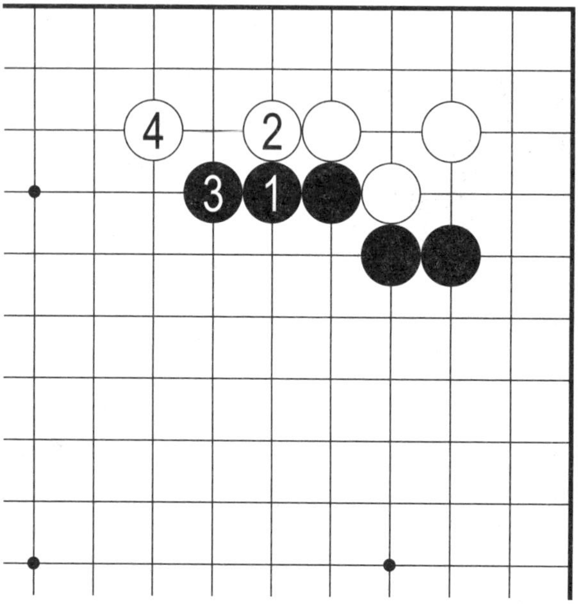

图27　稳妥的变化

黑1若长则成为稳妥的变化。评价上虽然双方两分，但却是不太受欢迎的定式。

被白棋切实地获得了实利可能是其不受欢迎的原因。

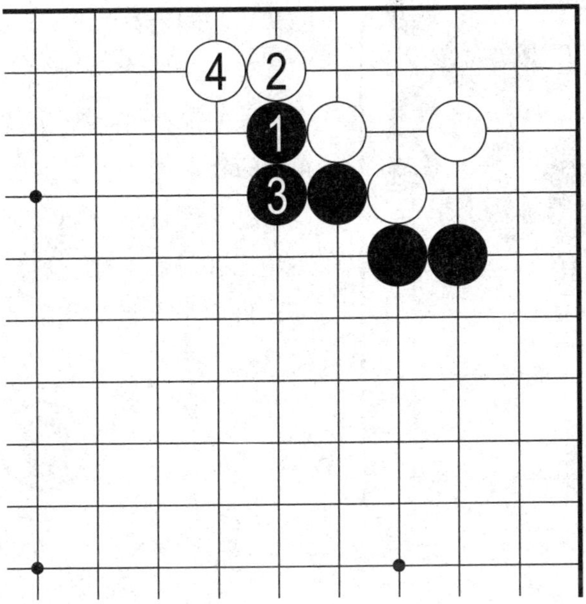

图28　常见的定式变化

次序虽然稍有不同，但黑1连扳的下法很常见。这也是两分的变化。

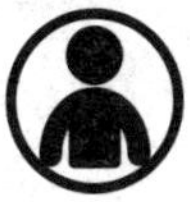

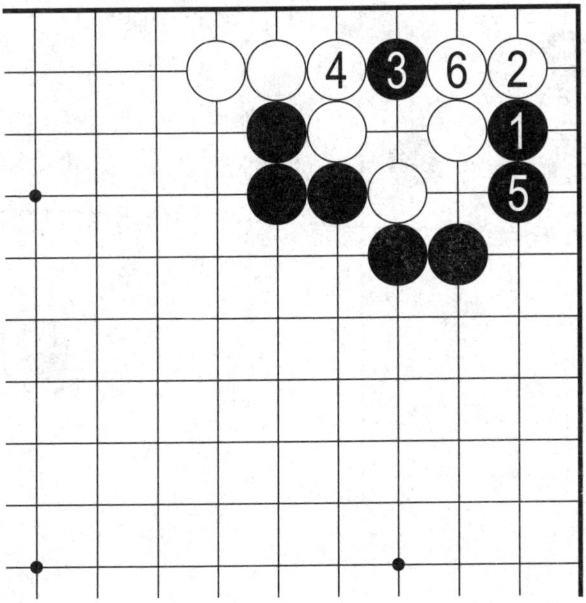

图29　今后的定形方法

黑1托后黑3点是先手取利的手筋。

至白6为止，黑棋可以先手下到黑1至黑5。这是两分的变化。

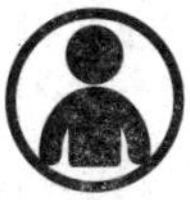

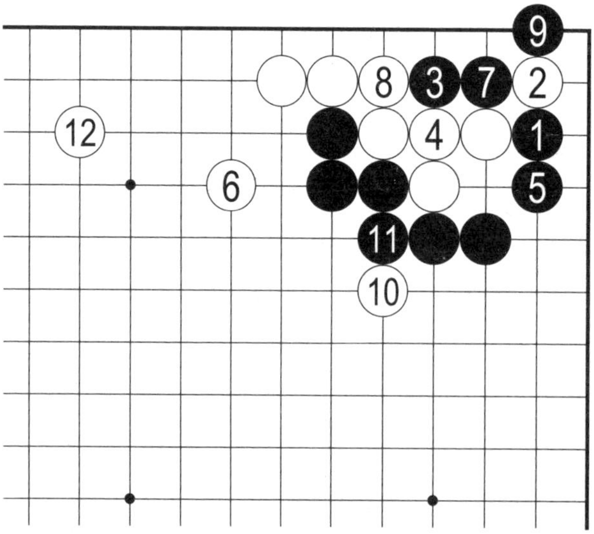

图30　AI的推荐

对于黑棋在角上的先手利，AI推荐白4粘，弃掉角上的战术。

由于评价值方面和前图相比并没有变化，所以可以根据个人喜好和配置关系来选择。

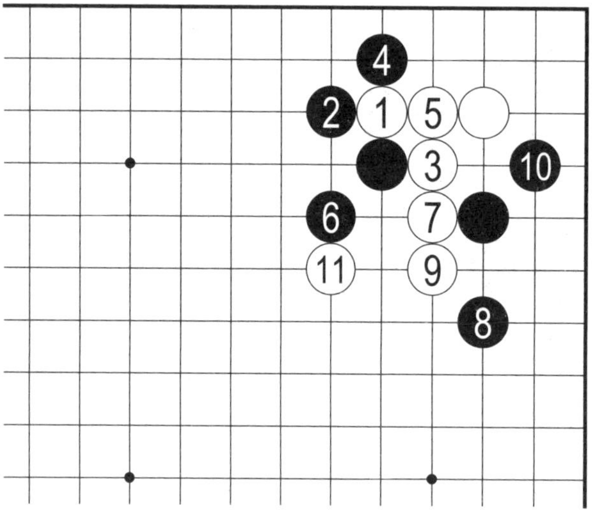

图31　次序错误?

白1先托再白3虎的次序会如何？黑4打吃后白棋的棋形被破坏，黑棋采用分进合击的战术来进攻白棋。这是两分的进行。

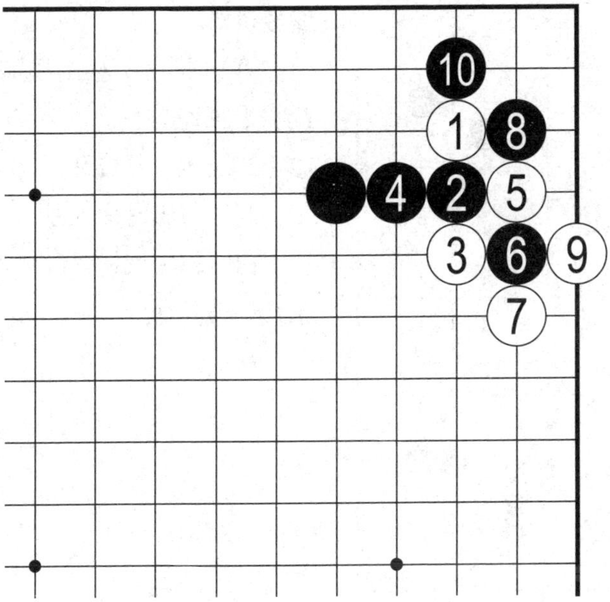

图32　人类定式　两分

对于白1，也有黑2靠压的积极下法。与之相对，白3的夹是以前就有的手筋。AI也认可，这是两分的进行。

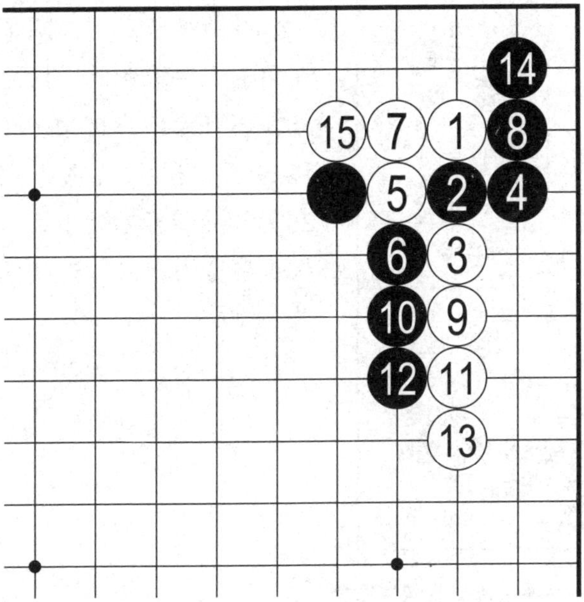

图33　黑棋稍忙乱，白棋稍有利

虽然在心情上很想黑4立下，但是白棋有白5挖的手法。黑棋需要防守的地方太多，所以有些忙乱，成为白棋稍稍有利的变化。这个变化也不是全无可取之处，对力量有自信的读者可能会喜欢。

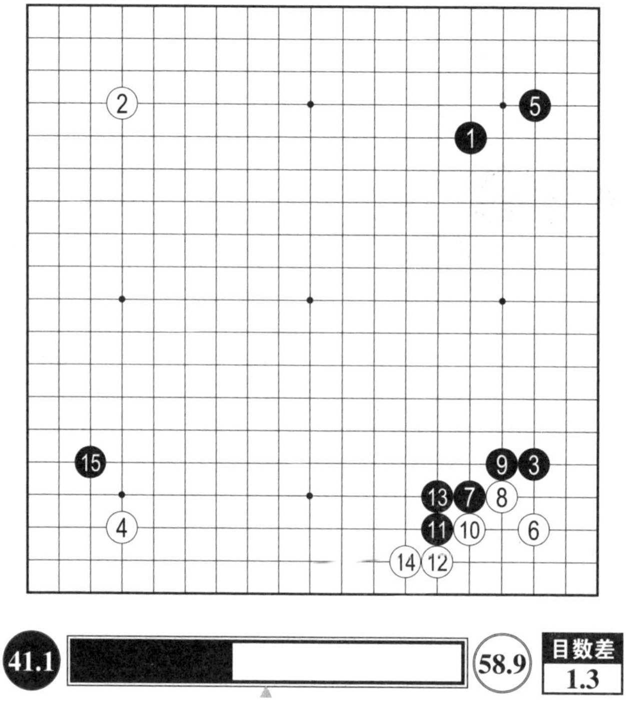

参考棋谱1

第11届福萌杯围棋淘汰赛半决赛

2020年12月22日

黑　伊田笃史八段

白　村松大树六段

第1谱（1～15）

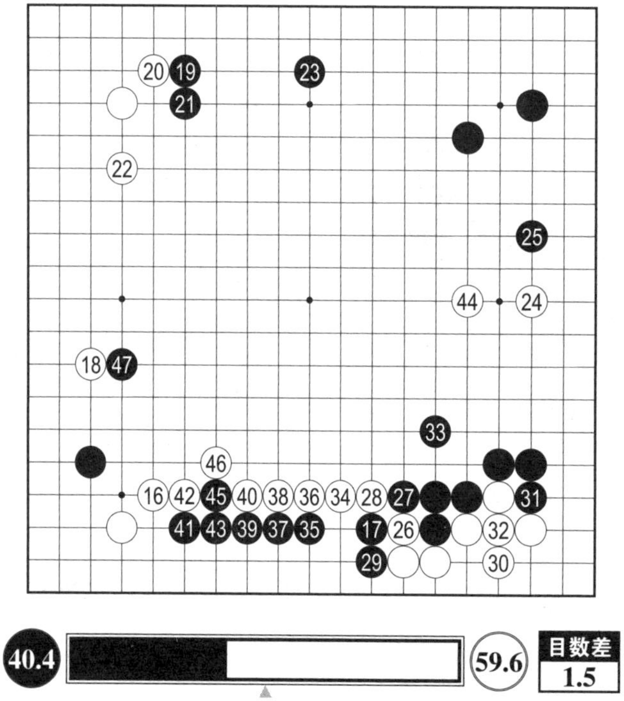

第2谱（16～47）

黑棋对于右下，除了在角上先手取利的手段之外，还有黑17跳扩张中腹势力的方法。白棋以白26、28冲断开始动手，黑棋也要全力以赴。这是两分的战斗。

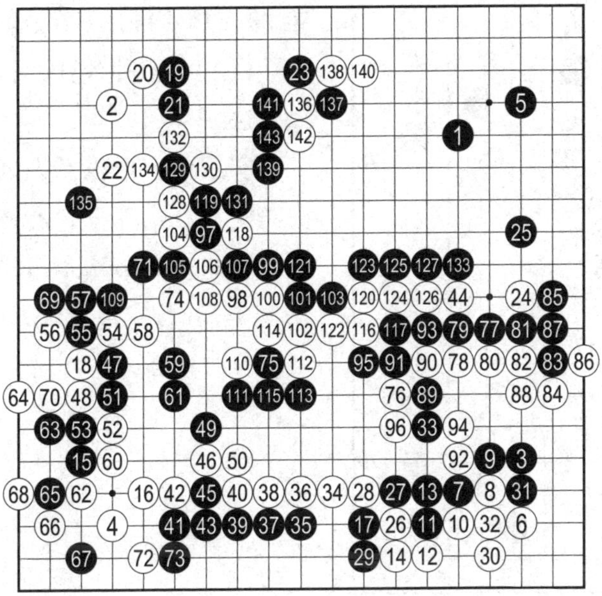

总谱

143手完　黑中盘胜

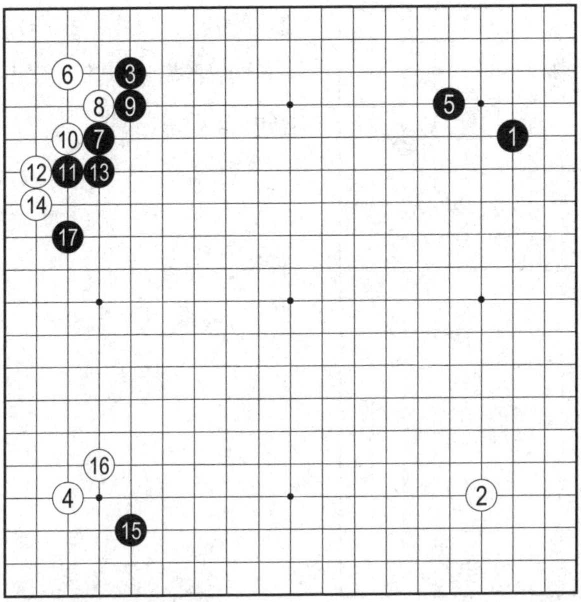

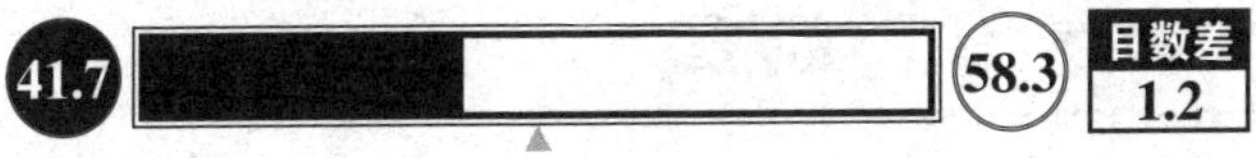

参考棋谱2

第61期王冠战挑战赛一番胜负

2020年11月26日

黑　伊田笃史八段

白　大竹优四段

第1谱（1～17）

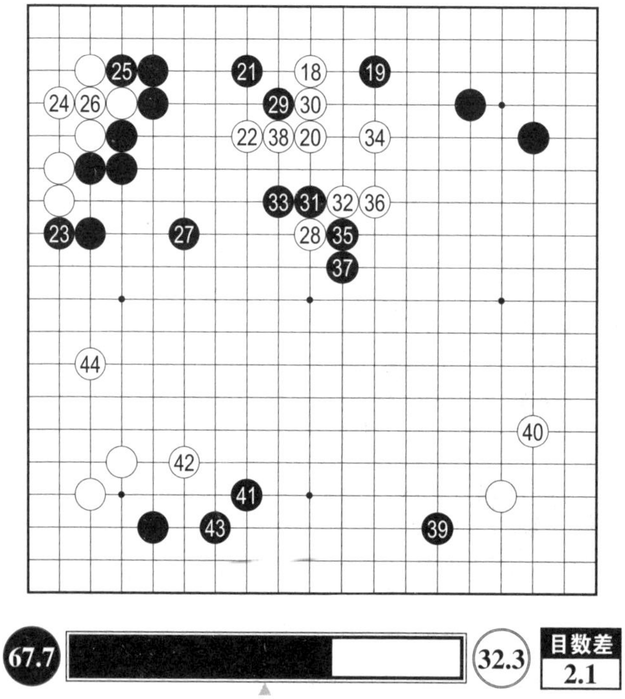

第2谱（18 ~ 44）

白20有各种各样的行动方法。

实战中，白棋意识到左边是黑棋的厚壁，所以白20跳的逃跑方法是漂亮的一手，而黑21是不能放过的急所。

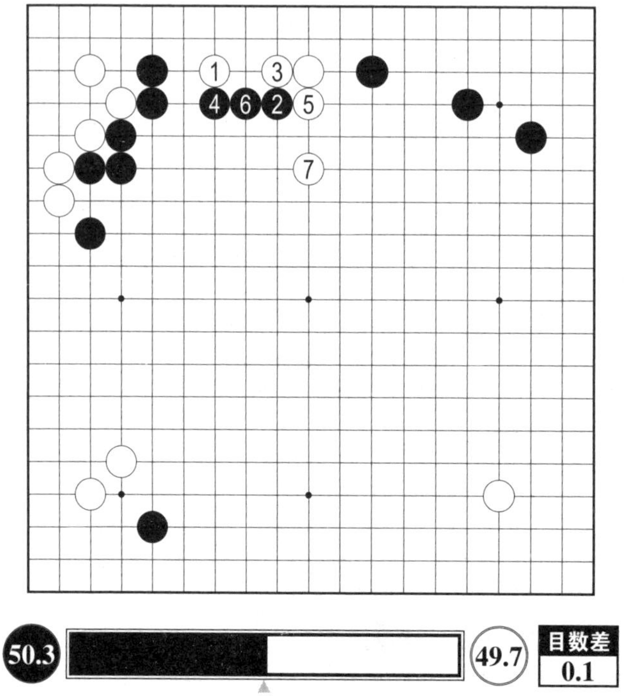

参考图

若要靠近黑壁，似乎也可以考虑白1拆二。

普通情况下，人类会认为这手过于靠近黑壁而不好，但是这个局面因为黑壁很薄，所以这一手很有力。

主题图3

目外也和介绍过的高目一样，点三·3的有力变化很多，所以几乎不怎么被使用了。

但是，由于小目小飞挂角时，实战中偶尔会有脱先，所以有必要研究一下对策。

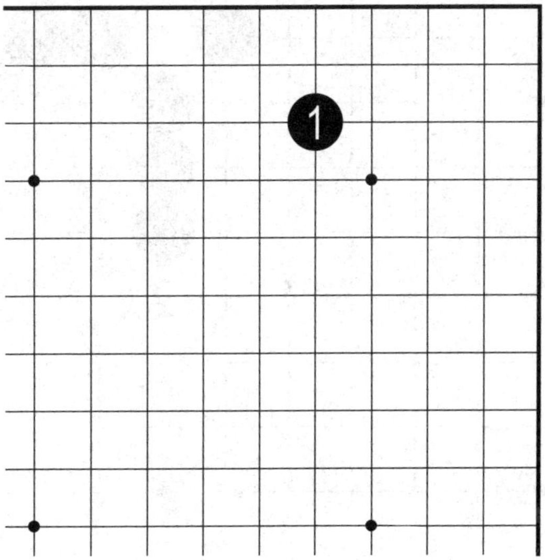

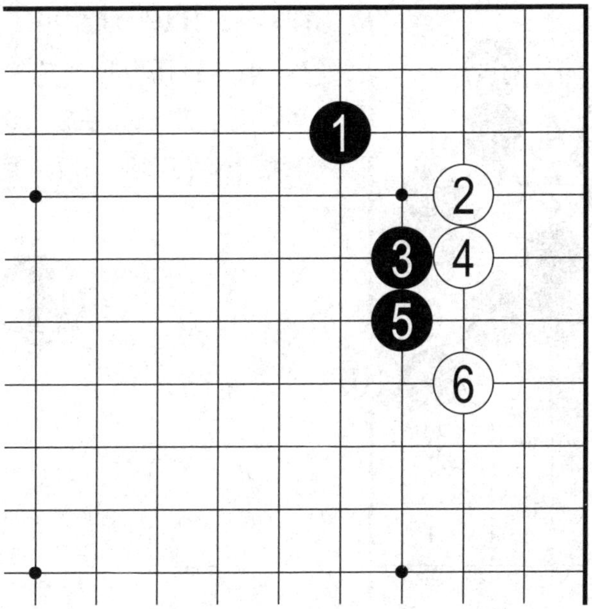

图1　基本定式

白2挂角时，黑3飞压的手法简明且有力。这也是AI喜欢下的棋形。

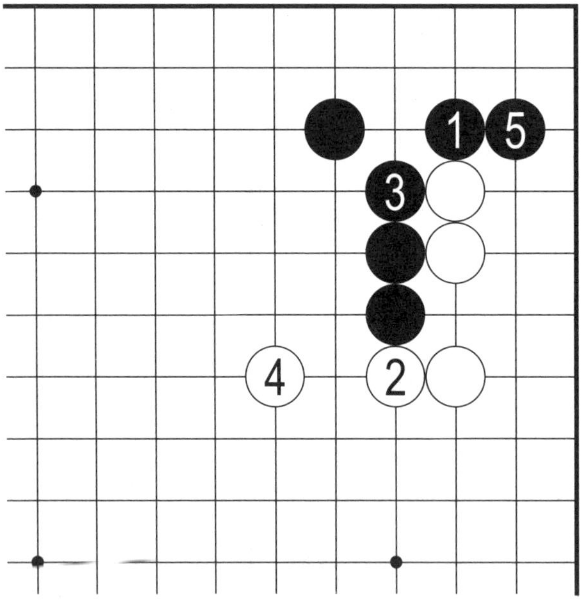

图2 人类定式

黑1托在角上的手法可以成立。一直以来，白棋都是下在外面和黑棋交换。

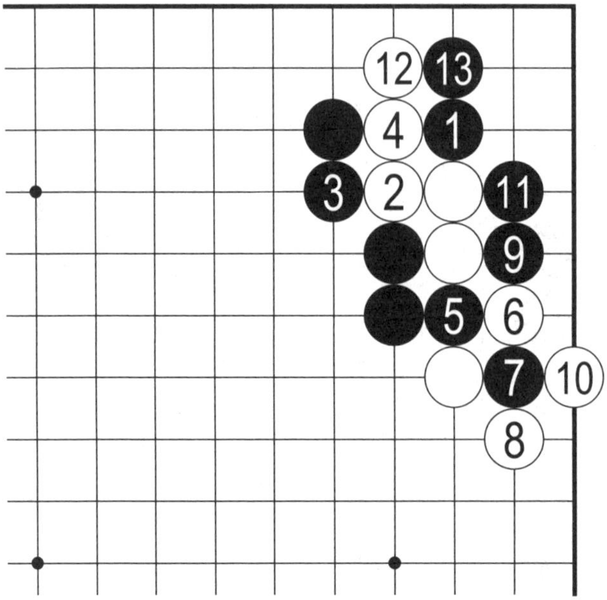

图3 托可以成立的理由

黑1的托看起来有些薄，但是黑7断一手后，吃下整个角部和征子成为见合。

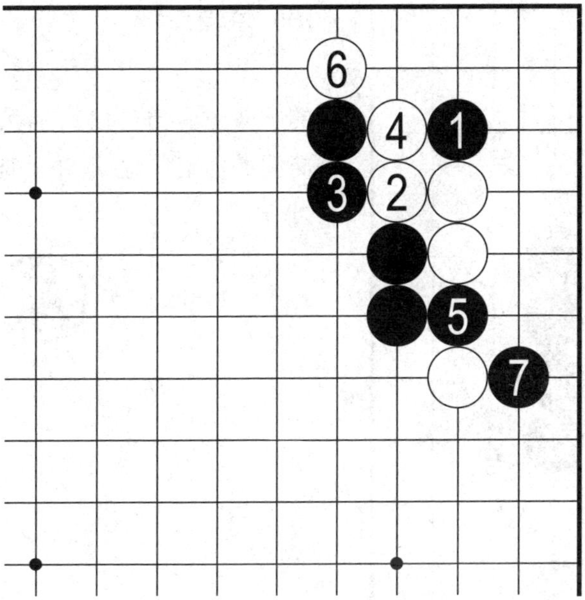

图4　AI的有力手

黑5冲时，AI发现了白6扳的手法，以角部的实空和黑棋进行转换。

这是白棋稍稍有利的进行，所以黑1的托几乎见不到了。

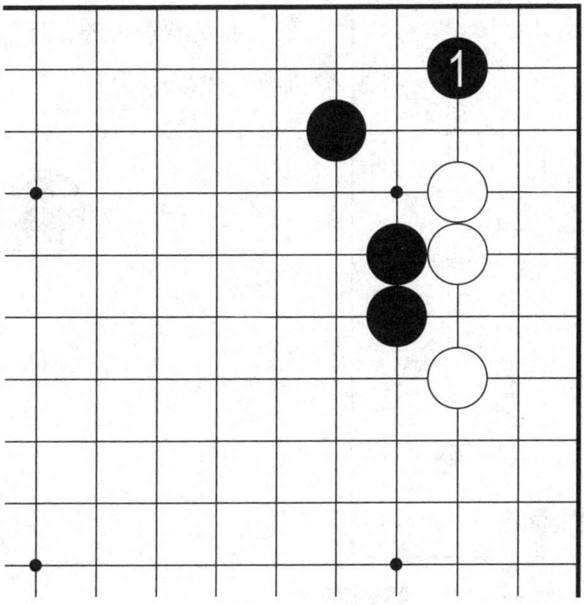

图5　若要行棋

黑棋要在角上行棋的话，黑1小飞比较常见。和目前为止的定式相比，棋子撑得没有那么紧，但因为原定式不成立，所以也只能这么下。

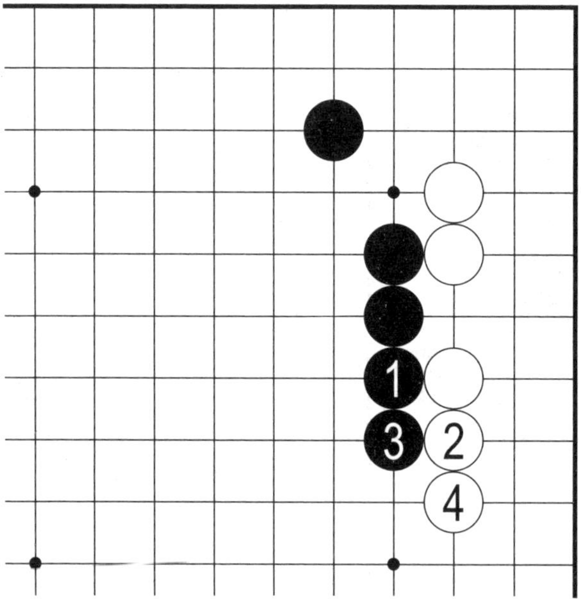

图6　构筑厚势

黑1开始连压扩张厚势的下法也有力。白2、4是简明的应对，这是两分的进行。

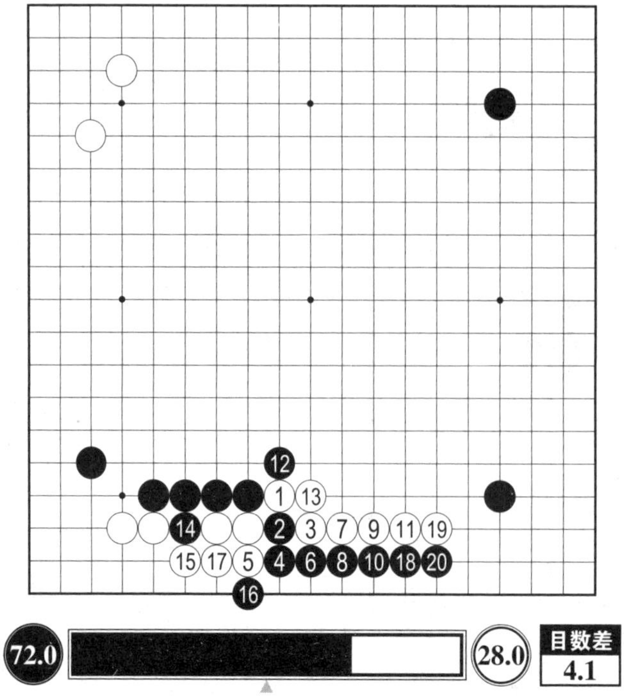

图7　白棋强硬则危险

白1虽然想扳起，但黑棋断后在2路连爬后，情况变得相当复杂。

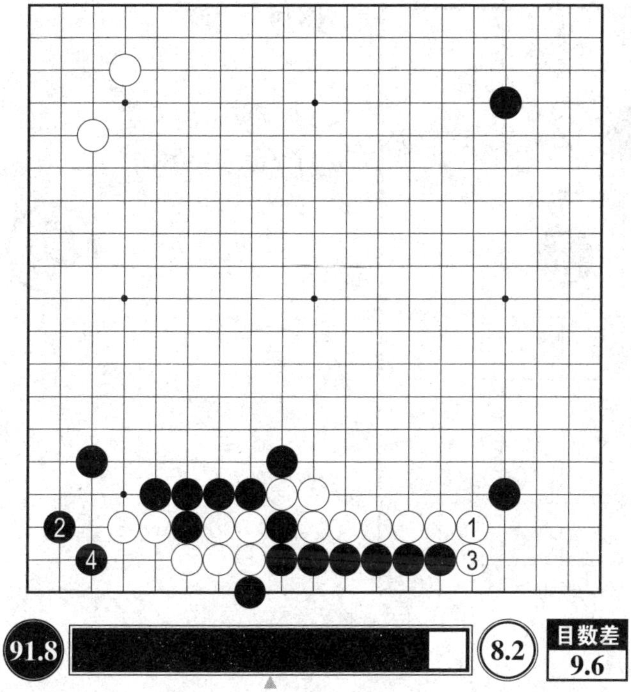

图8 白棋崩溃

白1则过于强硬，黑2开始动手对杀，白负。这是黑棋的目标。

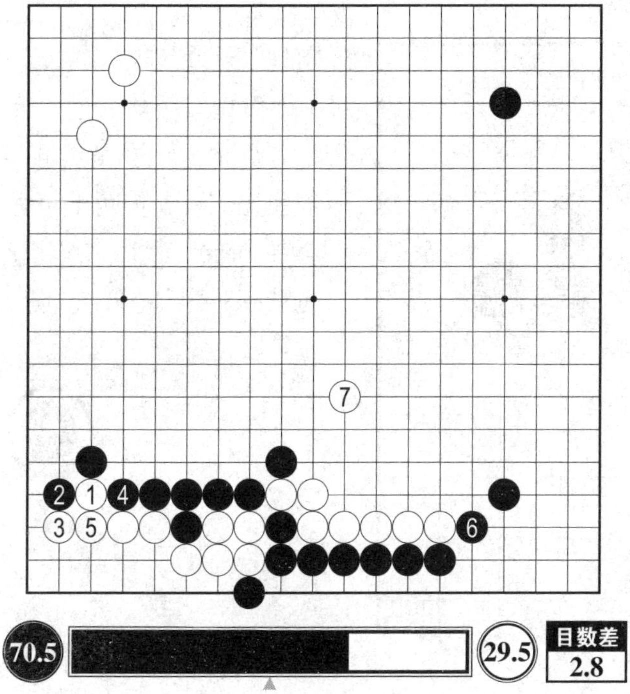

图9 黑棋易下

白1大致要妥协，但被黑6扳后下边白棋是气紧的棋形，成为黑棋有利的战斗。

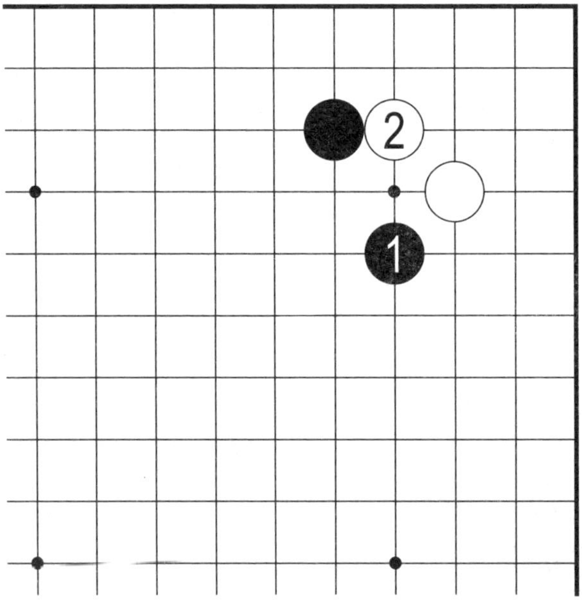

图10　AI流

黑1飞压时，白棋有白2尖顶反击的手法。这也是AI发现的新手法。

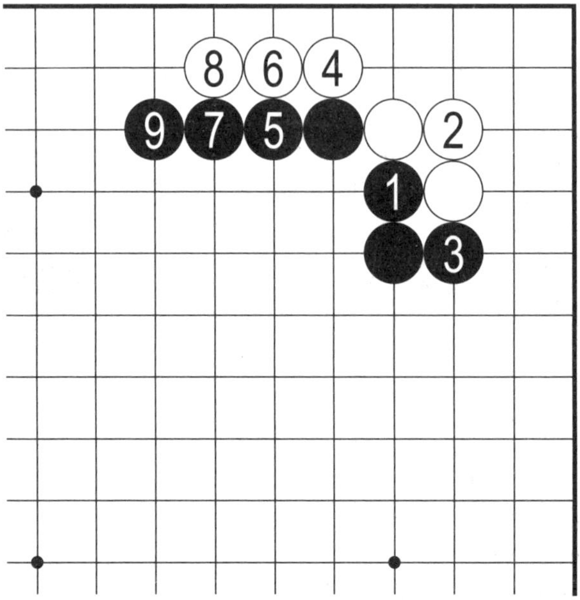

图11　简明方案

黑1、3挡住右边一侧是简明方案。白8虽然也可能脱先他投，但角上可能会有死活的问题，所以白8先爬一手更简单易懂。黑9也可以脱先。

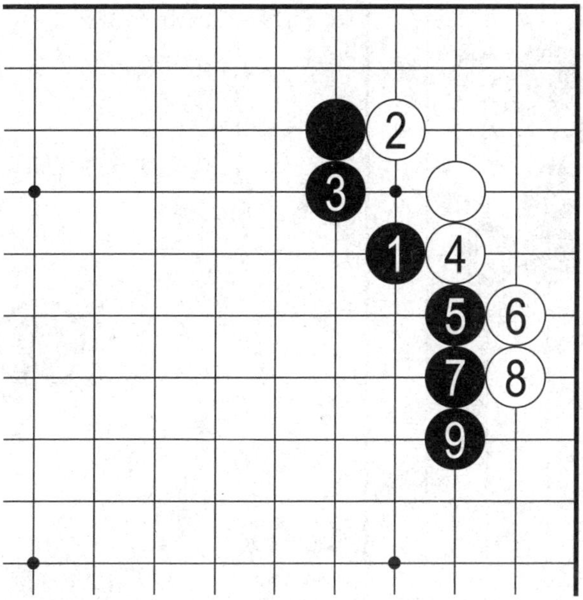

图12　黑棋棋形不好

黑3立起和黑1之间的联系不好，棋形变差。如果按照所学的被尖顶就要立的下法，黑棋棋形会被破坏。

白棋稍稍有利。

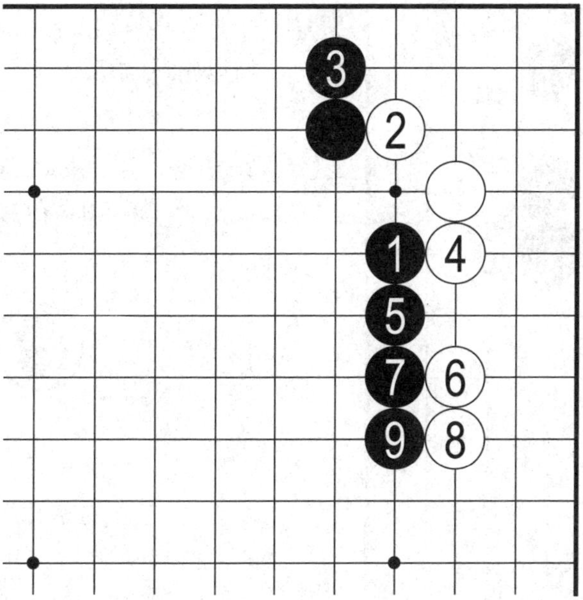

图13　些微的先手利

黑3若向下立则什么事情都没有，但是白4、6时，白2和黑3的交换就稍有所得。接下来白7贴起很严厉，所以黑7是漂亮的一手。虽然是两分，但也让黑7、9跟着应了两手。

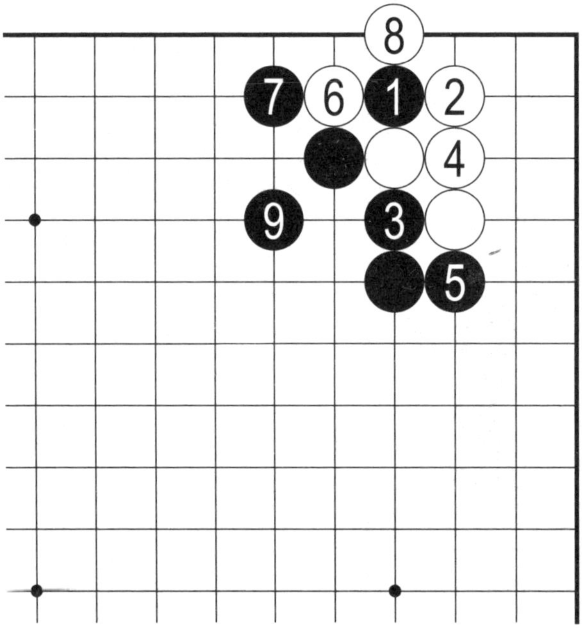

图14　黑棋的打算

黑1在下面扳是最有力的手法。

若白2应则成为黑棋的理想形，黑棋比图11封得更严实。

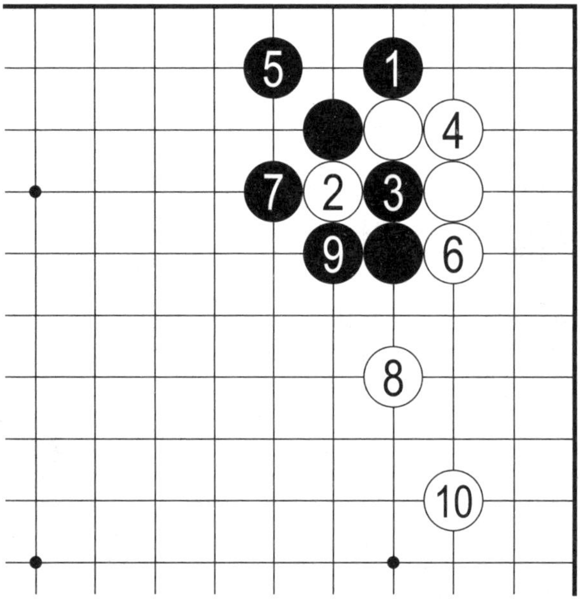

图15　新定式1

所以白2开始反击。

白棋爽快地将白2作为弃子来整形，这是最简单易懂的定式。白8也可以脱先。

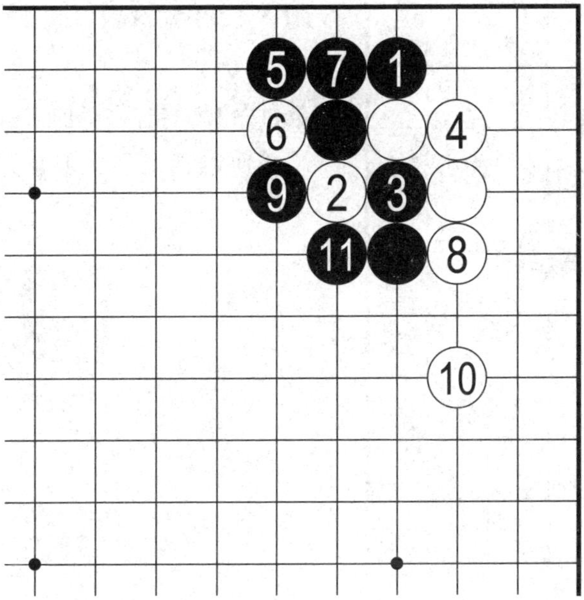

图16　新定式2

也有白6交换一下的手法。和前图相比，白10明显成为先手利是两者的不同之处。但两图都是两分的变化。

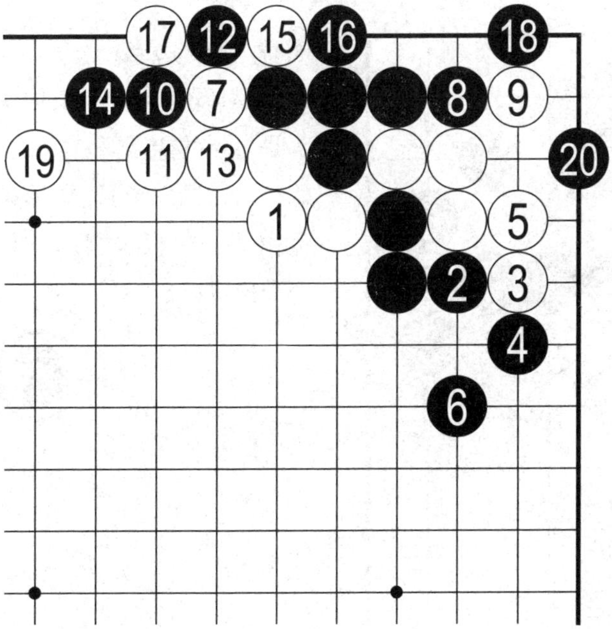

图17　评价值是两分

若白1粘上会如何？黑2拐下反击是气合，成为对杀的局面。黑10开始长气是忍耐的手筋，最终总算可以吃掉白角，局势变化多样且复杂。

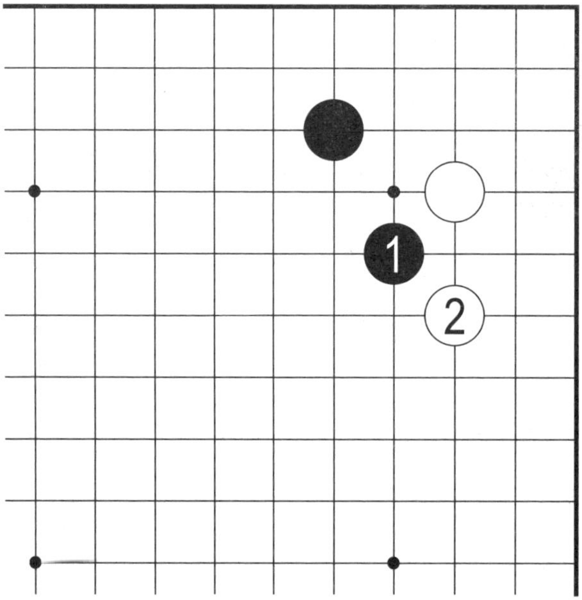

图18　新定式3

对于黑1的飞压，也看到过白2跳的应手。白棋有缺陷所以很难下，但却并不坏。

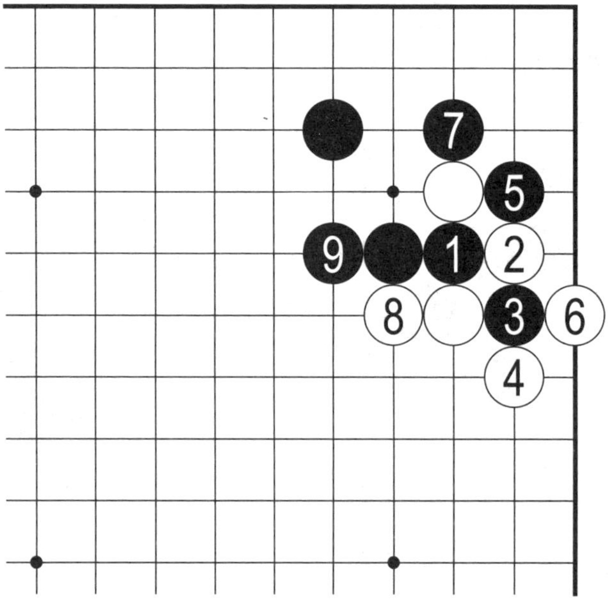

图19　简明方案

黑1开始冲击白棋的缺陷是自然的想法。

从黑3开始可以吃掉角上白子。白棋也很厚，是两分的进行。

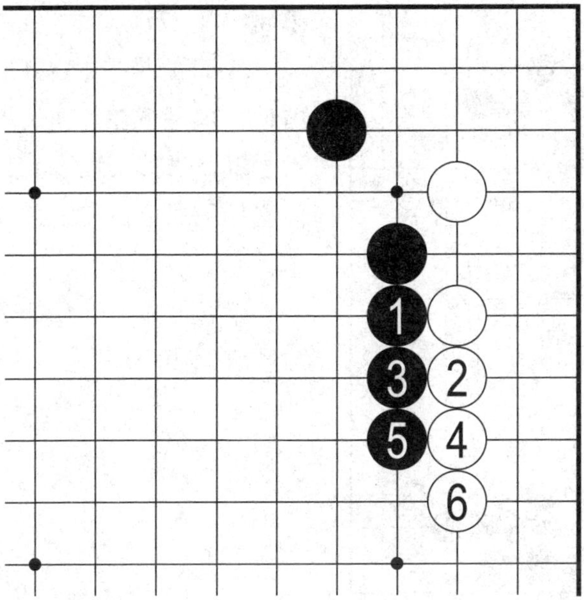

图20　两分

黑1开始连压的手法也简单易懂。白棋虽然能在边上快一步，但角上的实地比之前的定式要少，是两分的变化。

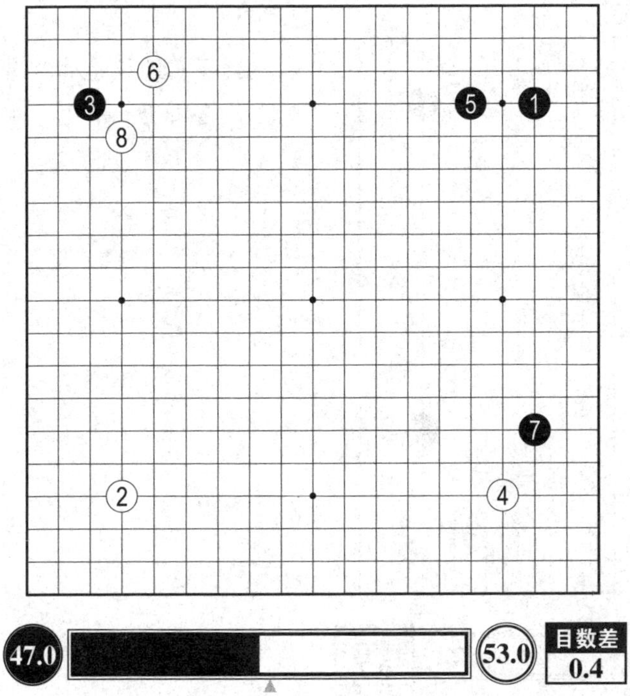

参考棋谱1

第46期棋圣战A循环圈

2021年10月22日

黑　羽根直树九段

白　张栩九段

第1谱（1～8）

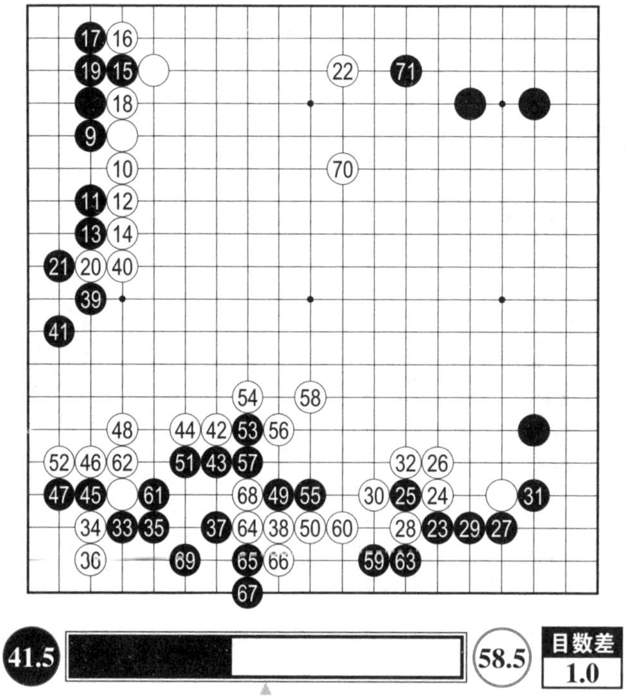

第2谱（9～71）

黑9开始是基本定式。白12、14是下在外面的战术。黑15虽然可以脱先，但这是顽强抢占实空的战术。

右下角和左下角都是AI经常出现的棋形。

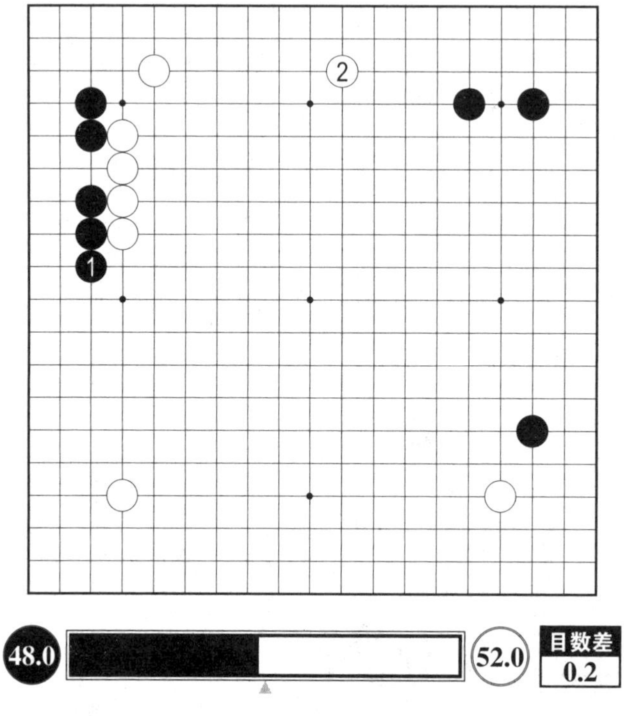

参考图1

黑1坚实地长也非常漂亮。这里的黑1有许多正解。

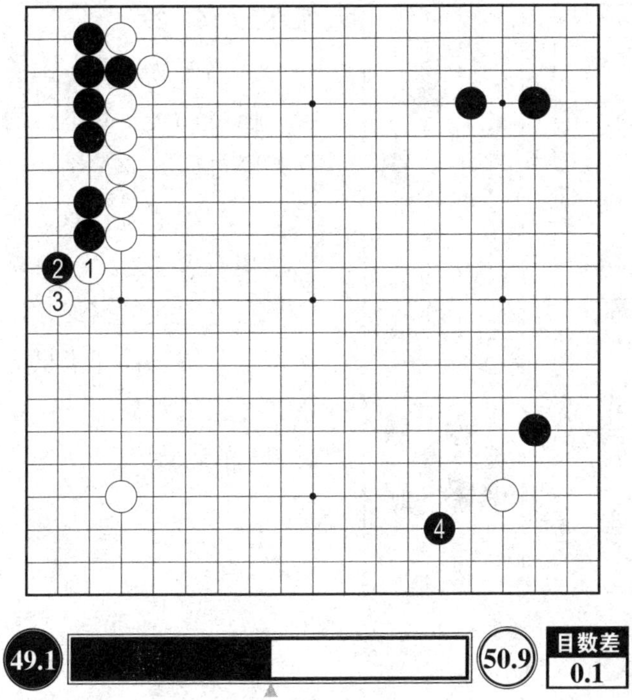

参考图2

白1、3连扳是很大的一手。

这里很重要，所以黑2扳一手之后再脱先。留着切断反击的余地是高级技术。此外，若被白2立下则黑棋不利。

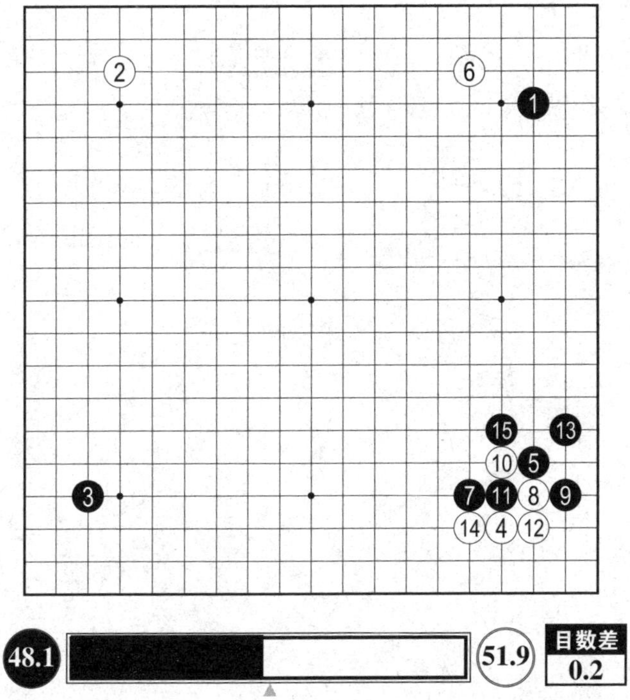

参考棋谱2

第45期棋圣挑战七番胜负第5局

2021年3月5日

黑　河野临九段

白　井山裕太棋圣

第1谱（1～15）

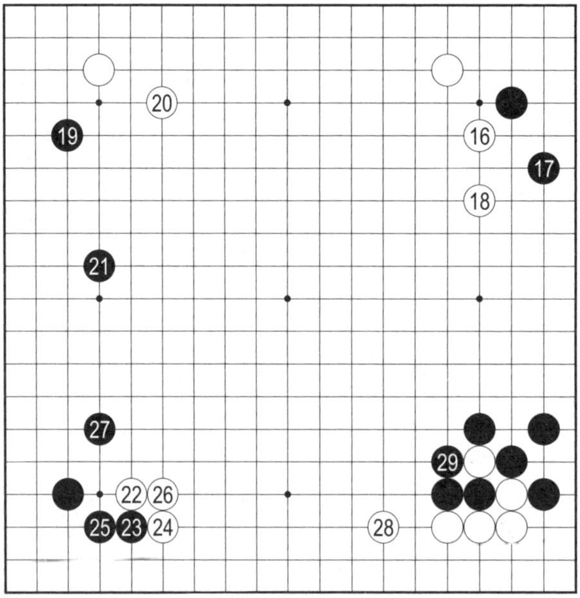

第2谱（16～29）

至黑15按照定式进行，但白16飞压时黑17的飞是经过研究的一手。这一手和AI的意见一致，研究量相当大。这个小飞是由于右下定式的棋形才用在这里，所以我想黑棋应该在过去的对局练习中有过相关的经验。

第六章　AI放出的有力手

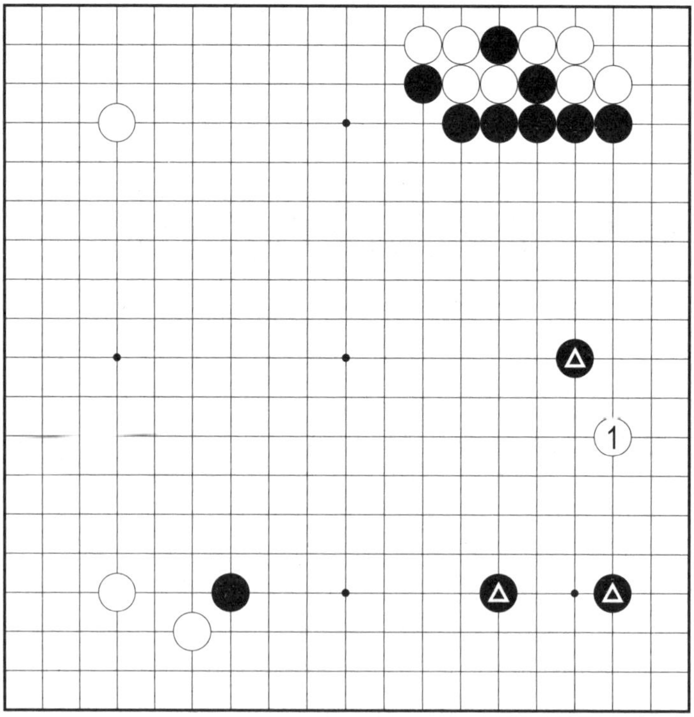

主题图1

黑△的配置在最近的对局中屡屡出现。对于这种配置，白1打入是有力的手法。现在我们来研究一下这个打入。

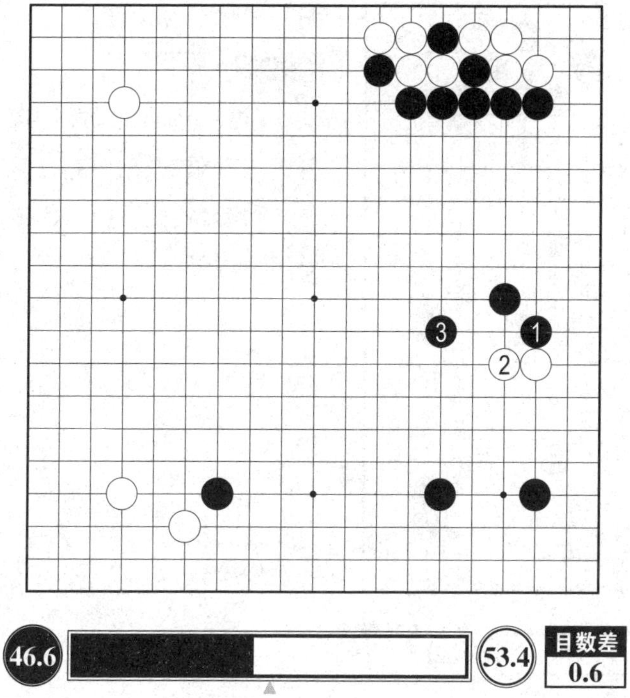

图1　夺取根据

难易度★★★☆☆

黑1尖顶是让白棋难以做出眼形的常规手段。白2立则黑3飞，压迫白棋。从以往的认知来看，白棋会给人稍重的感觉。

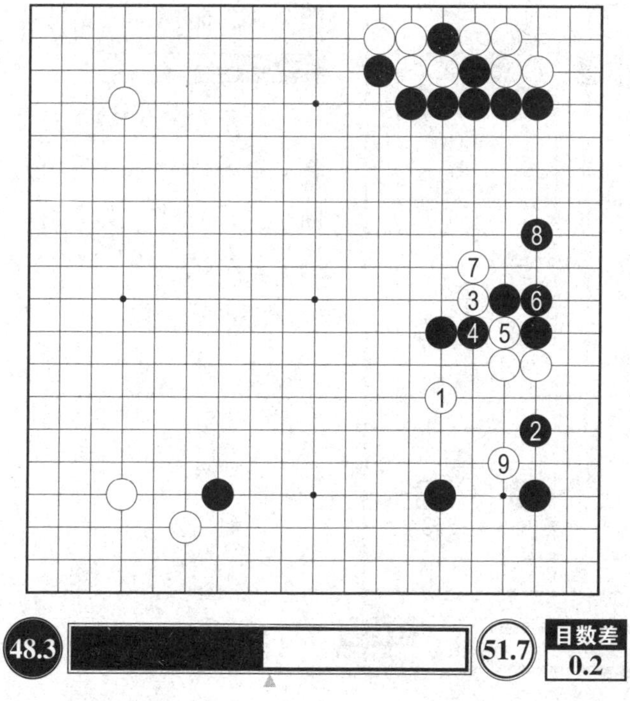

图2　两分但复杂

难易度★★★☆☆

白1打算脱出是一般的考虑方法，但是被黑2逼在急所时白棋的应对方法比较复杂。由于此处很难应对，所以白3开始整形，这里的局势判断和计算都很复杂。

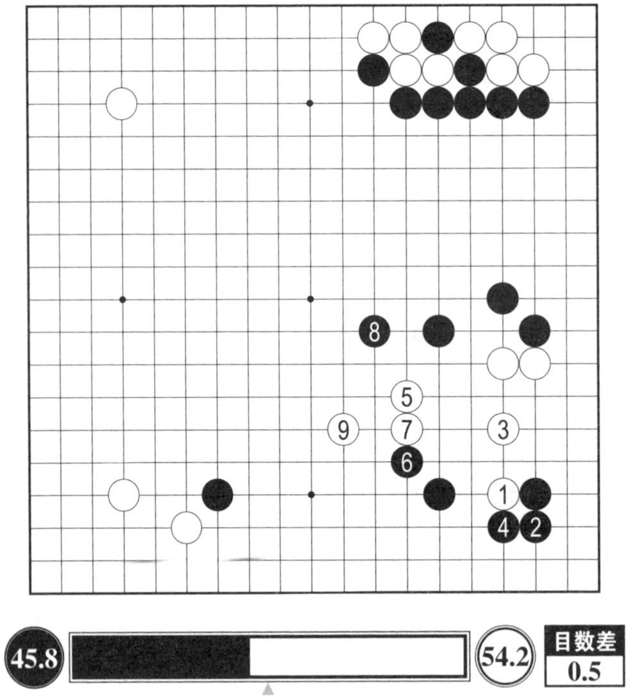

图3　寻找契机的一手

难易度★★★☆☆

白1碰是推荐的腾挪手法。若黑2退，白3、5整形。和图1相比，白棋的眼形丰富得多。

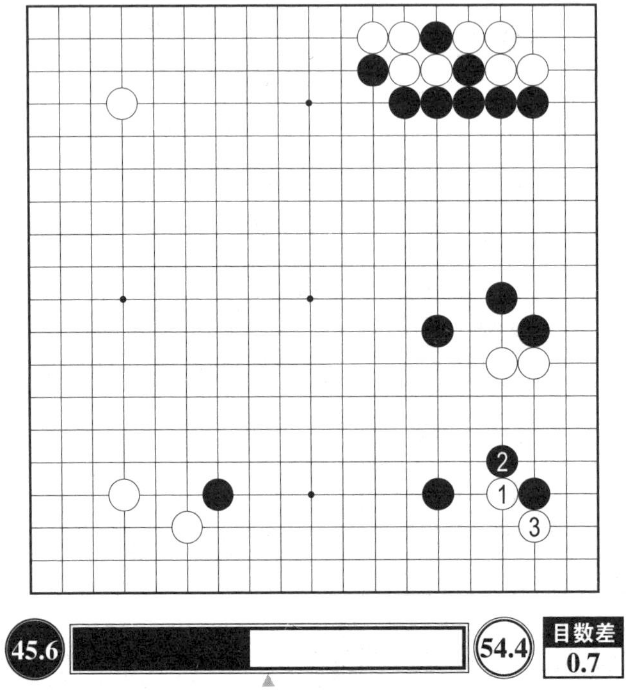

图4　腾挪的手筋

难易度★★★☆☆

对于白1，黑2扳打算将白2子和下面的1子分断。白1的外气变紧，好像马上就会被吃掉，但白3是腾挪的手筋。

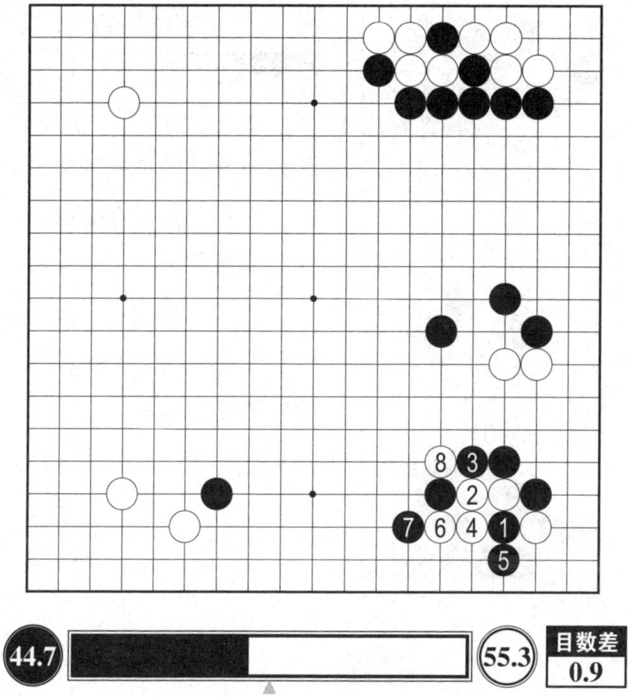

图5　相互纠缠

难易度 ★★★☆☆

黑1断打看起来是最严厉的手段吧。黑7对于白棋而言，是严厉的紧气手法。但黑棋各处也是伤痕累累，棋形很薄，所以是计算和计算的碰撞。最终……

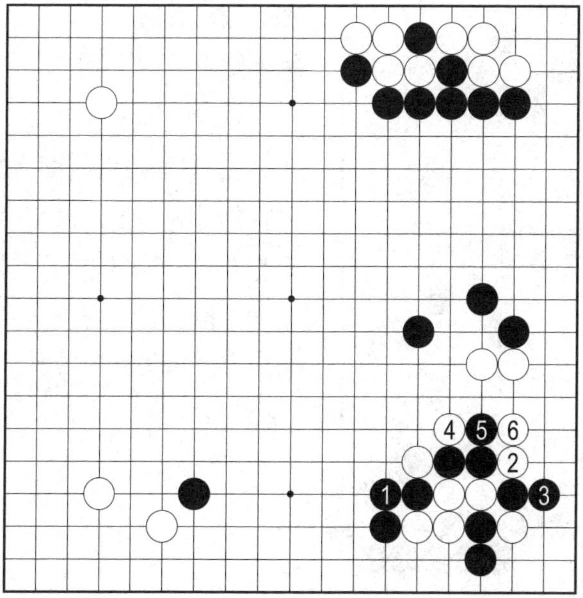

图6　黑棋崩溃

难易度 ★☆☆☆☆

对于前图白8的断打，黑1老老实实接上则不行。白2再次断打，最终黑棋无路可逃，崩溃。白棋的胜利就在眼前。

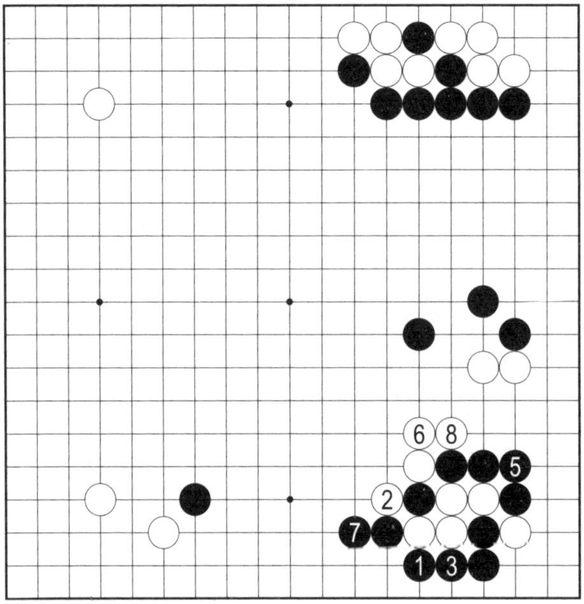

④（2右侧）

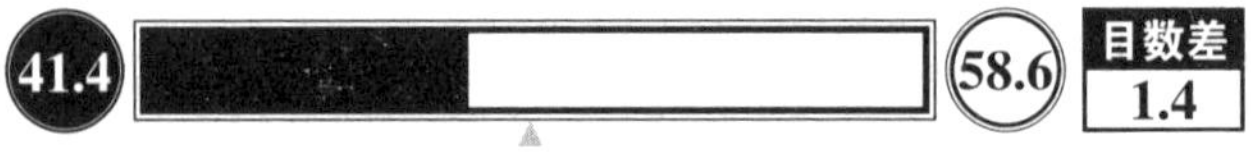

图7　白棋稍微有利

难易度 ★★☆☆☆

黑1开始滚打，破坏白棋的棋形是黑棋的正道。

若能不假思索地滚打，则是有段的水平。

那么，到白8为止，白棋似乎也很重，但这是白棋稍稍易下的棋形。

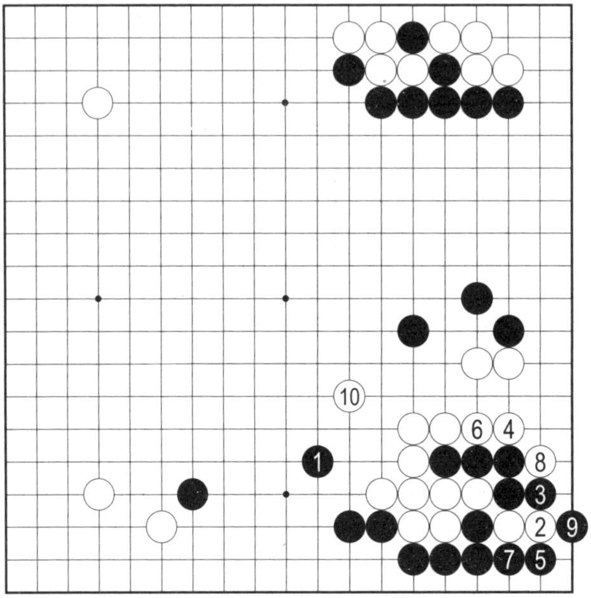

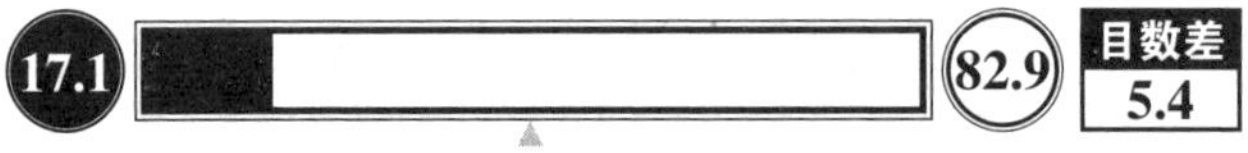

图8　黑棋过分

难易度 ★★☆☆☆

白棋的棋形好像有些重，黑1果断攻击白棋。但是仔细计算一下，白2开始让黑棋吃掉右下白子，白4、6、8可以先手获利。这是白棋相当易下的局面。

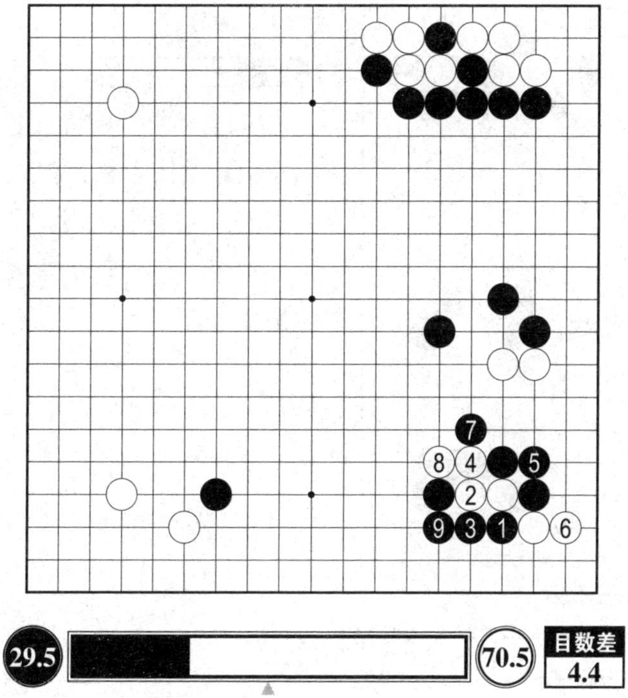

图9　黑棋的其他方案

难易度 ★★★☆☆

黑3追究的方法也必须要考虑。由于无法征吃白子，所以白4可以逃。黑5粘之后，白棋看起来很零乱，白6立下开始瞄着对杀来整形。

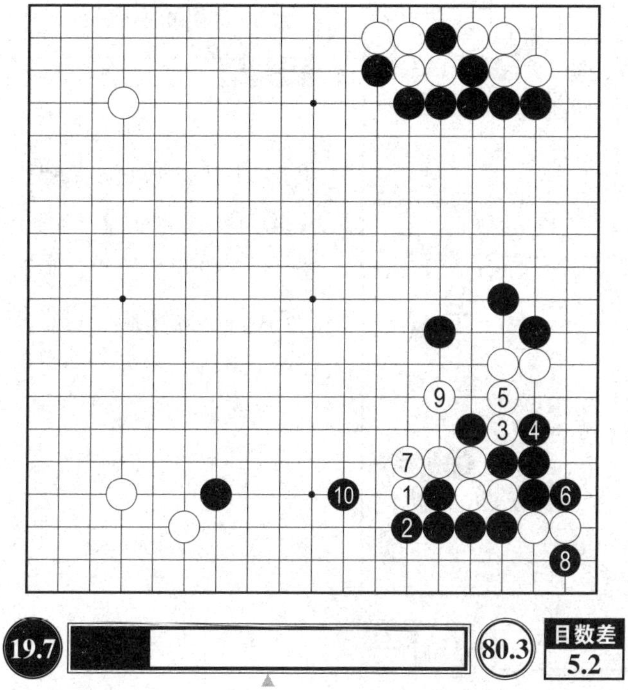

图10　白厚

难易度 ★★★☆☆

白3断是逼黑棋收气吃棋的手法。到白9为止白棋打开了向中腹的出路，同时吃住黑1子做出眼形。

如此治孤白棋并无不满。

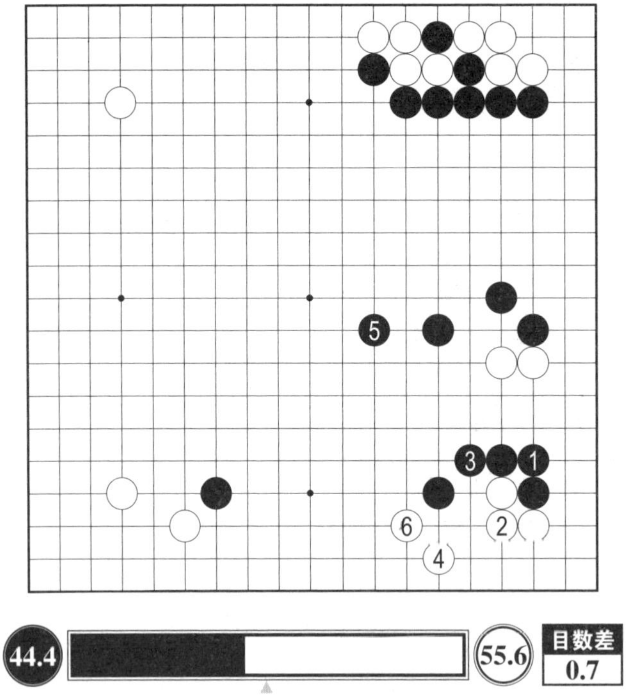

图11　两分

难易度 ★★☆☆☆

黑1若粘上，则将角上的实地让给了白棋，但是可以坚实地封住右边白2子。这个类似于转换的过程是两分的进行。

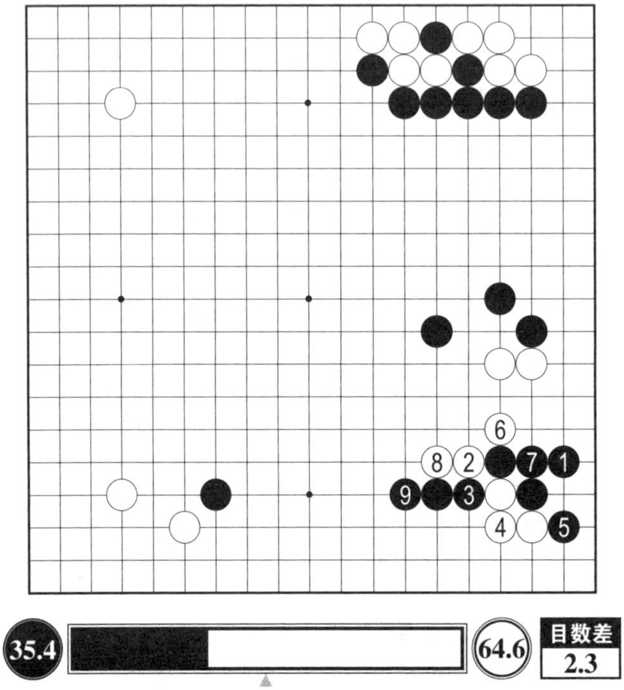

图12　柔和的构想

难易度 ★★★☆☆

也有人想要吃下右下角的白子而黑1倒虎吧，如此白棋则采取柔和的下法。从白2开始扳出，调整为白6打吃破坏黑棋棋形的作战。

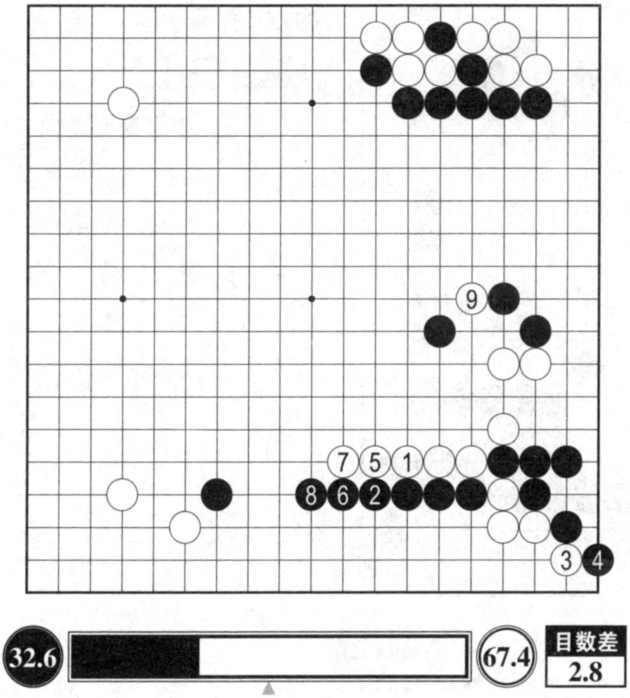

图13　断然良好的进展

难易度 ★★★☆☆

白1开始连续压过去，大大方方地将右下角的白子全部舍弃。角上黑棋可能还要收气吃。由于白棋在下边做出一堵墙，所以白9开始突击黑棋的薄味。

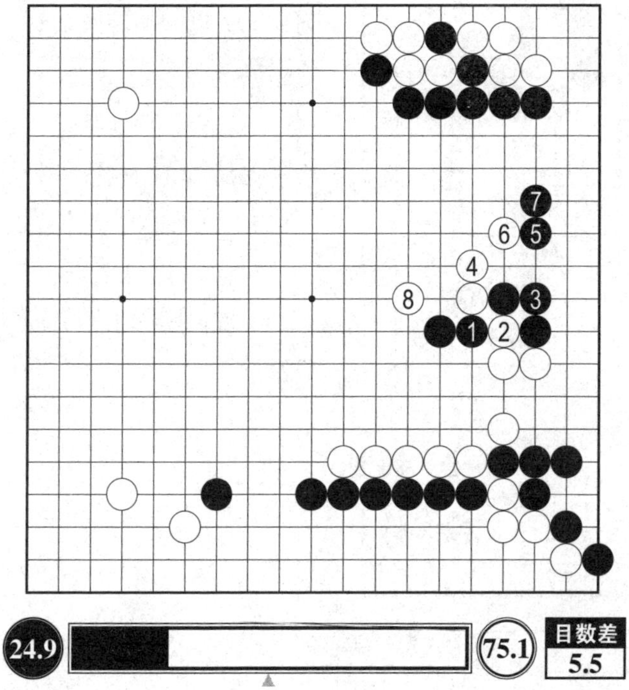

图14　黑棋奇怪的战斗

难易度 ★★★☆☆

黑棋也不能简单就送掉，所以黑1开始全面作战。但是白6尖顶后白8是严厉的攻击。

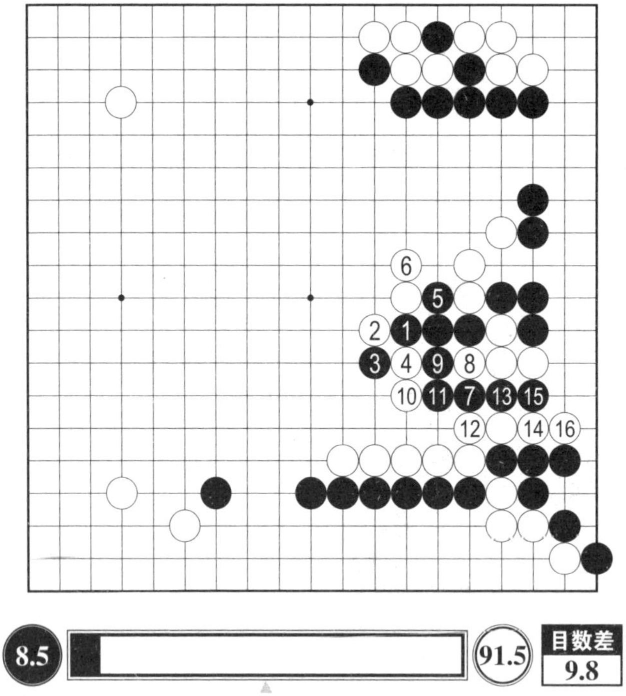

图15　黑棋崩溃

难易度 ★★★☆☆

黑1开始打算脱出。白棋也是稍微有点薄的棋形，所以是艰苦的战斗。但是，此战是白棋胜利。白棋把右下角也缠绕进来，中间或者下面的黑子会被吃掉。

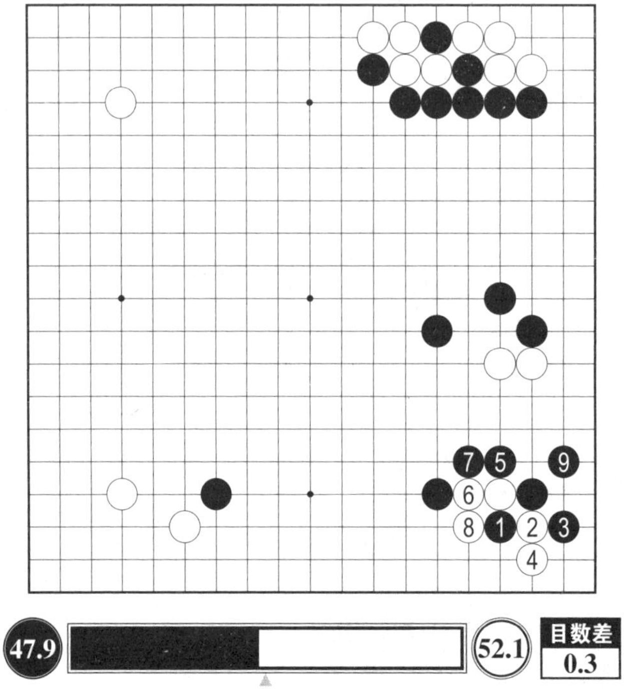

图16　黑棋的其他方案2

难易度 ★★☆☆☆

黑1若在下边扳，白2切断是腾挪的手筋。黑棋制住右边的白2子，黑3、5、7将角上让给白棋。黑3若下5位，则回到图5或者图9。

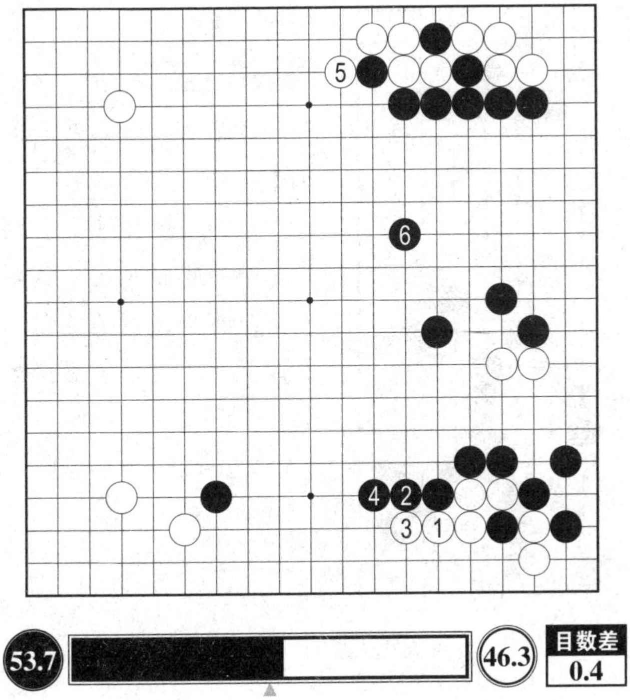

图17　两分

难易度 ★★☆☆☆

这是之后进行的一例。白1的目的是为了巩固右下，所以几乎是必然的进行。

黑棋的实空虽然感觉很大，但是只有一处空，所以局势意外的是两分。

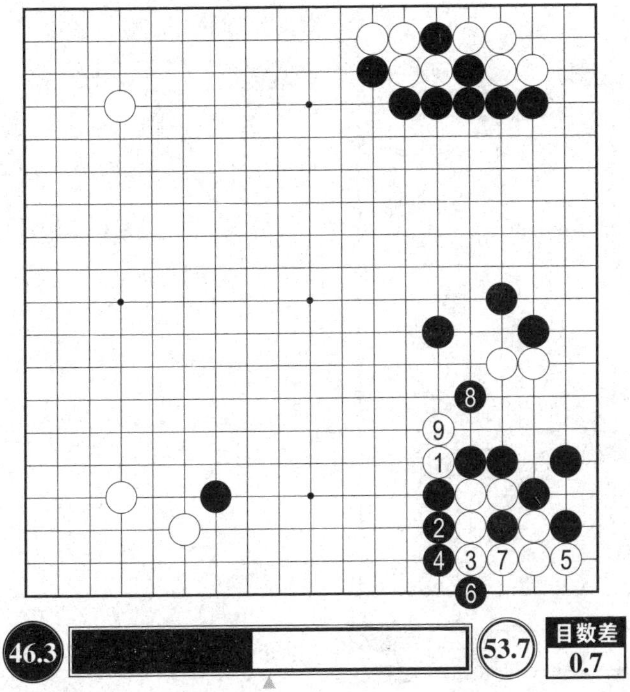

图18　复杂的进行

难易度 ★★★★☆

白1切断的手法也有力。黑棋下边和右边都偏薄，但是，右下角的一团白子也还没有活，所以这是适合高水平读者的变化。

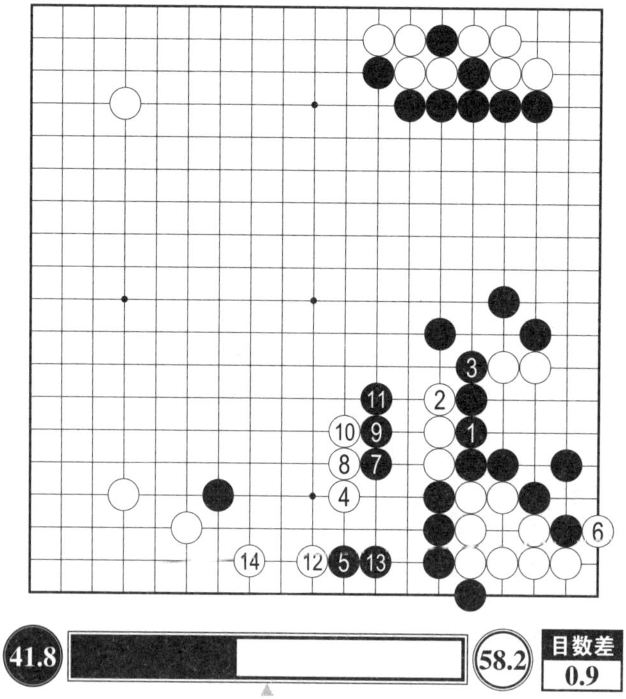

图19　两分

难易度 ★★★★☆

这是之后进行的一个例子。

白棋通过弃掉不少棋子来瞄着扩张左边。这是面向高水平读者的变化，所以只是将这个思路作为参考比较好。

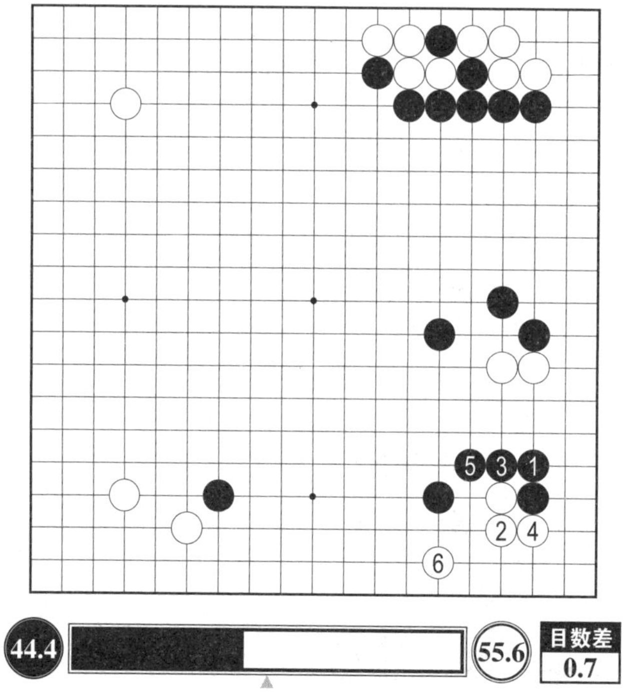

图20　简明变化

难易度 ★★☆☆☆

若黑1长则不会有很多变化，所以比较稳妥。黑3分断右边的白2子，和图11是同样的进行。

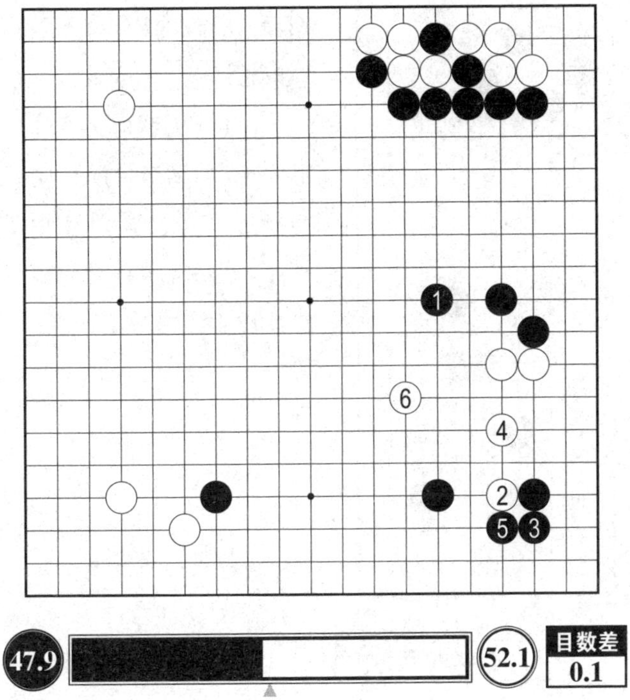

图21　黑棋走厚

难易度 ★★★☆☆

黑1若一间跳，对白2子的压力相对就轻一些，但黑棋也没有了弱点，可以厚实地进行攻击。

白棋仍然是用白2碰的手法来腾挪，至白6是两分的进行。

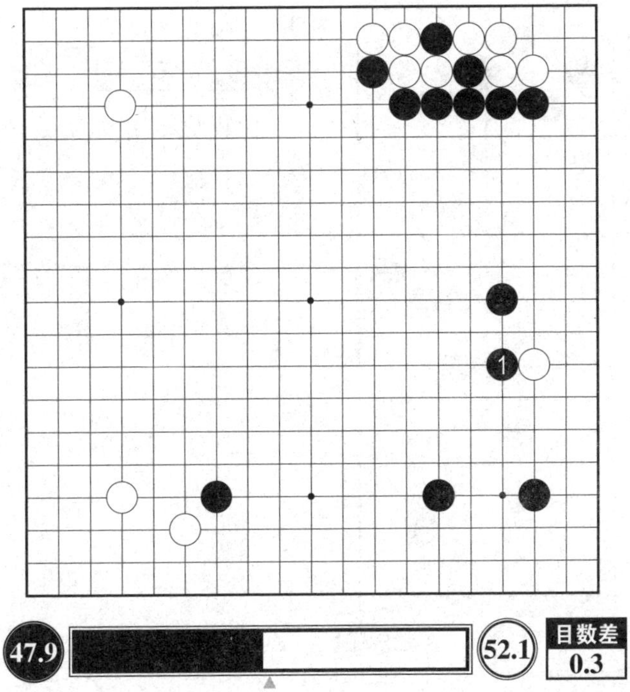

图22　AI流

难易度 ★★☆☆☆

黑1从上面靠压是现在正在流行的黑棋的应手。

看起来好像给了白棋打入的弱子借力腾挪的机会，但是却意外的有力。

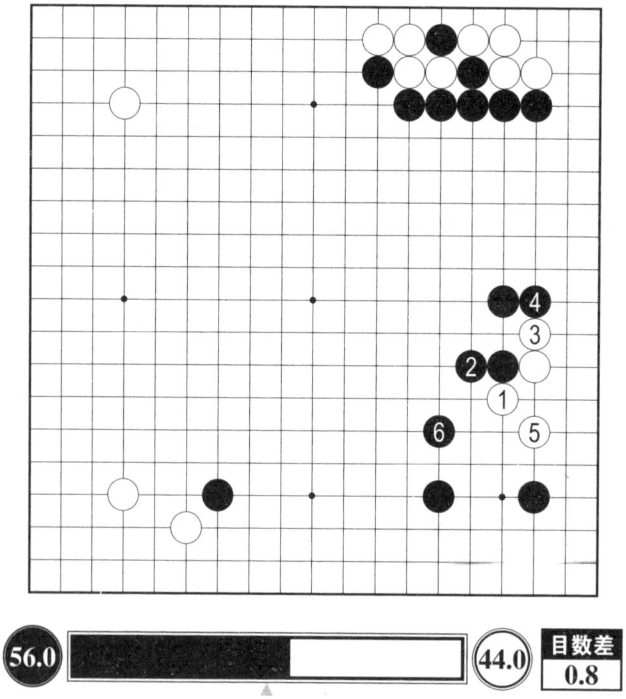

图23　最初的构想

难易度 ★★☆☆☆

白1扳几乎是必然的应手。至白5和星位压长定式的棋形一样，黑白互相都不坏。黑6挤压右边白棋，使其只能活得很小。

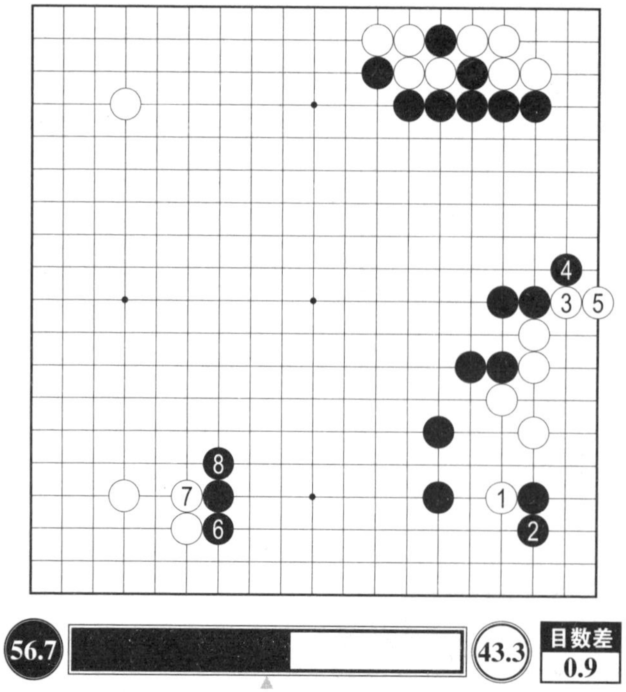

图24　两分

难易度 ★★☆☆☆

白棋做活并不用太辛苦。白1碰是做活之前试探黑棋应手的高级手法。

黑6也是非常大的场所，双方都没有不满。

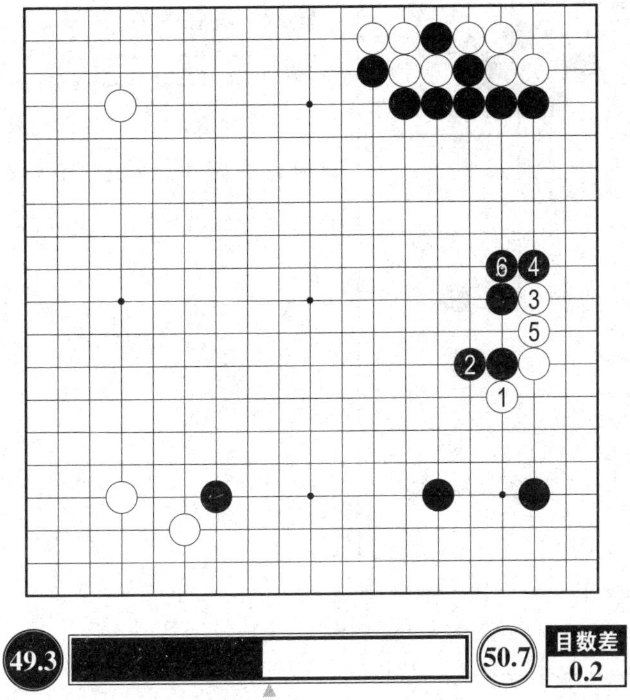

图25　白棋的其他方案

难易度 ★★☆☆☆

白3也可能托到这里。白棋相对比较容易做活，所以此图看起来很有吸引力，但是黑棋的外围也变厚。这是有好有坏的选择。

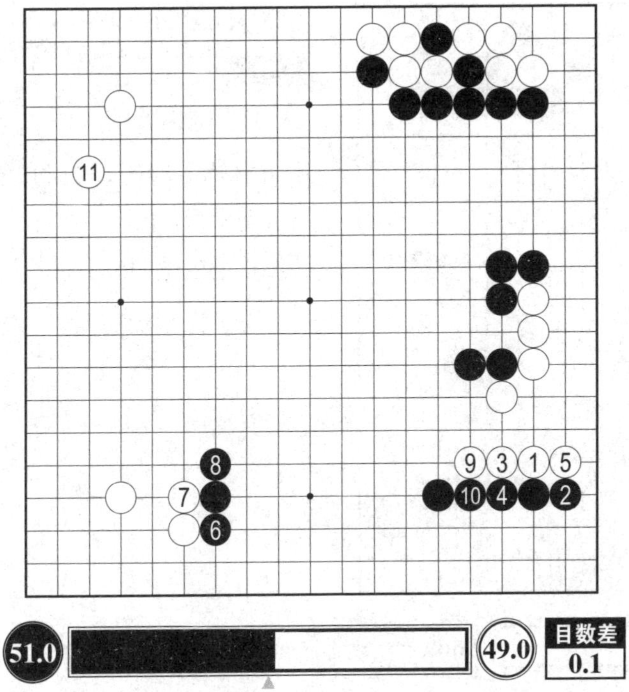

图26　两分

难易度 ★★☆☆☆

白1碰，右边可以做活。和图24相比，白棋的空间比较大，不用担心被吃。而这样下的代价是黑棋的实空也比图24要厚，缺陷很少。

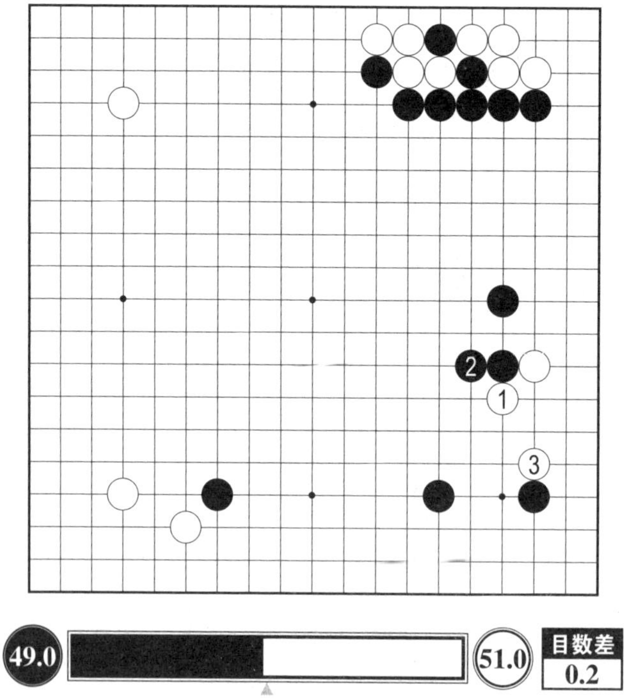

图27　现在的流行

难易度 ★★☆☆☆

白1扳后白3碰是现在流行的好手。这样的次序当然是有理由的。

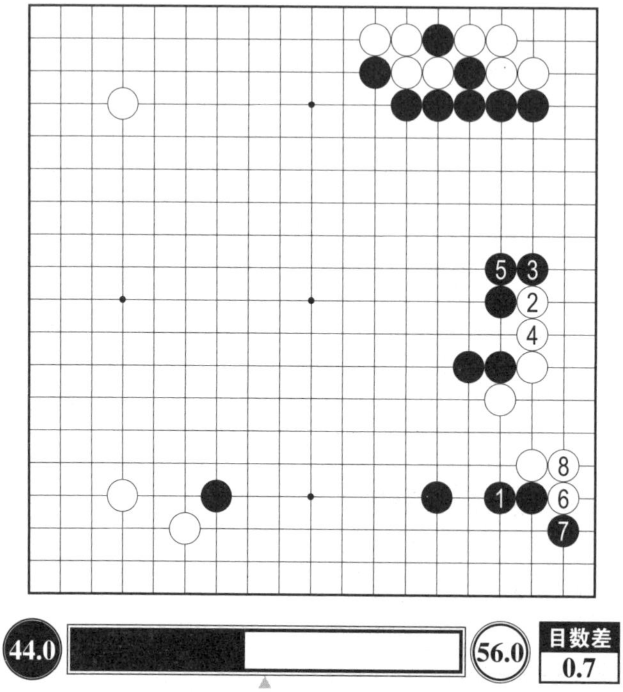

图28　次序的效果

难易度 ★★☆☆☆

若黑1稳妥地退，白2开始准备下成图25、图26的进行。此时，白6、8能够扳粘是前图白3的功效。

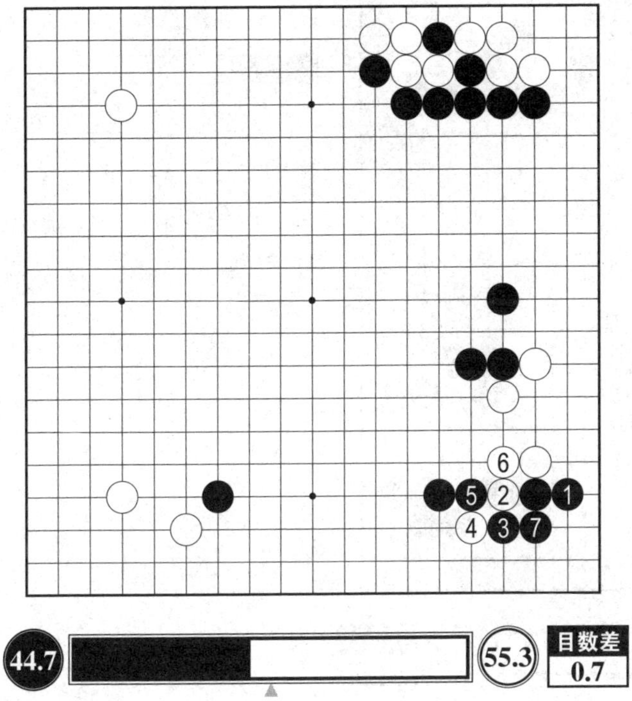

图29　线索

难易度 ★★☆☆☆

若黑1立下，这次白棋可以白2挖后白4扳下破坏黑棋的棋形。白4可以制造黑棋棋形的缺陷。黑棋下边会被白棋各种先手利用，让人很是烦心。

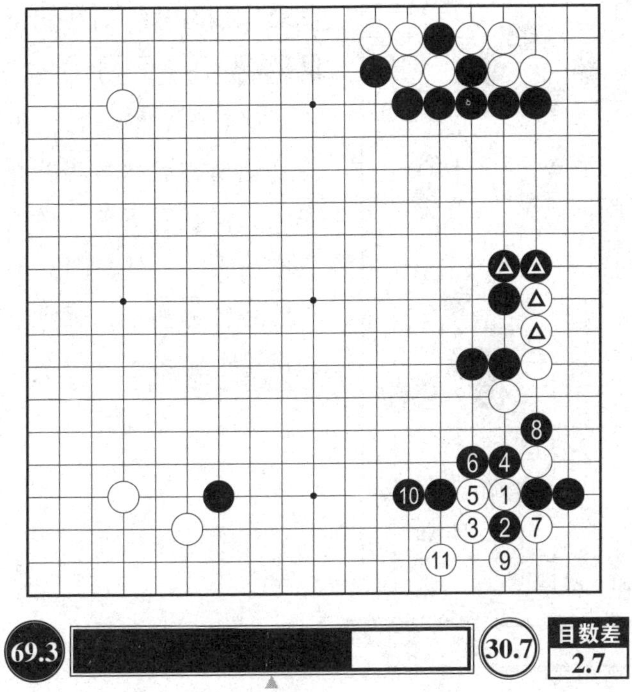

图30　白棋受损的交换

难易度 ★★☆☆☆

白棋图25、图26的变化。黑▲和白△先交换之后，再白1、3连扳时，黑棋就有黑4反击的手段。此时黑▲和白△的交换对白棋来说完全是损失。

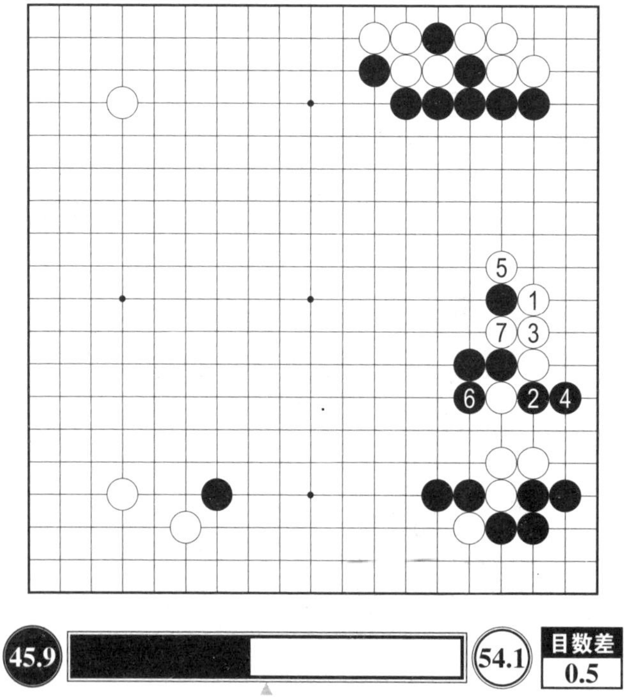

图31 新的选择

难易度 ★★☆☆☆

白1托时，现在有黑2断的手法。右下的白子很多，价值变高，所以黑棋有了转换的选择。

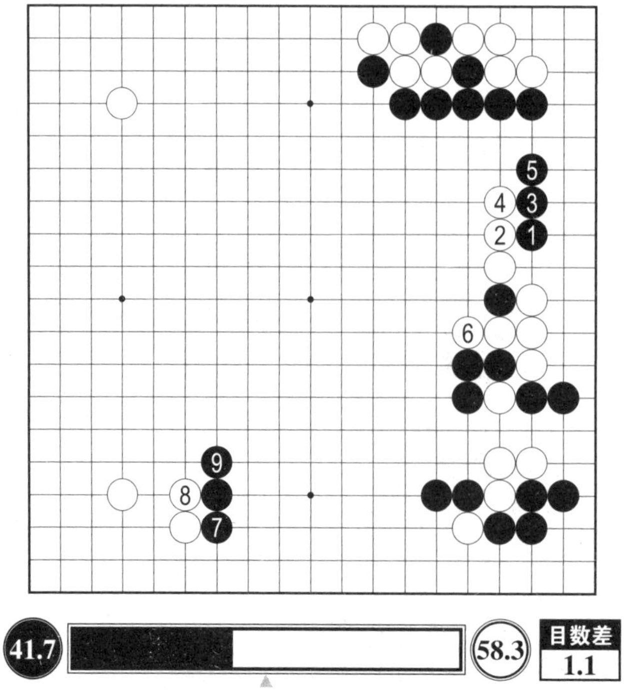

图32 白棋稍好 几乎两分

难易度 ★★☆☆☆

这是之后的进行。虽然评估值方面两方相差并不大，但是右下角的黑棋实空很大。另外，图34的下法也被解消了，感觉上白棋有些浪费。

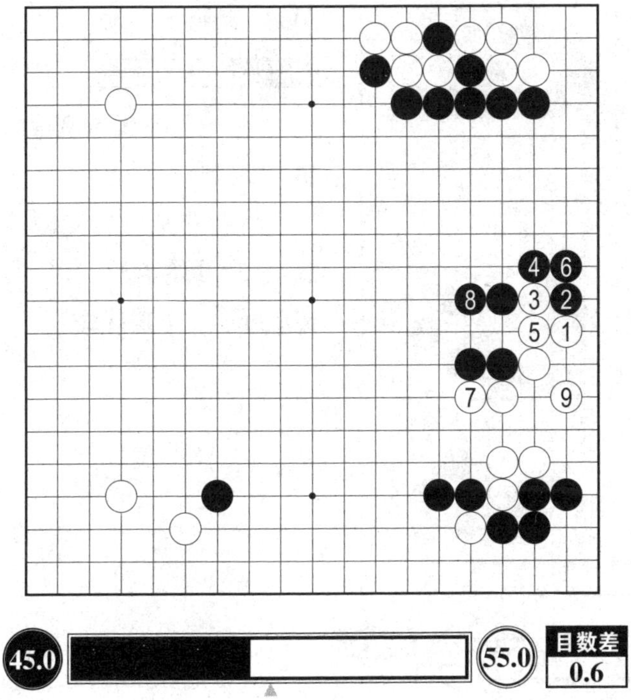

图33　两分

难易度★★☆☆☆

白1若尖，黑棋就没有图31断的手法。白棋眼形丰富，所以可以安稳地做活。

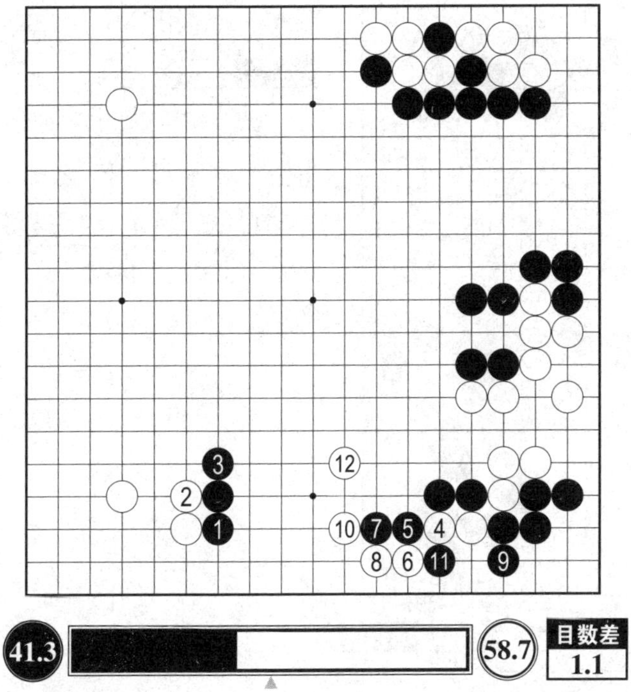

图34　动手

难易度★★☆☆☆

黑棋虽然可以黑1开始扩张黑地，但此时图29做出的缺陷可以起作用。白4开始破坏黑棋的模样，是两分的进行。

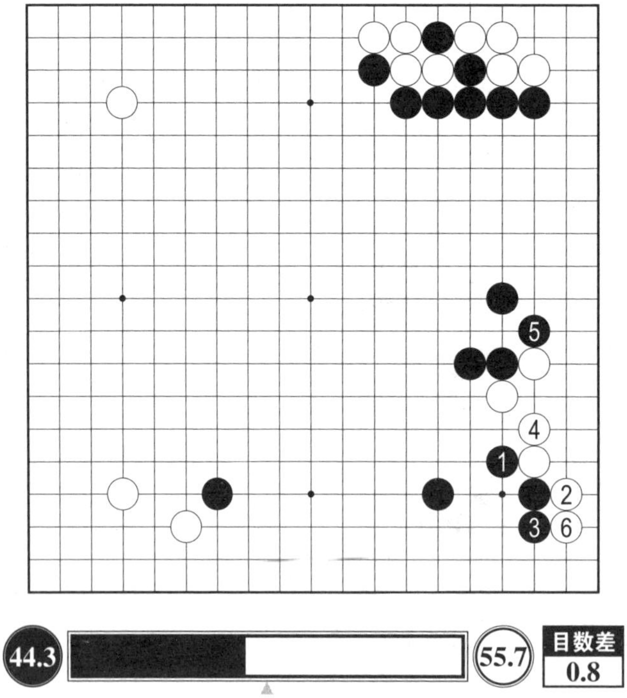

图35　腾挪的基本

难易度 ★★★☆☆

黑1扳，严厉地追击白棋会如何？

腾挪的基本是先碰再扳。白2开始腾挪。黑5能构成好形，也是好手。

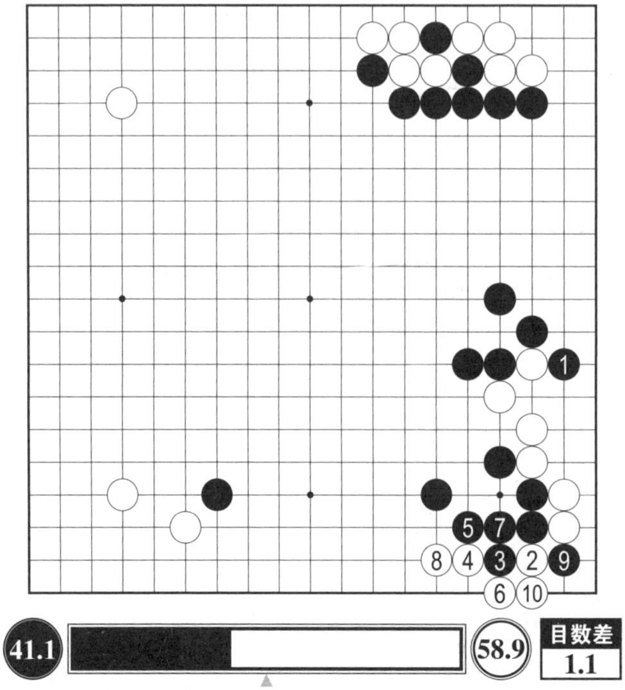

图36　确保根据

难易度 ★★★☆☆

黑1打吃夺取根据地的下法十分常见。但是，白2、4可以巧妙地在1路和2路做出根据。白4也是好手吧。

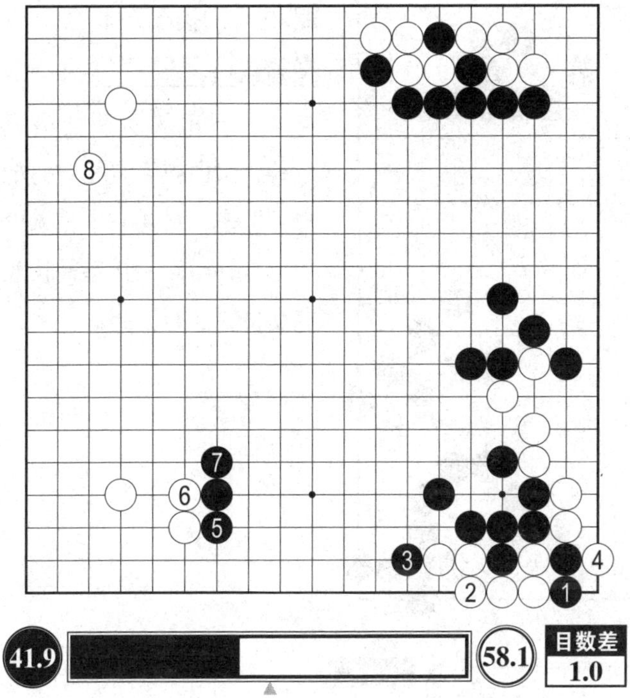

图37　两分

难易度 ★★★☆☆

黑3在下边暂时封住白棋。

黑5开始在下边扩张模样，形势上双方两分。

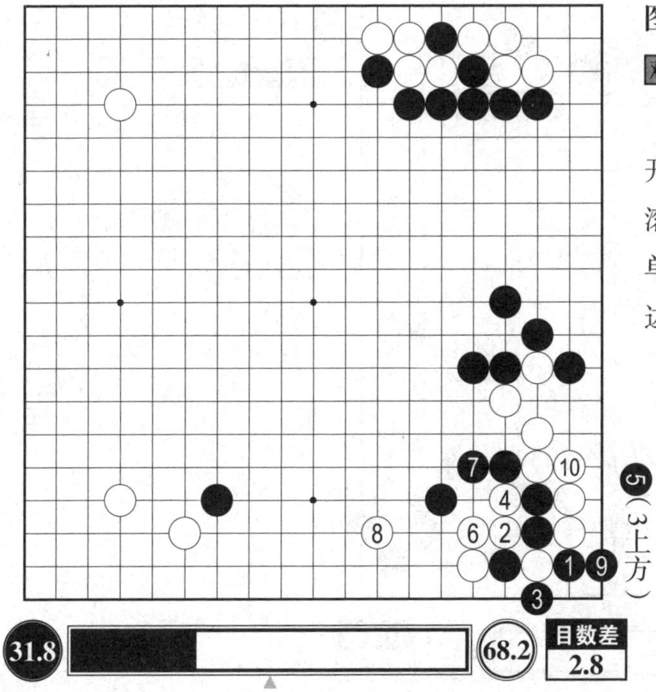

图38　反击

难易度 ★★★☆☆

对于图36的白4、黑1开始打吃会如何？白2开始滚打，角上的黑棋似乎简单被吃，但白8先不吃而向边上脱出。

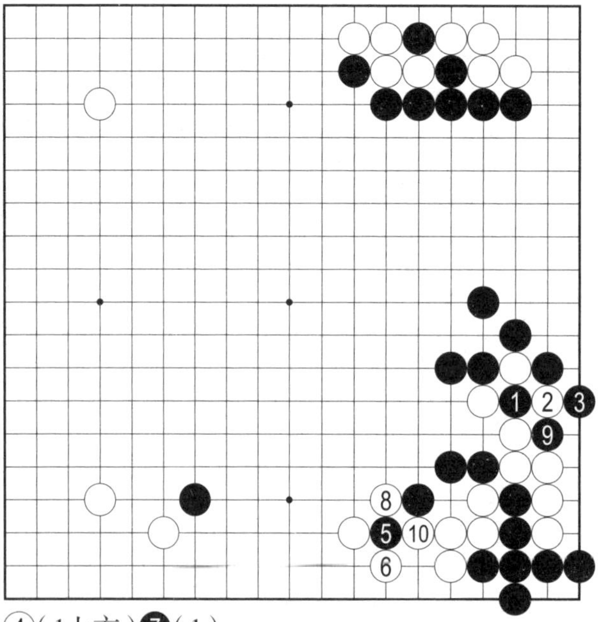

④（1上方）❼（1）

36.7　63.3　目数差 1.4

图39　适度的劫材

难易度 ★★★☆☆

右下角的对杀会造成打劫，可白棋没有相对的劫材。但是，最初右下是黑棋的地盘，所以白棋选择较轻的劫材也没有不满。

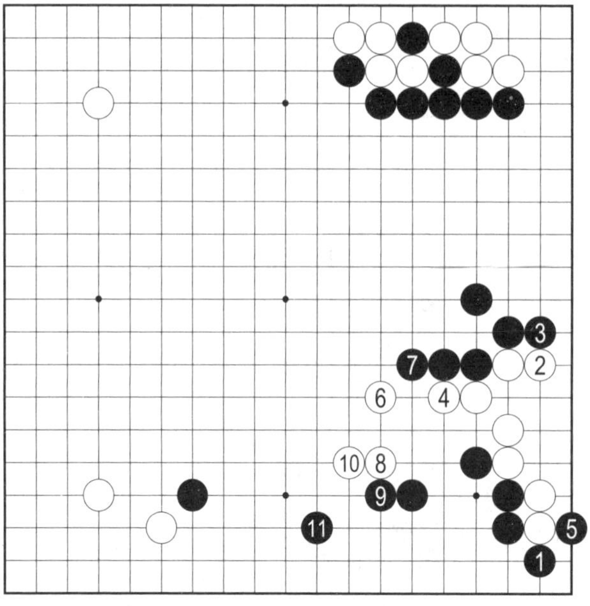

43.8　56.2　目数差 0.8

图40　两分

难易度 ★★☆☆☆

黑1若重视角部，白2立在急所确保根据地。白棋在右边还没有做活，所以向中央出头，现在开始战斗。

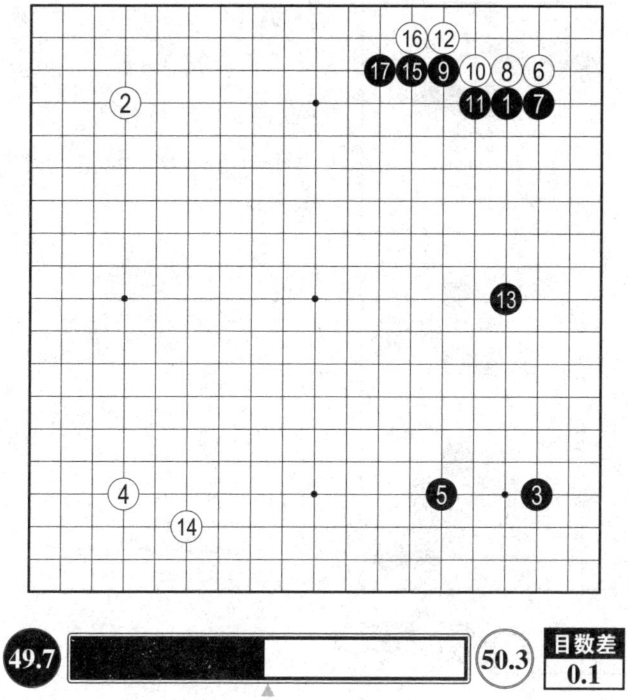

参考棋谱1

第26届LG杯朝鲜日报棋王战2回战

2021年6月1日

黑　陶欣然九段

白　申真谞九段

第1谱（1～17）

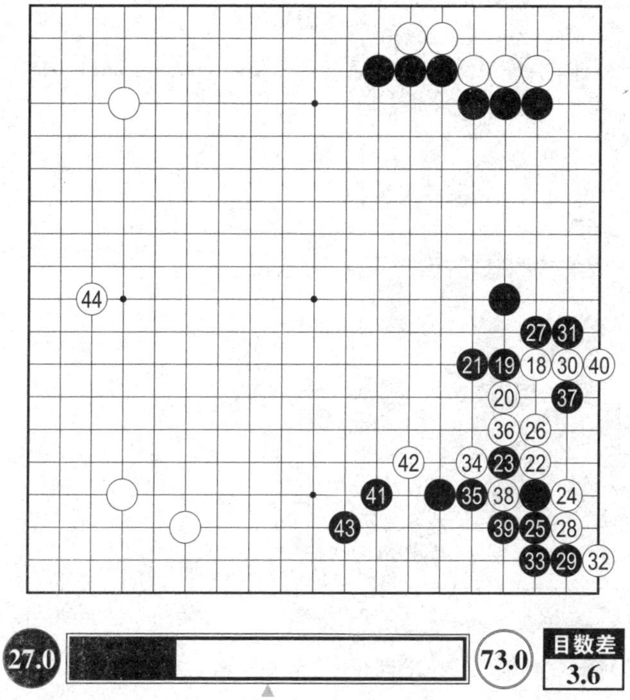

第2谱（18～44）

右上角的棋形虽然和研究图不同，但右下的配置相同的话，几乎所有的棋形都可以利用研究图。

黑37是不让白棋扳粘（见参考图）的苦心的一手。

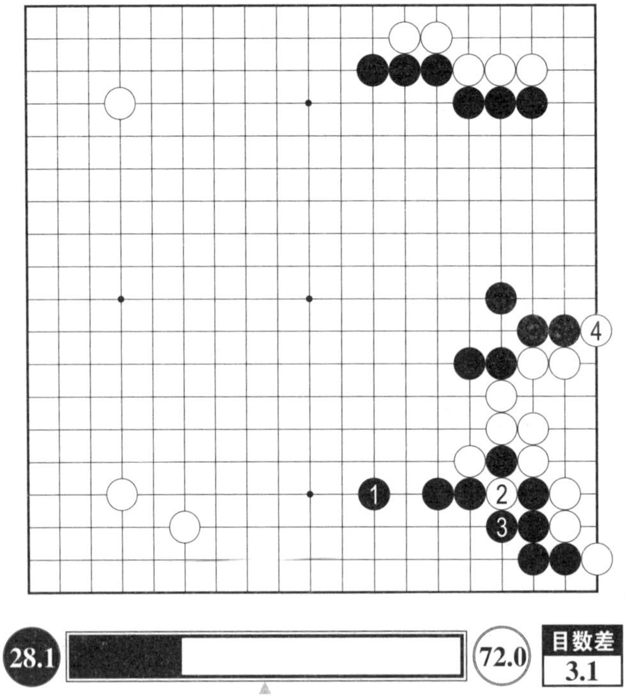

参考图

若直接黑1跳，白4扳粘后右边可以做活。为了避免这个变化，实战黑37先交换一手。

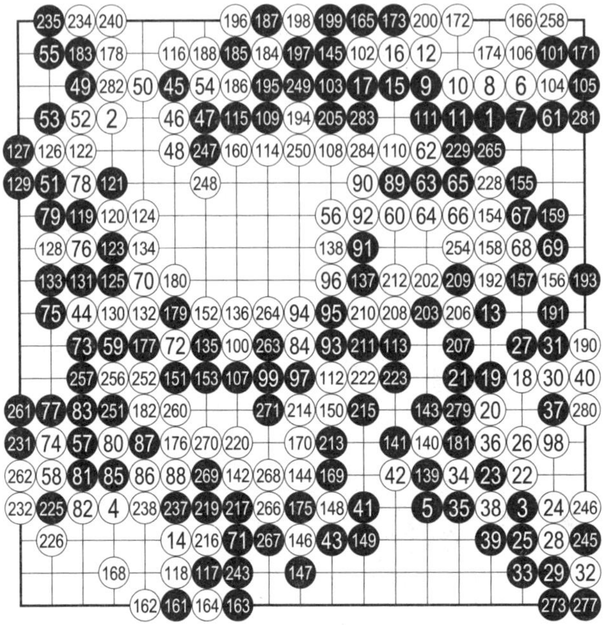

167 221 227 233 239 272 (161) 189 (23) 201 241 276 (187) 204 274 (198)
218 224 230 236 242 (164) 244 (185) 253 (72) 255 (206) 259 (87) 275 (80) 278 (245)

总谱

284手完　白3目半胜

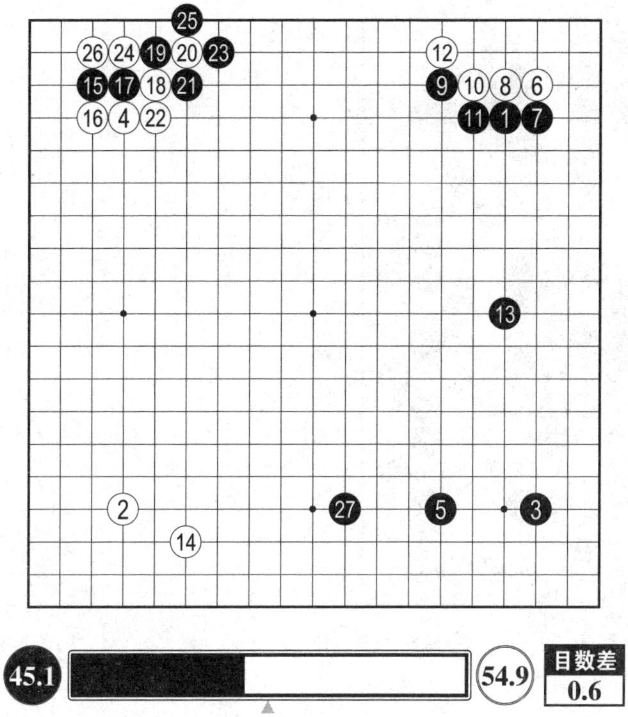

参考棋谱2

第28届阿含·桐山杯全日本快棋公开赛1回战

2021年7月5日

黑　本木克弥八段

白　一力辽九段

第1谱（1～27）

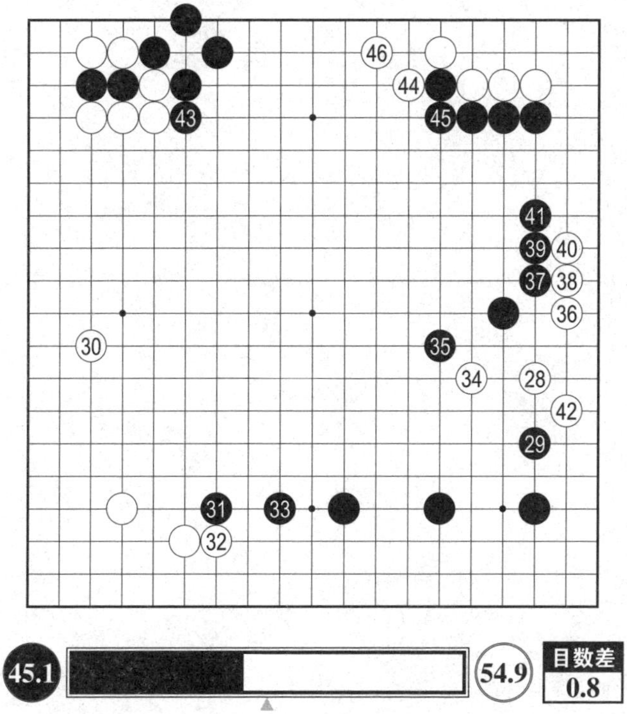

第2谱（28～46）

和研究图相比，下边的黑棋稍厚一些。但是，白28仍然可以使用流行的手段。黑棋不喜欢在右下给白棋腾挪的机会，所以黑29开始攻击。

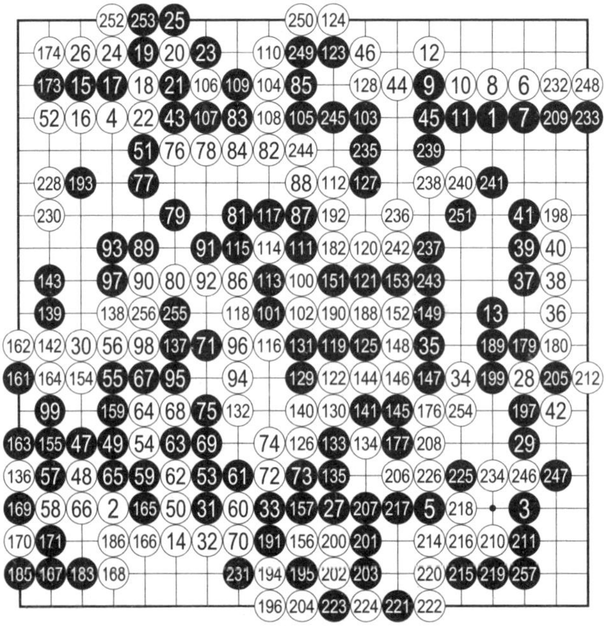

⑮⓪(114)⑮⑧(113)⑯⓪(64)⑰②⑰⑧⑱④(136)❶❼❺❶❽❼(169)

❷❶❸(28)❷❷❼(223)❷❷❾(195)

总谱

267手完　黑中盘胜

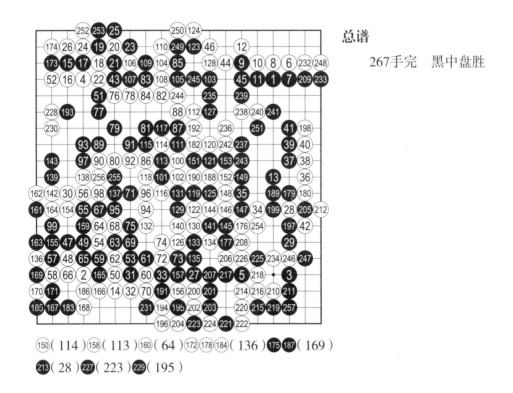

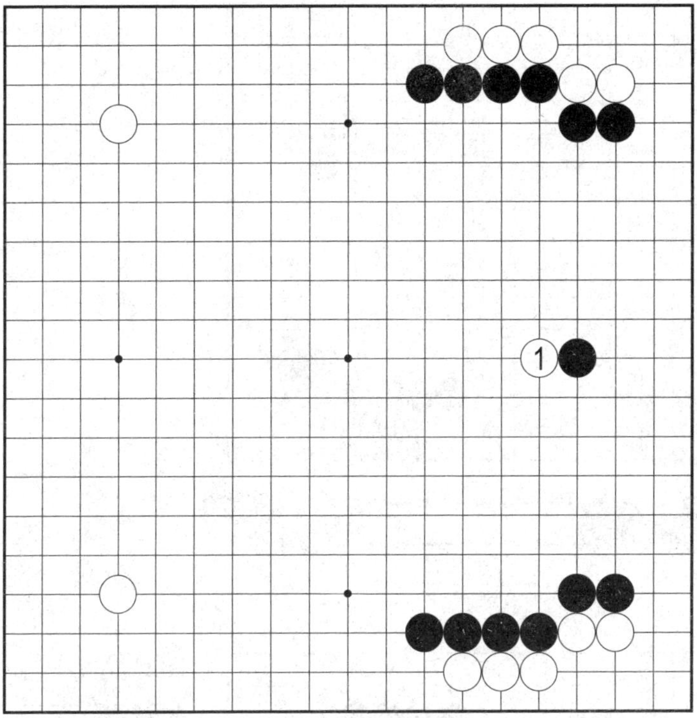

主题图2

黑棋的模样壁立千仞，白棋要从哪里开始破坏比较好呢？

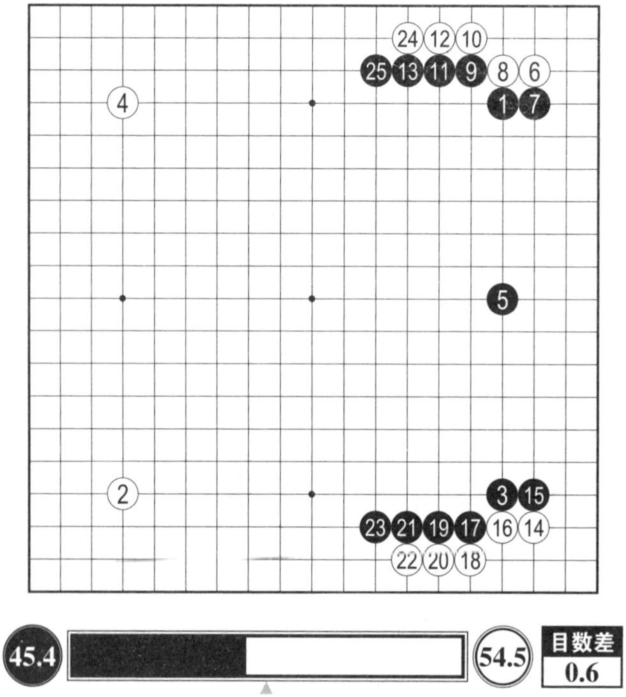

图1　以往的次序

黑棋是以前备受喜爱的三连星。而与之相对，白棋是AI起初使用的直接点三·3。

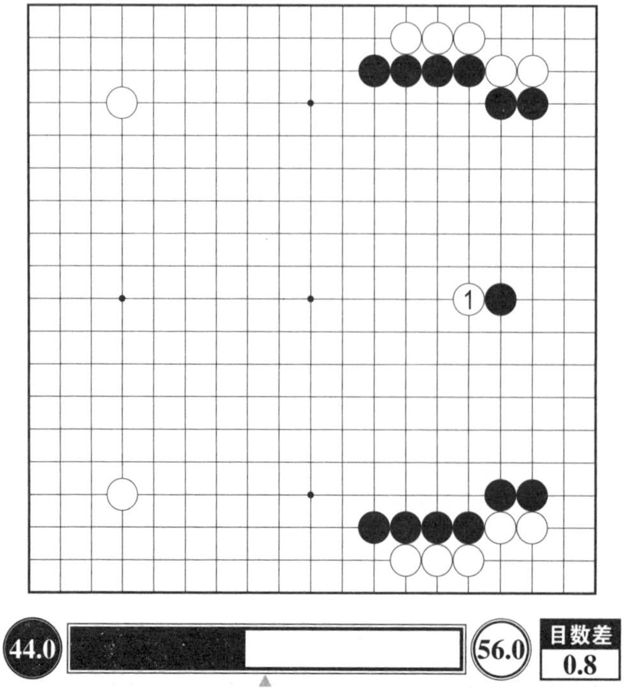

图2　左右同形走中央

难易度★★☆☆☆

再看一下主题图。AI推荐的是按照格言堂堂正正碰在中间的破空手法。其看起来也是很有冲击力的一手。

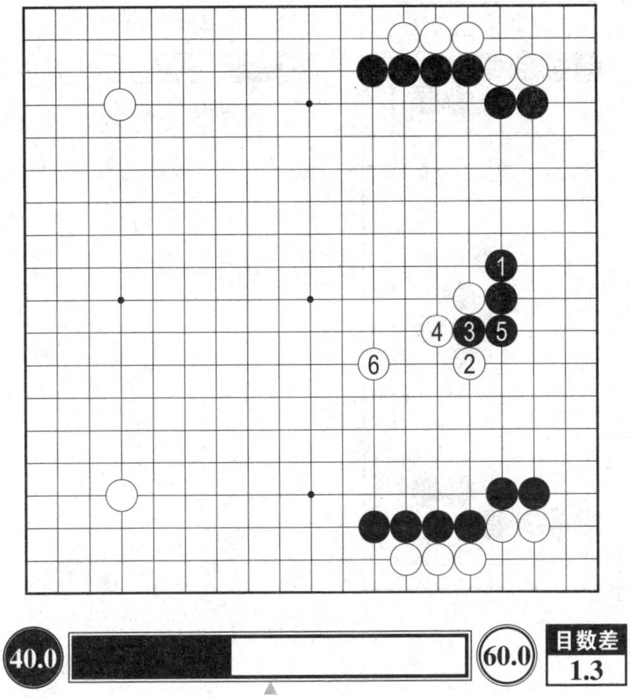

图3　黑棋被利

难易度 ★☆☆☆☆

若全部都跟着应的话黑棋就吃亏了。右边即使获得了3路实空，但和最初的黑棋模样相比，实地大幅度减少。

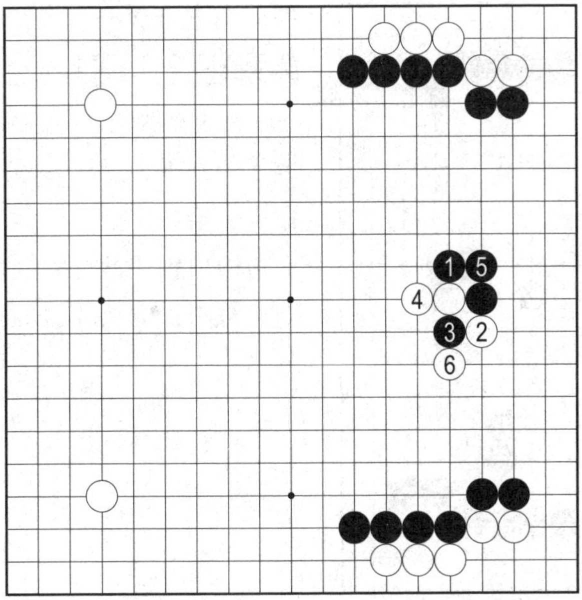

图4　遇碰必扳

难易度 ★★☆☆☆

把对手棋子的气收紧，扳是最严厉的手法。之后黑3的断打看起来虽然很严厉，但会被白6征吃。如此黑棋不行。

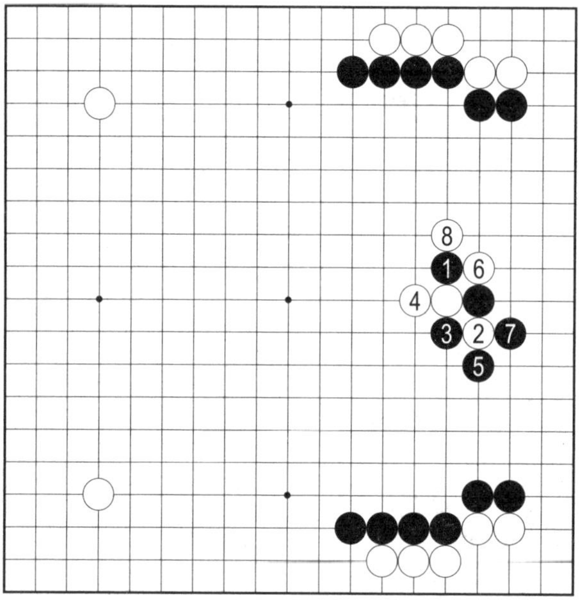

图5　反过来也是征子

难易度 ★★☆☆☆

黑5即使打吃，至白8，黑子也被征吃。征子的配置站在白棋这边。

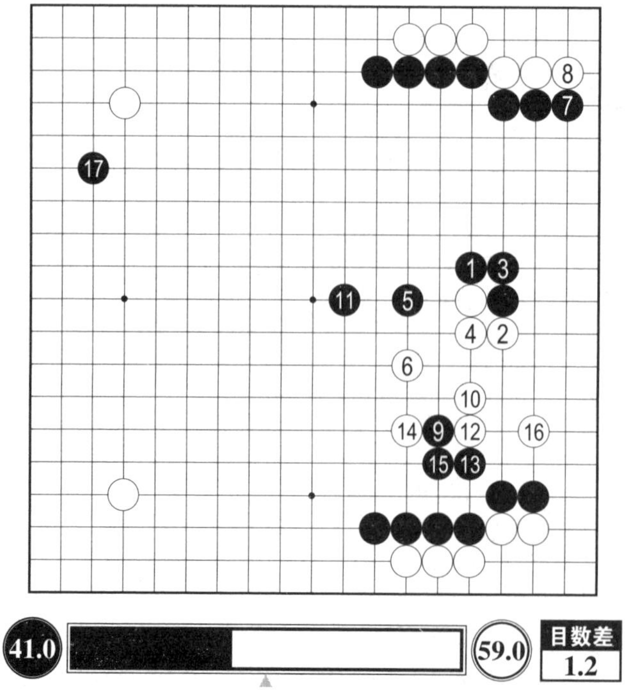

图6　不慌不忙

难易度 ★★☆☆☆

黑3紧粘是不给对手调子的好手。黑5、9逼迫白棋，至白16告一段落。右边的白棋还没有完全做活，被黑棋虎视眈眈地盯着。

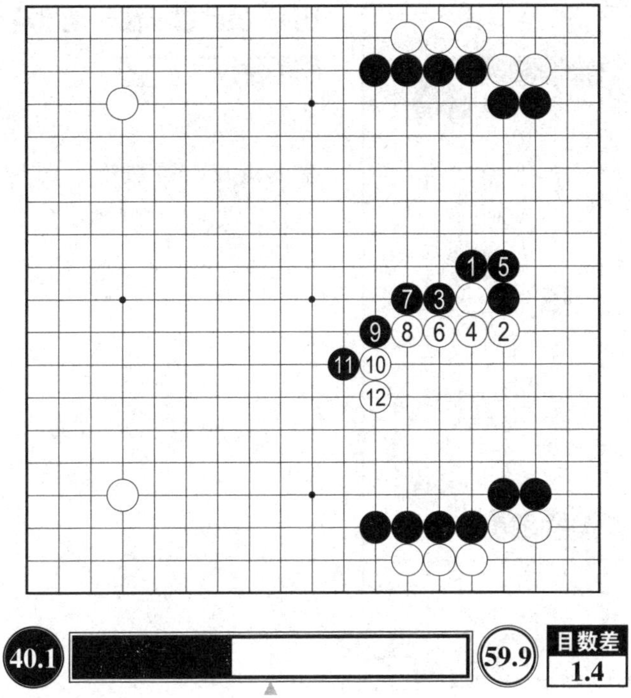

图7　给了调子

难易度 ★★☆☆☆

黑3虽然也想打吃，但是这个场合会给白棋腾挪的调子，所以不能推荐。白6至白12，白棋成为腾挪的棋形。

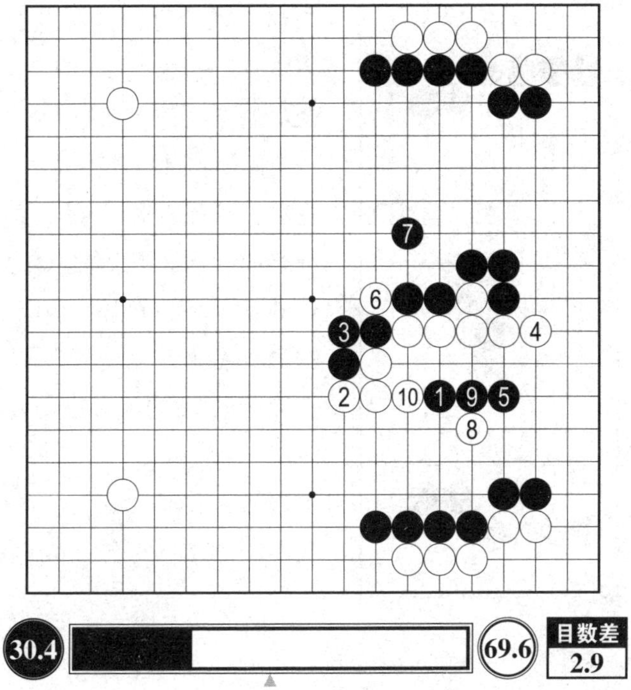

图8　今后的一例

难易度 ★★☆☆☆

黑1点在急所是变化的一例，果然被白棋巧妙地腾挪。评价值方面，白棋的胜率接近70%，略为有利。

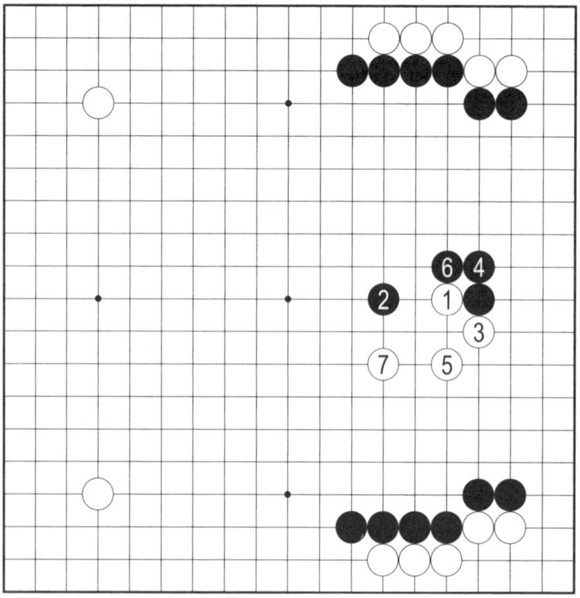

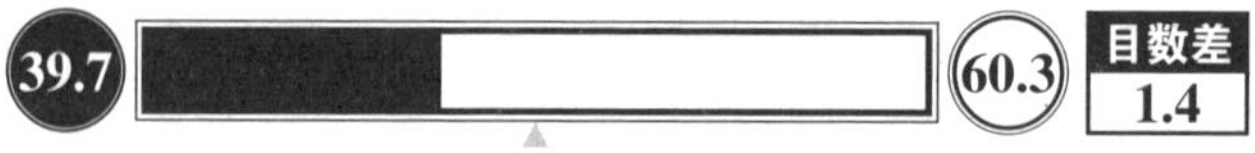

图9　虽然想要愉快地进攻

难易度 ★★☆☆☆

我想很多人考虑过黑2果断进攻的方法吧。但是白7后，黑棋却很难彻底攻击白棋。

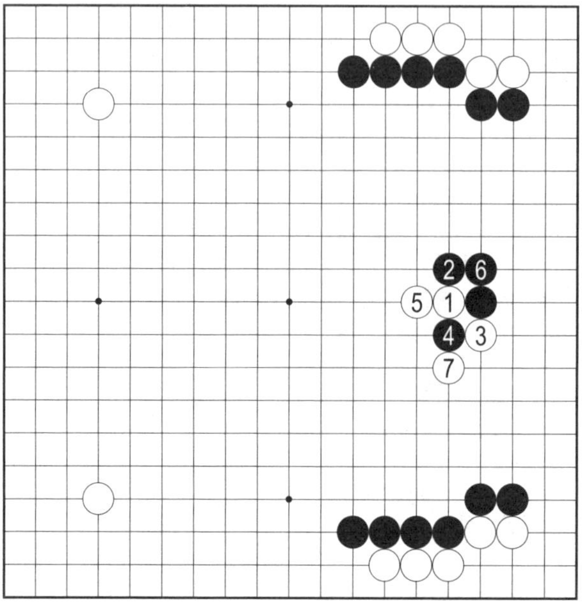

图10　征子有利时可以使用

难易度 ★★

黑棋也不一定非要三连星。这手碰作为在上面奇袭的下法，在其他AI定式的情况下也可以使用。例如，右上和右下即使是直接点三·3的组合也可以使用。

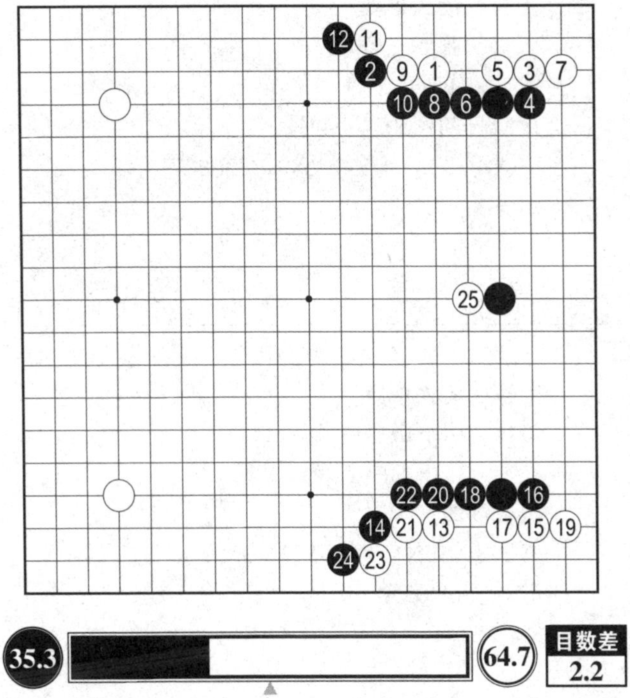

图11　其他配置也有使用的可能

难易度★★☆☆☆

不是直接点三·3，而是挂星位后夹的定式也有使用的可能。右上角和右下角是同样的AI定式。上碰开始的治孤可以说是从AI定式中诞生的AI手筋吧。

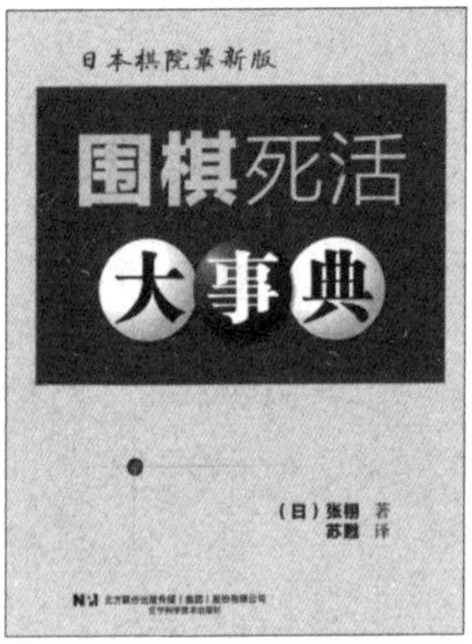

围棋死活大事典
（日）张栩　著
苏甦　译
出版日期：2024年4月
书 号：ISBN 978-7-5591-3368-7
定 价：68.00元

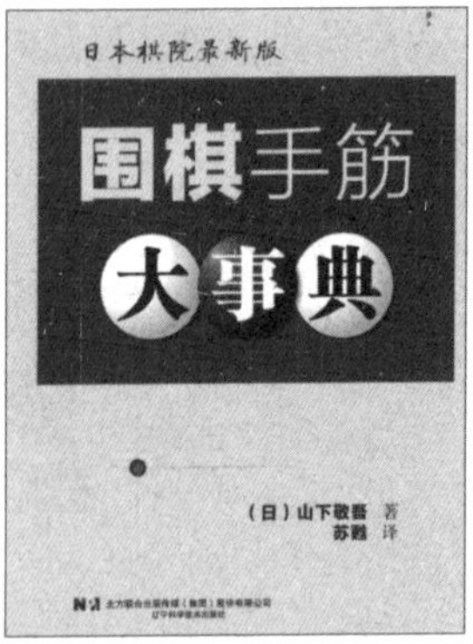

围棋手筋大事典
（日）山下敬吾　著
苏甦　译
出版日期：2024年 4月
书 号：ISBN 978-7-5591-3369-4
定 价：68.00元

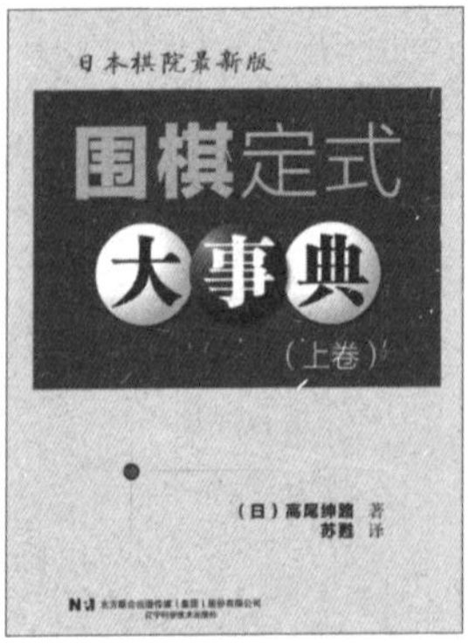

围棋定式大事典（上卷）
（日）高尾绅路　著
苏甦　译
出版日期：2024年4月
书 号：ISBN 978-7-5591-3371-7
定 价：58.00元

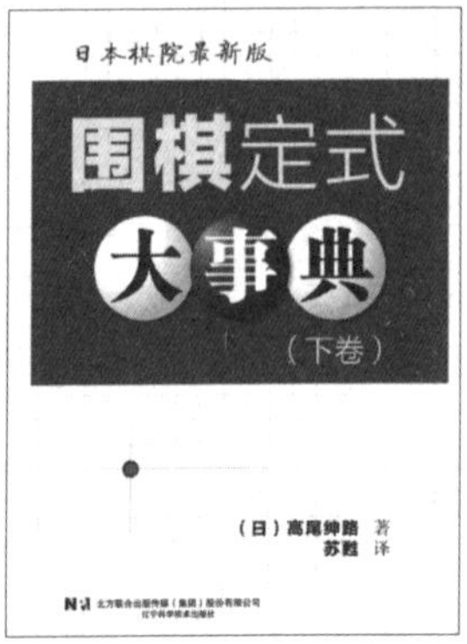

围棋定式大事典（下卷）
（日）高尾绅路　著
苏甦　译
出版日期：2024年4月
书 号：ISBN 978-7-5591-3370-0
定 价：58.00元